The Japanese Association of Financial Econometrics and Engineering
ジャフィー・ジャーナル｜金融工学と市場計量分析

リスクマネジメント

日本金融・証券計量・工学学会◉編集
中妻照雄　山田雄二　今井潤一［編集委員］

朝倉書店

は し が き

　最近の円安と株高により，日本経済に明るさの兆しが見え始めてきています．一方，日本企業は，2008年9月に発生したリーマンショック，および，その後の欧州を中心とした世界的な金融・財政危機による国内の景気低迷の長期化と円高を背景とする競争環境の悪化により，積極的に事業のグローバル展開を行うようになっています．そのため金融機関や製造業などの一般事業会社は，以前よりもさまざまな種類のリスクを抱えるようになりました．それらを包括的に評価・管理する理論や手法に関する研究が進められています．対象としている主なリスクはいわゆる金融リスク，具体的には市場リスク，流動性リスク，信用リスク，オペレーショナルリスクなどですが，広くコンセンサスの得られた分類・定義は存在せず，使用する人・場面によって多少異なります．

　また，近年の事業リスクマネジメント（enterprise risk management：以下ERM）の重要性の高まりは，2000年代初頭の企業不祥事の多発とそれに対処するための企業行動規制への厳格化が背景となっています．ERMは，金融機関と製造業などでは事業内容が大きく異なるように具体的な内容は業種・企業により異なります．金融機関や保険会社では業務遂行上のリスクが与信，投資，決済，保険契約の引き受けといった財務的なものであり，一方，製造業や流通業などの一般事業会社では，リスクの種類が多岐にわたります．従来，企業は，オフィスの火災，工場における労働安全衛生対策，必要な保険の手配などでリスク管理を行ってきました．近年においてはリスク管理の対象領域が拡大しつつあります．個別リスクごとの管理だけでは対応できない課題を解決するため，近年においてリスクを全社統合的に管理しようというERMの発想が採り入れ始められています．

　本特集号では，このような状況を鑑みて，「リスクマネジメント」をテーマとして特集を組むことを企画しました．理論面だけでなく，リスクマネジメントに関連した実証分析に関する研究論文を幅広く募集し，厳正な審査を経て6

編の論文が採択されました．いずれも先端的な手法でリスクマネジメントにおける諸問題を取り扱った論文であり，研究者から実務家まで幅広い読者の興味に応えられる内容であると考えております．

序論　「リスクマネジメント」特集号の発行にあたって（津田博史）

特集論文
1. 「Ｉ-共変動と個別資産超過リスクプレミアムの関係分析：Fama-French 3 ファクターモデルとの比較」(山田雄二・吉野貴晶・斉藤哲朗)
2. 「経済状況とリスク連関性を考慮した格付推移強度モデルと信用ポートフォリオのリスク評価」(山中　卓)
3. 「本邦 CDS 市場におけるリストラクチャリング・リスクの推定方法とその検証」(江本麗行・谷村英俊・眞鍋陽子)
4. 「カウンターパーティーリスク管理の高度化：CVA・FVA の評価と数値計算法について」(山田俊皓)
5. 「切断安定分布を用いた VaR, ES の計測精度に関する数値的分析」(磯貝　孝)
6. 「フィナンシャルストレス予測モデル」(大野忠士・椿　広計)

出版にあたり，レフェリーの皆様方と，お世話になりました朝倉書店の編集部の方々に記して感謝致します．

2014 年 3 月

チーフエディター：中妻照雄

アソシエイトエディター：山田雄二・今井潤一

目　次

はしがき
「リスクマネジメント」特集号の発行にあたって
　　………………………………………………………津田博史……1

特集論文

1　I-共変動と個別資産超過リスクプレミアムの関係分析：
　　Fama-French 3 ファクターモデルとの比較
　　………………………山田雄二・吉野貴晶・斉藤哲朗……10
　　　1　はじめに　11
　　　2　共変動モデル　13
　　　3　クロスセクションモデルの構築と実証分析　18
　　　4　Fama-MacBeth 回帰の適用　30
　　　5　おわりに　35
　　　付録　一般化資産価格付けモデル（Genaralized Capital Asset
　　　　　　Pricing）　36

2　経済状況とリスク連関性を考慮した格付推移強度モデルと
　　信用ポートフォリオのリスク評価……………山中　卓……42
　　　1　はじめに　42
　　　2　モデル　46
　　　3　データ　48
　　　4　実証分析　51
　　　5　応用例：信用ポートフォリオのリスク計測　59
　　　6　まとめ　64

付録A　経済全体強度モデルの推定結果　65
　　　付録B　クロス相関分析による指標とタイムラグ選択　68

3　本邦CDS市場におけリストラクチャリング・リスクの推定方法とその検証
　　……………………………江本麗行・谷村英俊・眞鍋陽子……71
　　　1　はじめに　71
　　　2　リストラクチャリング・リスクの評価モデル　74
　　　3　本邦CDS市場データによる実証分析　80
　　　4　おわりに　90
　　　付録　式（14），式（15）の導出　91

4　カウンターパーティーリスク管理の高度化：CVA，FVAの評価と数値計算方法について……………………山田俊皓……94
　　　1　はじめに　94
　　　2　モデルの設定　99
　　　3　Mark-to-MarketにCVA，FVAを考慮する場合のCVA，FVAの評価　101
　　　4　Mark-to-MarketにCVA，FVAを考慮しない場合のCVA，FVAの評価　111
　　　5　数　値　例　113
　　　6　おわりに　118

5　切断安定分布を用いたVaR，ESの計測精度に関する数値的分析…………………………………………………磯貝　孝……120
　　　1　はじめに　121
　　　2　VaR，ESの計算精度に関する分析の枠組み　122
　　　3　母分布の推定とVaR，ESの計算シミュレーション　131
　　　4　シミュレーション結果の分析　151
　　　5　おわりに　166

6 フィナンシャルストレス予測モデル
　　……………………………………………大野忠士・椿　広計……172
　　1　は　じ　め　に　172
　　2　先　行　研　究　173
　　3　流動性危機確率予測モデル　176
　　4　流動性危機確率と倒産企業数との相関関係　194
　　5　クリーブランド連銀フィナンシャル・ストレス・インデックス
　　　　（CFSI）との比較　197
　　6　ま　と　め　199
　　付録　18 説明変数定義一覧　201

『ジャフィー・ジャーナル』投稿規定　　205
役員名簿　　207
日本金融・証券計量・工学学会（ジャフィー）会則　　208

序論
「リスクマネジメント」特集号の発行にあたって

特集号世話人
津 田 博 史

1 特集号のねらい

　2013年に入り，国政が安倍政権に代わってからは国が掲げる成長戦略に対する期待感からか，円安と株高により，日本の景気回復の兆しが見え始めました．一方，日本企業は，2008年9月に発生したリーマンショック，および，その後の欧州を中心とした世界的な金融・財政危機による国内の景気低迷の長期化と円高を背景とする国際競争環境の悪化により，積極的に事業のグローバル展開を行うようになってきており，金融機関や製造業などの一般事業会社は以前よりもさまざまな種類のリスクを抱えてきています．それらを包括的に評価・管理する理論や手法に関する研究が進められてきています．対象としている主なリスクはいわゆる金融リスク，具体的には市場リスク，流動性リスク，信用リスク，オペレーショナルリスクなどですが，これまでのところリスクに関して広くコンセンサスの得られた分類・定義は存在せず，使用する人・場面によって異なります．

　また，近年の事業リスクマネジメント（enterprise risk management：以下ERM）の重要性の高まりは，2000年代初頭の企業不祥事の多発とそれに対処するための企業行動規制への厳格化が背景となっています．ERMは，金融機関と製造業などでは事業内容が大きく異なるように具体的な内容は業種・企業により異なります．金融機関や保険会社では業務遂行上のリスクが与信，投資，決済，保険契約の引き受けといった財務的なものです．

　一方，製造業や流通業などの一般事業会社では，リスクの種類が多岐にわたります．従来，企業は，オフィスの火災，工場における労働安全衛生対策，必

要な保険の手配などでリスク管理を行ってきました．近年においてはリスク管理の対象領域が拡大しつつあります．個別リスクごとの管理だけでは対応できない課題を解決するため，近年においてリスクを全社統合的に管理しようというERMの発想が採り入れ始められています．

本特集号では，このような状況を鑑みて，「リスクマネジメント」をテーマとして特集を組むことを企画しました．理論面だけでなく，リスクマネジメントに関連した実証分析に関する研究論文を幅広く募集いたしました．

①金融リスク（市場リスク，流動性リスク，信用リスク，オペレーショナルリスク）
②経営・事業リスク
③事故・災害リスク
④環境・天候リスク
⑤総合リスク・統合リスク

など幅広く対象としたことから，企業の経営・事業リスクであるERMや環境・天候リスクなどの金融リスク以外のリスクを研究対象とした論文の投稿を期待しましたが，結果として，金融リスク（市場リスク，信用リスク）に関係する6篇の論文が採択されました．現時点では，金融リスク以外のリスクを研究対象とした研究は，研究途上にあるようです．今後，本ジャーナルへの論文投稿を期待したいと思います．今回，採択された論文のテーマは，次のとおりです．

①山田雄二・吉野貴晶・斉藤哲朗論文では，市場リスク指標に関する新たな提案をしています．

②山中 卓論文では，債務者の信用格付推移の程度をポートフォリオ全体ベースで予測するための格付推移強度モデルの構築とその応用例を示しています．特に，大規模なポートフォリオへモデルを適用することを念頭にトップダウン型のモデリングの枠組みで業種カテゴリ別の強度モデルを示しています．

③江本麗行・谷村英俊・眞鍋陽子論文では，リストラクチャリング・イベントの生起に対応する信用リスクであるリストラクチャリング・リスクを題材に，その推定方法ならびにその結果に基づく本邦CDS市場を対象とした実証結果について考察を行っています．

④山田俊皓論文では，後ろ向き確率微分方程式を用いたCVA（credit

valuation adjustments)・FVA (funding valuation adjustments) のモデリングとその数値計算法を紹介しています．特に，デリバティブの時価にCVA・FVAの時価調整を織り込んだ場合，織り込まない場合のカウンターパーティーリスク管理法を扱っています．

⑤磯貝　孝論文では，無条件モデルを前提とした一般的な計測手法を対象に，ファットテイルな母分布から生成したサンプリングデータを用いてVaR (value at risk)，ES (expected shortfall) の計算精度，ばらつきについて分析・評価しています．

⑥大野忠士・椿　広計論文では，米国の倒産事象をダミー目的変数とし，流動性に関する金融経済指標を説明変数として，倒産を引き起こすようなフィナンシャルストレス（流動性危機確率）を予測するモデルを提案しています．提案されたモデルを倒産発生数予測モデルとして見た場合，米クリーブランド連銀のフィナンシャル・ストレス・インデックスよりも予測精度が高い結果を示しています．提案されたモデルを用いれば，銀行を取り巻く資金調達環境の悪化（流動性の危機）を早めに予測し，足元の金融環境変化に合わせた融資方針を決定することができるとしています．

2　各論文の概説

本節では，本特集「リスクマネジメント」で採択された各論文について，概要を紹介します．なお，採択された論文は，厳正な審査と修正プロセスを経て，匿名レフリーから最終的に採択の判断がなされたものです．

「I-共変動と個別資産超過リスクプレミアムの関係分析―Fama-French 3 ファクターモデルとの比較―」（山田・吉野・斎藤）

近年，Fama-French (FF) の3ファクターモデルをはじめとして，伝統的な資本資産価格付けモデル (Capital Asset Pricing Model；CAPM) を複数ファクターのケースに拡張する研究が盛んになりつつある．このようなアプローチの背景としては，CAPMにおける投資家のリスク尺度の設定や非合理性の問題，あるいは資産収益率の正規分布からのかい離の問題などが指摘され，現在

でも多くの議論が展開されているホットなトピックの一つである．本論文は，これらの中でも，市場ユニバースにおける資産収益率の歪みや尖りとリスクプレミアムの関係に着目し，著者らが提案してきた Idiosyncratic 共変動（I-共変動）と呼ぶ新たな指標を用いて測定される，市場ユニバースにおける個別資産収益率分布の歪みや尖りがリスクプレミアムに与える影響について分析することを目的とするものである．

I-共変動とは，市場ポートフォリオ超過収益率の累乗と個別資産超過収益率（あるいはそれらの回帰残差）から定義される統計量で，1次I-共変動は個別資産のベータを与え，偶数次のI-共変動は市場ユニバースに対する個別資産超過収益率の分布の歪み，奇数次のI-共変動は個別資産超過収益率の分布の尖りに関係している．まず本研究では，東証1部に上場している金融業を除いた個別銘柄に対してI-共変動を推定し，I-共変動が有意な銘柄数の割合である有意比率を計算した上で，Jensenのアルファを被説明変数とするクロスセクション回帰分析を実施する．また，Fama-French 3 ファクターモデルのファクターローディング SMB-FL，HML-FL を説明変数に加えることで，クロスセクションにおけるI-共変動モデルと Fama-French 3 ファクターモデルの比較を行う．

さらに，本論文では，推計期間で求めた個別銘柄に関するI-共変動を説明要因として，推計期間最終日より翌期以降に実現する個別資産超過収益率に対して Fama-MacBeth 回帰を適用する．ここでは，通常の Fama-MacBeth 回帰での分析手法に従い，個別資産の超過収益率として無リスク利子率のみ控除したものを被説明変数として，ベータおよびI-共変動，さらに SMB-FL，HML-FL を説明変数とする Fama-MacBeth 回帰を実施し，日本市場における個別資産リスクプレミアムの影響要因を検証する．実証分析の結果，過去の研究でも指摘されているようにベータの符号は有意にならない一方，2次，3次，5次のI-共変動の係数については有意であること，および HML-FL の符号を通して割安株効果が観測されることを示す．なお，本分析では，I-共変動の符号条件が想定されるものと反対方向に有意であるなどパズルもいくつか存在し，これらの要因分析を含めたI-共変動とリスクプレミアムに関するさらなる検証が今後の課題として挙げられる．

「経済状況とリスク連関性を考慮した格付推移強度モデルと信用ポートフォリオのリスク評価」(山中)

　本論文では，経済状況と企業間のリスク連関性を考慮したトップダウン型の信用格付推移強度モデルを構築し，信用リスク管理への応用例を示している．多数の債権からなる信用ポートフォリオを保有している金融機関はそのリスク管理において債務者の将来の信用力・信用格付がどの程度変化するか，あるいは，デフォルトの可能性について評価する必要がある．さらに，金融危機を経てその役割が大きくなってきているストレステストの運営においては，将来起こりうる経済状況を表現したストレスシナリオの下で，信用ポートフォリオの信用の質がどの程度変化し，デフォルトによる毀損がどの程度発生するのかを定量的に把握する必要がある．そのような背景のもと，本論文では債務者の信用格付推移の程度をポートフォリオ全体ベースで予測するための格付推移強度モデルの構築とその応用例を示している．特に，大規模なポートフォリオへモデルを適用することを念頭にトップダウン型のモデリングの枠組みで業種カテゴリ別の強度モデルを構築している．各業種の強度モデルは，それぞれ信用格付け経済状況の変化と債務者の信用力の連関性を考慮した構造となっている．また，実際のポートフォリオへの適用を容易にするために，信用ポートフォリオの規模が明示的にモデルに取り込まれている．本論文では，日本の外部格付け変更データに対してモデル推定とモデル選択を行った実証分析結果を示している．そこでは，マクロ経済状況を表す変数として日経平均株価のリターンを採用し，そのタイムラグの選択をしている．そしてシクリカル・ハイテク業，ディフェンシブ業，金融業，内需業の4つの業種カテゴリに対するモデル推定と選択を行い，日経平均株価リターンだけでは説明されない業種間のリスク連関性の存在を示唆する結果を得ている．またモデルの応用として，信用格付変更日数の区間予測を行った数値例を示している．具体的には，2008年のリーマン危機以前のデータから推定したモデルを用いてアウトオブサンプル期間にあたるリーマン危機前後の期間の格下げ・格上げ日数の区間予測を行い，モデル予測と実績値に大きな乖離はおおむねないという結果を得ている．加えて，日経平均株価のシナリオを複数用意し，それぞれのシナリオ下での信用ポートフォリオの損失額と信用リスクアセット額を算出した数値例を示している．

「本邦 CDS 市場におけるリストラクチャリングプレミアムの推定方法とその検証」(江本・谷村・眞鍋)

　本論文は，信用リスクにおけるリストラクチャリング・リスクを題材に，その推定方法ならびにその結果に基づく本邦 CDS 市場を対象とした実証結果について考察を行っている．リストラクチャリング・リスクは，リストラクチャリング・イベントの生起に対応する信用リスクである．しかしながら，リストラクチャリング・リスクのみをクレジットイベントとする CDS については，市場における標準的な取引が行われていないため，その評価にあたっては，CDS の市場価格を直接，引用することができず，何らかの評価モデル等を通じて評価を行う必要が生じる．

　CDS の評価においては，2CE と 3CE の CDS を独立したインストルメントであるとみなし，別々にパラメータのキャリブレーションを行う手法が実務では主に見られるが，理論面からは，リストラクチャリングが債務の条件変更を伴うクレジットイベントであることを考慮して，3CE におけるリストラクチャリングの生起が 2CE のデフォルト確率に与える影響をモデル化し，2CE と 3CE を統合された枠組で取り扱うモデルが提案されている．

　そのような研究の 1 つである Berndt et al. (2007) では，誘導型モデルの枠組みの下で，リストラクチャリング・リスクを考慮した CDS の評価モデルを考察している．まず，リストラクチャリングの実行によって企業の財務状況が改善された場合，参照組織の 2CE のデフォルト確率は低下すると考え，このようなケースを，企業にとって望ましいリストラクチャリングの生起と捉える．一方，リストラクチャリングが，参照企業の財務状況の悪化に関するシグナルを市場に送る等の要因により，さらなる財務状況の悪化を招き，参照組織の 2CE のデフォルト確率が上昇するケースについては，企業にとって望ましくないリストラクチャリングの生起と捉える．このように，Berndt et al. (2007) ではリストラクチャリング・イベントの生起が 2CE のデフォルト確率に与える影響が陽にモデル化されており，2CE と 3CE の CDS の市場価格情報からリストラクチャリング・イベントの生起に対応するデフォルト強度を推定することが可能である．加えて，推定されたモデルパラメータを通じて，リストラクチャリング・イベントの生起が 2CE のデフォルト確率に与える影響の評価・考

察を行うことが可能である．

　本論文は，このような背景に基づき，Berndt et al.（2007）モデルについて，本邦 CDS 市場に対する具体的適用方法と，当該モデルの本邦 CDS 市場における実証分析の結果について議論したものである．本論文では，まず，Berndt et al.（2007）の評価モデルについて，実務的な観点から，本邦における市場慣行に合致するように修正を行い，その結果を示した．つづいて，CDS インストルメントの市場価格情報を利用したモデルパラメータの推定手順を示した．さらに，これらの結果に基づいて，本邦 CDS 市場のヒストリカルデータに基づく実証分析を行い，その結果，本邦 CDS 市場における市場参加者は，（1）リストラクチャリングを企業にとって望ましくないリストラクチャリングと見なす傾向にあること，（2）より直近の将来におけるリストラクチャリングについて，企業のデフォルト確率に与える影響をより大きく見積もる傾向があることを示唆する結論を得た．

「カウンターパーティーリスク管理の高度化：CVA・FVA の評価と数値計算法について」（山田）

　本論文では，後ろ向き確率微分方程式（backward stochastic differential equations）を用いた CVA（credit valuation adjustments）・FVA（funding valuation adjustments）のモデリングとその数値計算法を紹介する．特に，デリバティブの Mark-to-Market（時価）に CVA・FVA の時価調整を織り込んだ場合，織り込まない場合のカウンターパーティーリスク管理法を扱う．一般に，両者とも大量の期待値計算を行う必要があるため，計算負荷が比較的小さい漸近展開を用いた評価法を導入する．特に，Mark-to-Market に CVA・FVA の時価調整を織り込んだ場合は非線形後ろ向き確率微分方程式を解く問題に帰着するため，後ろ向き確率微分方程式に対するピカール反復法と漸近展開法を用いてデリバティブ価格を計算する．また，数値計算例により Mark-to-Market に CVA・FVA の時価調整を織り込んだ場合，織り込まない場合の CVA・FVA に対する漸近展開による近似が有効であることを確認する．

「切断安定分布を用いたベンチマーク法による VaR・ES の計測精度に関する

数値的分析」（磯貝）

　本論文では，無条件モデルを前提とした一般的な計測手法を対象に，ファットテイルな母分布から生成したサンプリングデータを用いて VaR，ES の計算精度，ばらつきについて分析・評価している．具体的には，日経平均株価の日次収益率のファットテイル性を切断安定分布によってモデル化し，ベンチマークとしての VaR，ES を計算する．次に，推定した母分布から大小複数のデータセットをサンプリングし，複数の信頼水準別に VaR，ES を計算する．比較対象の計算手法としては，正規分布近似，一般化パレート分布近似，ヒストリカル法，カーネル平滑化の 4 つを用いている．具体的な比較分析として，ベンチマークからの乖離や推定値の平均の回りのばらつきをサンプルサイズ別，信頼水準別に計算しているほか，ES/VaR 比率により VaR では捉えきれないテイルリスクを ES がどの程度捉えているかについても考察している．

　分析の結果，ファットテイルなデータに対しては，正規分布近似による推定値は漸近的にも不偏でないことが確認され，特に ES の過小推定が目立っている．その他の手法は，おおむねベンチマークに近い結果となっているが，小サンプル，高信頼水準では推定値が不安定になるケースが多く生じている．これらの分析結果は，理論的な予想や先行研究のシミュレーション結果などとも整合的である．本論文の分析を通じて，確率分布の想定，信頼水準，データサイズ，計算の容易さなどの観点からリスク量の計算手法を比較分析することの重要性が改めて示された．本論文の手法は，他の計算手法への応用や条件付きモデルへの応用も可能であるほか，バックテストとの併用など実務での活用も期待できるものである．

「フィナンシャルストレス予測モデル」（大野・椿）

　本論文では，米国の倒産事象をダミー目的変数とし，流動性に関する金融経済指標を説明変数として，倒産を引き起こすようなフィナンシャルストレス（流動性危機確率）を予測するモデルを構築した．モデル構築にあたっては，2002-2006 年データをモデル構築に用い，2007-2010 年データを併せて検証用として用いた．説明変数候補は，金利スプレッド，マーケットボラティリティ指標等 18 種類．いずれも公開データで，かつ，週次で入手できる指標を用いた．

まず，説明変数と大型企業倒産の全体構造把握のため，18説明変数について，+24から−24までのラグを取り，総当たりで最適組み合わせを探索したところ，社債担保レポ取引残高（ラグ8）と株式市場クラッシュ（ラグ1）を説明変数とするモデルが構築された．

実務上，予測モデルの結果を対処方針に反映させるという観点からは，1カ月程度の余裕があることが望ましいため，最終的なモデルは，1カ月以上前の指標（ラグ4以上）を用いて構築した．その結果，社債スプレッド（ラグ24）と株式市場クラッシュ（ラグ12）を説明変数とする最終モデルが最適（AUC＝0.723）なものとなり，リーマン・ショック前後を含めた経済状況を上手く説明できていることが分かった．

さらに，このモデルによる流動性危機確率は，上場企業全倒産数（5カ月中心化移動平均）との相関が高く（相関係数＝0.836），上場企業の倒産トレンドを予測するツールとしても用い得ることが判明した．このモデルを倒産発生数予測モデルとして見た場合，米クリーブランド連銀のフィナンシャル・ストレス・インデックス（CFSI，11指標の加重平均からなるインデックス）よりも予測精度が高い結果となった．

こうしたフィナンシャルストレス（流動性危機確率）予測モデルを用いれば，銀行を取り巻く資金調達環境の悪化（流動性の危機）を早めに予測し，足元の金融環境変化に合わせた融資方針を決定することができる．また，金融監督機関にとってみても，金融仲介機構における資金調達環境の悪化をいち早く知ることは，金融システムを守るという責務に徴し，重要である．

こうした意味で，本論文で考察した手法は，金融機関の信用リスク管理，及び，金融監督機関のモニタリング精緻化の一助に資すると考える．

1　I-共変動と個別資産超過リスクプレミアムの関係分析：Fama-French 3 ファクターモデルとの比較

山田雄二・吉野貴晶・斉藤哲朗

概要　本論文では，著者らが提案してきた Idiosyncratic 共変動（I-共変動）と呼ぶ新たな指標を用いて測定される，市場ユニバースにおける個別資産収益率分布の歪みや尖りがリスクプレミアムに与える影響について分析することを目的とする．I-共変動とは，市場ポートフォリオ超過収益率の累乗と個別資産超過収益率（あるいはそれらの回帰残差）から定義される統計量で，1 次 I-共変動は個別資産のベータを与え，偶数次の I-共変動は市場ユニバースに対する個別資産超過収益率の分布の歪み，奇数次の I-共変動は個別資産超過収益率の分布の尖りに関係している．本研究では，まず，東証 1 部に上場している金融業を除いた個別銘柄に対して I-共変動を推定し，I-共変動が有意な銘柄数の割合である有意比率を計算したうえで，Jensen のアルファを被説明変数とするクロスセクション回帰分析を行う．また，Fama-French 3 ファクターモデルのファクターローディング SMB-FL，HML-FL を説明変数に加えることで，クロスセクションにおける I-共変動モデルと Fama-French 3 ファクターモデルの比較を行う．

さらに，本論文では，推計期間で求めた個別銘柄に関する I-共変動を説明要因として，推計期間最終日より翌期以降に実現する個別資産超過収益率に対して Fama-MacBeth 回帰を適用する．ここでは，通常の Fama-MacBeth 回帰での分析手法に従い，個別資産の超過収益率として無リスク利子率のみ控除したものを被説明変数として，ベータおよび I-共変動，さらに SMB-FL，HML-FL を説明変数とする Fama-MacBeth 回帰を実施し，日本市場における個別資産リスクプレミアムの影響要因を検証する．実証分析の結果，過去の研究でも指摘されているようにベータの符号は有意にならない一方，2 次，3 次，5 次の I-共変動の係数については有意であること，および，HML-FL の符号を通して割安株効果が観測されることが示される．

1 はじめに

近年，Fama-French（FF）の3ファクターモデル（Fama and French, 1993）をはじめとして，伝統的な資本資産価格付けモデル（Capital Asset Pricing Model；CAPM（Lintner, 1965：Sharpe, 1964））を複数ファクターのケースに拡張する研究が盛んになりつつある．このようなアプローチの背景としては，CAPMにおける投資家のリスク尺度の設定や非合理性の問題，あるいは資産収益率の正規分布からのかい離の問題などが指摘され，現在でも多くの議論が展開されているホットなトピックの一つである（例えばCarhart, 1997：久保田・竹原，2007：Pastor and Stambaugh, 2003：竹原，2008）．本研究では，これらの中でも，市場ユニバースにおける資産収益率の歪みや尖りとリスクプレミアムの関係に着目し，著者らが文献（山田・吉野・斉藤，2011：2013）において提案してきたIdiosyncratic共変動（I-共変動）と呼ぶ新たな指標を用いて，日本市場における歪みや尖りの有意性，およびI-共変動が個別資産リスクプレミアムに与える影響について検証し，既存モデルとして知られるFF3ファクターモデルとの比較を行う．

一般的な共変動は，市場ポートフォリオ超過収益率の累乗と個別銘柄超過収益率の共分散によって定義され，正規分布からのかい離が個別資産超過期待収益率に与える影響の説明要因として（Christie-David and Chaudhry, 2001：Chung, Johnson and Sehill, 2006：Fang and Lai, 1997）あるいは，プライシングカーネルにおける市場ポートフォリオ超過収益率の非線形性を考慮する目的で導入されてきた（Dittmar, 2002：Harvey and Siddique, 2000）．いずれのケースも，富の超過収益率に対する高次項を取り入れた期待効用最大化問題の1階の条件やプライシングカーネルの展開式から，個別資産の期待超過収益率に対する共変動の関係式を導き，実際のデータを用いて，時系列，もしくはクロスセクション方向での有意性を検証するといったものが，主なアプローチとして挙げられる．さらに，クロスセクション分析においては，2次，または3次の共変動を市場ポートフォリオ超過収益率の中心モーメントで正規化したものを共歪度，共尖度と定義し，1次項であるベータを加えたマルチファクターモ

デルにおいて，個別資産超過収益率に対するこれらのファクターの影響が検証されてきている（Fang and Lai, 1997）．

一方，山田ら（2011）は，通常の共変動の定義のもとでは，仮に全ての資産収益率が正規分布に従ったとしても，高次共変動が個別銘柄の期待収益率に対して有意に影響を与えうることを指摘したうえで，低次の共変動の影響を取り除いた指標として，I-共変動と呼ぶ新たな指標を提案してきた．I-共変動においては，まず，個別銘柄超過収益率に対する市場ポートフォリオ超過収益率の直交射影を与える回帰係数を1次のI-共変動と定義し，その残差項（1次残差）に対して，市場ポートフォリオ超過収益率の2次項の直交射影を与える回帰係数を2次のI-共変動，残差項を2次残差と定義する．さらに，2次残差に対する市場ポートフォリオ超過収益率の3次項の直交射影を与える回帰係数を3次のI-共変動というように，高次のI-共変動を順次定義していく．このように定義されるI-共変動は，(1) 資産収益率が正規分布に従えば2次以上のI-共変動は零であり，(2) 2次以上のI-共変動，および1次以上の残差は，市場ポートフォリオの重みで加重平均すれば零になるという基準化条件を満たすこと，および，(3) 偶数次のI-共変動は個別資産超過収益率の分布の歪み，奇数次のI-共変動は個別資産超過収益率の分布の尖りに関係することが示されている（山田・吉野・斉藤，2013）．

以上を背景として，本論文では，I-共変動の日本市場における有意性，およびI-共変動を用いて推定した市場ユニバースにおける個別資産超過収益率分布の歪みや尖りが，個別資産超過収益率に与える影響について検証する．まず，東証1部に上場している金融業を除いた銘柄を対象として，個別銘柄に対するI-共変動を推定し，総銘柄数に対する有意比率を計算する．次に，個別資産のアルファを被説明変数，7次までのI-共変動を説明変数とするクロスセクション回帰分析を実施し，FF3ファクターモデルにおけるSMB，HMLのファクターローディング（SMB-FL，HML-FL）を説明変数に加えた分析，および属性別の分析を行う．さらに，推計期間で求めた個別銘柄に関するI-共変動，およびSMB-FL，HML-FLを説明変数，推計期間最終日より翌期以降に実現する個別資産超過収益率を被説明変数とするFama-MacBeth回帰（Fama and French, 1992：Fama and MacBeth, 1973）を実行し，個別資産のベータやI-共

変動が超過リスクプレミアムに与える影響について検証する．

2 共変動モデル

2.1 共変動とCAPM

投資ユニバースとして，n 個の個別銘柄（資産 $i=1, ..., n$）とこれらの銘柄によって構成される市場ポートフォリオ M を考え，時点 t における個別銘柄の超過収益率を，$R_{i,t}$，$i=1, ..., n$，市場ポートフォリオの超過収益率を $R_{M,t}$ と表記する．なお，超過収益率とは，資産収益率（例えば日次収益率）から無リスク利子率，あるいは資産収益率の期待値を差し引いたものであり，

$$R_{i,t}=r_{i,t}-r_f, \quad R_{M,t}=r_{M,t}-r_f \tag{1}$$

あるいは，

$$R_{i,t}=r_{i,t}-\bar{r}_i, \quad R_{M,t}=r_{M,t}-\bar{r}_M \tag{2}$$

のように与えられるものとする[1]．ただし，$r_{i,t}$ は資産 i の収益率，r_f は無リスク利子率であり，$\bar{r}_i:=\mathbb{E}[r_{i,t}]$，$\bar{r}M:=\mathbb{E}[r_{M,t}]$ である．本論文では，資産 i と市場ポートフォリオの k 次共変動 $C_{iM}^{(k)}$ を，以下のように定義する[2]．

$$C_{iM}^{(k)}:=\mathrm{Cov}[R_{i,t}, R_{M,t}^k] \tag{3}$$

超過収益率が式(1)で与えられる場合，1次共変動を市場ポートフォリオ超過収益率の分散で正規化したものはCAPMのベータを与え，平均・分散効率性の仮定のもと，次式が成立する（Lintner, 1965：Sharpe, 1964）．

$$\bar{r}_i-r_f=\kappa_{iM}^{(1)}(\bar{r}_M-r_f), \quad \kappa_{iM}^{(1)}:=\frac{C_{iM}^{(1)}}{\mathrm{Var}[R_{M,t}]} \tag{4}$$

一方，文献（Fang and Lai, 1997）では，投資家の効用関数を保有ポートフ

---

[1] 本論文では，時点 $t=1, 2, ..., T$ における，$r_{i,t}$，$r_{M,t}$ の観測値は，独立かつ同一の分布に従う（すなわち $i.i.d.$）とし，確率変数 X，Y に対し，期待値，分散，共分散を，それぞれ，$\bar{X}=\mathbb{E}[X]$，$\mathrm{Var}[X]$，$\mathrm{Cov}[X, Y]$ のように表記する．また，X が m 次元ベクトルの場合，$\bar{X}\in\Re^m$ は，X の期待値ベクトルを与えるとする．

[2] r_f が定数の場合，1次共変動は超過収益率の選び方に依存せず，どちらの場合も等価な表現を与える．一方，2次より高次の共変動は超過収益率の選び方によって定義が若干異なるが，実証分析において両者の差はほとんど観測されない．ただし，理論的な取扱いにおいて両者を区別する必要が生じる場合があるので，その際はどちらの定義によるものか，その都度明記するものとする．

ォリオの超過収益率の高次項を考慮する形で拡張した場合，式(4)における超過期待収益率 $\bar{r}_i - r_f$ は，1次共変動から高次の共変動にかけての線形式となることを示している[3]．さらに，文献（Fang and Lai, 1997）では，中心モーメントで正規化した共変動，

$$\kappa_{iM}^{(k)} := \frac{C_{iM}^{(k)}}{\mathbb{E}[\{R_{M,t} - \mathbb{E}[R_{M,t}]\}^{k+1}]}, \quad k=1, 2, \ldots, \tag{5}$$

に対し，$\kappa_{iM}^{(2)}$ を資産 i の共歪度，$\kappa_{iM}^{(3)}$ は共尖度と呼び，これらの値が個別資産超過期待収益率に与える影響について分析している．なお，文献（Dittmar, 2002 : Harvey and Siddique, 2000）では，ポートフォリオ選択問題におけるオイラー方程式のプライシングカーネル（確率的ディスカウントファクター）を，市場平均ポートフォリオの超過収益率の線形式から高次多項式に拡張することによって，同様の関係式が成り立つことを示している．

2.2 I-共変動の導入

文献（山田・吉野・斉藤，2011：2013）では，共変動を用いた分析モデルにおける問題点を指摘した上で，I-共変動と呼ぶ新たな指標を導入し，その性質について論じている．I-共変動は，以下のように定義される．

定義1（I-共変動） 次式で定義する $\beta_{iM}^{(k)}$ を，k 次の I-共変動と呼ぶ．

$$\beta_{iM}^{(k)} := \frac{\mathrm{Cov}[\varepsilon_{i,k}^{(k-1)}, R_{M,t}^k]}{\mathrm{Var}[R_{M,t}^k]}, \quad k=1, 2, 3, \ldots, \tag{6}$$

ただし，$\varepsilon_{i,t}^{(0)} := R_{i,t}$ とし，$\varepsilon_{i,t}^{(k)}, k \geq 1$ は以下のように与えられる．

$$\varepsilon_{i,t}^{(k)} := \varepsilon_{i,t}^{(k-1)} - \beta_{iM}^{(k)} R_{M,t}^{(k)}, k=1, 2, 3, \ldots \tag{7}$$

I-共変動の定義において，補足的な説明を加える．まず，$\beta_{iM}^{(1)}$ は個別資産のベータであり，$\beta_{iM}^{(1)} = \kappa_{iM}^{(1)}$ が成り立つ．さらに，$\beta_{iM}^{(1)} R_{M,t}$ は，$R_{M,t}$ の空間に対する $\varepsilon_{i,t}^{(0)} := R_{i,t}$ の直交射影を与え，残差項 $\varepsilon_{i,t}^{(1)} = R_{i,t} - \beta_{iM}^{(1)} R_{M,t}$ について，$\varepsilon_{i,t}^{(1)} \perp \beta_{iM}^{(1)} R_{M,t}$ が成り立つ[4]．この $\varepsilon_{i,t}^{(1)}$ を1次残差と呼ぶこととすれば，$\beta_{iM}^{(2)} R_{M,t}^2$ は $R_{M,t}^2$ の空

---

3) このような超過収益率の共変動を用いた表現は，文献（Kraus and Lizenberger, 1976）における3次モーメントCAPMの拡張である．なお，超過期待収益率を表現する際の共変動の次数は効用関数の次数によって決まり，効用関数の次数から1を引いた値が共変動の次数を与える．

間に対する1次残差の直交射影を与え，残差項 $\varepsilon_{i,t}^{(2)} = \varepsilon_{i,t}^{(1)} - \beta_{iM}^{(2)} R_{M,t}^2$ は $\varepsilon_{i,t}^{(2)} \perp \beta_{iM}^{(2)} R_{M,t}^2$ を満たす．このように順次定義される $\varepsilon_{i,t}^{(k)}$ を k 次残差と呼べば，k 次のI-共変動 $\beta_{iM}^{(k)}$ は，$R_{M,t}^k$ の空間に対する $\varepsilon_{i,t}^{(k-1)}$ の直交射影を与える回帰係数によって定義される．

式(6)，(7)におけるI-共変動の定義を1次のものから再帰的に適用することにより，$R_{i,t}$ は，k 次までのI-共変動と k 次残差を用いて，次のように表現される（山田・吉野・斉藤，2011：2013）．

$$R_{i,t} = \beta_{iM}^{(1)} R_{M,t} + \beta_{iM}^{(2)} R_{M,t}^2 + \cdots + \beta_{iM}^{(k-1)} R_{M,t}^{k-1} + \beta_{iM}^{(k)} R_{M,t}^k + \varepsilon_{i,t}^{(k)} \tag{8}$$

さらに，$\mathrm{Cov}[\varepsilon_{i,t}^{(j)}, R_{M,t}^j] = 0$，$j = 1, \ldots, k$ であるので，式(8)を式(3)に代入することにより，次式が成り立つ．

$$C_{iM}^{(k)} = \beta_{iM}^{(1)} \mathrm{Cov}[R_{M,t}, R_{M,t}^k] + \cdots + \beta_{iM}^{(k-1)} \mathrm{Cov}[R_{M,t}^{k-1}, R_{M,t}^k] + \beta_{iM}^{(k)} \mathrm{Var}[R_{M,t}^k] \tag{9}$$

式(9)は，共変動が同じ次数以下のI-共変動の線形式として表現されることを示す．また，逆にI-共変動についても，同じ次数以下の共変動の線形式として表現することが可能である．

2.3 I-共変動の性質

文献（山田・吉野・斉藤，2011：2013）では，投資ユニバースの正規性に関して，I-共変動が以下の定理を満たすことを示している．

定理1 全ての資産収益率が正規分布に従えば，2次以上のI-共変動は全て0である．すなわち，次式が成り立つ．

$$\beta_{iM}^{(k)} = 0, \quad k \geq 2 \tag{10}$$

定理1は，2次以上のI-共変動に非零のものが存在すれば，投資ユニバースは非正規性をもつことを意味する．

また，文献（山田・吉野・斉藤，2011：2013）では，市場ポートフォリオの個別資産に対する重み

$$w_i^* > 0, \quad \sum_{i=1}^{n} w_i^* = 1$$

に対して，I-共変動，および k 次残差の重み付け和が以下の条件を満たすことを示している[5]．

---

4) 2乗可積分な確率変数確率変数 X, Y に対し，$X \perp Y$ は $\mathbb{E}[XY] = 0$ であることを示す．

定理2 2次以上のI-共変動，およびk次残差（$k=1, 2, ...$）について，以下の関係が成り立つ．

$$\sum_{i=1}^{n} w_i^* \beta_{iM}^{(k)} = 0 \quad (k \geq 2) \tag{11}$$

$$\sum_{i=1}^{n} w_i^* \varepsilon_{i,t}^{(k)} = 0 \quad (k \geq 1) \tag{12}$$

個別資産のベータについて，

$$\sum_{i=1}^{n} w_i^* \beta_{iM}^{(1)} = 1 \tag{13}$$

が成り立つことを考慮すると，I-共変動は，ベータと同様に，加重平均による基準化条件を満たすことが分かる．I-共変動の加重平均を市場の平均と見なせば，定理2より，2次以上のI-共変動の市場平均は0であるので，I-共変動の符号や絶対値の大きさから，個別資産の市場平均に対する相対的な評価が可能であることが分かる．さらに，文献（山田・吉野・斉藤，2011：2013）では，$R_{i,t}$，$R_{M,t}$の観測値が与えられれば，多段階回帰を適用することにより，I-共変動を1次から順次推定することが可能であること，および，偶数次のI-共変動は市場ユニバースにおける個別資産超過収益率の歪み，奇数次のI-共変動は市場ユニバースにおける個別資産超過収益率の尖りに関する指標であることを示している[6]．

以上を念頭に，文献（山田・吉野・斉藤，2013）では，市場ユニバースにおける全銘柄に対して，I-共変動がプラス，あるいはマイナス方向で有意と判定された銘柄の割合を有意比率と定義し，10次までのI-共変動の有意比率を計測することにより，市場ユニバースにおける個別資産超過収益率の歪みや尖りの有意性について検証している．具体的には，東証1部上場銘柄を市場ユニバースとして，日本市場におけるI-共変動の有意比率を期間別，属性別に分析し，

---

5) 市場ポートフォリオにおいて必ずしも $w_i^* > 0$ を仮定する必要はないが，後の実証分析において市場ポートフォリオを個別資産の時価総額加重平均とすることから，ここではこの仮定をおく．また，時価総額から計算される重みは，本来，時点とともに変化するのであるが，ここでは簡単のため，重みは時間に依存しないとする．重みが時点に依存する場合は，期待値や分散・共分散を，それぞれ，条件付き期待値，条件付き分散・共分散に置き換えることで，同様の議論が可能である．

6) ただし，次数の高いI-共変動のほうが，$R_{M,t}$ の絶対値がより大きな変動部分の個別資産超過収益率への影響を反映するものと考えられる．

以下の結果を導いている．

- 全期間を対象とした分析では，2次のI-共変動はマイナス方向の有意性が高く，3次のI-共変動についてはプラス方向で有意性が高いこと．具体的には，5%水準で有意と判定される銘柄の割合（プラス・マイナス有意比率の和）は2次で全体の約50%，3次で全体の約65%と，個別銘柄に対する市場ポートフォリオの非対称な影響，および裾野部分の影響が多くの銘柄で観測されること．また，4次までのI-共変動は全体の25%以上が有意と判定されたが，5次以上については数%以下と大きく低下すること．
- 期間別の分析では，3次I-共変動のプラス有意比率が直近の金融危機において強く反応した一方，2次のI-共変動は，日経平均が上昇し続けた期間，あるいはバブル崩壊期などの急激な下落を伴う期間にマイナス有意比率が高くなる傾向が見られること．
- 時価総額の大小で分割した分析では，2次I-共変動については，時価総額が低い分位のほうがマイナス有意比率が高く，時価総額の高い分位のほうがプラス有意比率が高くなる傾向にある一方，3次I-共変動については，時価総額の低い銘柄ほどプラス有意比率が高くなること．
- B/P比率の低い順に分割した場合では，B/P比率が高いほど2次I-共変動のマイナス有意比率，および3次I-共変動のプラス有意比率がともに上昇し，3次I-共変動のマイナス有意比率は，B/P比率が低いほど上昇すること．

このように，I-共変動を通して観測される市場ユニバースの歪みや尖りに関する日本市場を対象とした実証結果は，文献（山田・吉野・斉藤，2013）において明らかにされている一方，クロスセクション方向におけるI-共変動の個別資産超過リスクプレミアムに与える影響については未解明のままである．そこで，本論文では，個別資産の期待超過収益率を被説明変数，I-共変動を説明変数とするクロスセクション分析を実施し，I-共変動と個別資産超過収益率の関係を実証的に示すことを目的とする．さらに，Fama-French 3ファクターモデル（Fama and French, 1993）のファクターローディングを説明変数に加えることで，クロスセクションにおけるI-共変動モデルとFama-French 3ファクターモデルの比較を行う．

3 クロスセクションモデルの構築と実証分析

3.1 I-共変動クロスセクション分析モデル

本節では,個別資産のアルファを,
$$\bar{a}_i := \bar{r}_i - r_f - \beta_{iM}^{(1)}(\bar{r}_{M,t} - r_f) \tag{14}$$
のように定義し,次式のようなクロスセクション回帰モデルを構築することで,個別資産の超過収益率に対する I-共変動の影響について検証する[7].
$$\bar{a}_i \simeq c_2 \beta_{iM}^{(2)} + \cdots + c_{m-1} \beta_{iM}^{(m-1)} + c_m \beta_{iM}^{(m)} \tag{15}$$
ただし,m はクロスセクションモデルに組み入れる I-共変動の次数である.なお,
$$a_{i,t} := r_{i,t} - r_f - \beta_{iM}^{(1)}(r_{M,t} - r_f) \tag{16}$$
は実現リターンから CAPM によって定義されるノーマルリターンを差し引いたアブノーマル・リターンであり,個別資産のアルファは,$a_{i,t}$ の期待値 ($\mathbb{E}[a_{i,t}]$) によって与えられることに注意する.また,式(1)によって $R_{i,t}$, $R_{M,t}$ が定義される場合,$a_{i,t} = \varepsilon_{i,t}^{(1)}$ である.

以下,式(15)の回帰式において想定される符号条件について考察する.付録A.では,文献 (Malevergne and Sornette, 2006) の一般化資産価格付けモデルの公式を適用することにより,CAPM におけるリスク尺度を高次ノルムを含むケースに拡張した際,個別資産超過収益率がベータのみならず高次の I-共変動に依存することを示している.そこで導出している個別資産超過収益率と I-共変動の関係式(A.13)からは,奇数次の I-共変動の係数は正で与えられることが想定される.例えば,3次 I-共変動は市場ユニバースにおける個別資産超過収益率の分布の尖り (ファットテール性) に関係する一方,リスク尺度における4次ノルムは尖度を与えており,投資家が尖度に対して回避的であるほど個別資産に対するリスクプレミアムが高くなるという特性が,3次 I-共変動の係数

[7) 本論文で導入する2次以上のI-共変動は,個別資産のベータ ($=\beta_{iM}^{(1)}$) の影響を除外した指標であるため,分析の際も,あらかじめベータに関する項を差し引いた超過リスクプレミアムである式(14) を被説明変数とする.なお,式(14) は,Jensen のアルファ (Jensen, 1968) として知られるが,本論文では単にアルファと呼ぶ.

に反映されるものと考えられる．一方，偶数次のI-共変動の係数は，式(A.13)のうえからでは市場ポートフォリオの奇数次モーメントによって与えられ，正負両方の符号を取りうる．

本節では，このようなI-共変動が個別資産超過収益率に与える影響を，個別資産のアルファ $\bar{\alpha}_{i,t}$（あるいはアブノーマルリターン $\alpha_{i,t}$）を被説明変数，2次から m 次までのI-共変動を説明変数とするクロスセクション回帰分析によって検証する．

3.2 SMB・HMLファクターとファクターローディング

個別資産の超過収益率を，複数のファクターで説明するモデルとしてFF 3ファクターモデルが知られている．FF 3ファクターモデルは，市場ポートフォリオの超過収益率の他に，SMB（Small Minus Big）ファクター，HML（High Minus Low）ファクターと呼ばれる以下の手順で構築するファクターを説明変数に加えることで[8]，市場ポートフォリオだけでは説明することが困難な個別資産超過収益率の変動要因を分析するためのモデルである．

1. 分析対象銘柄（金融業を除く東証1部銘柄）における各年8月末時点の時価総額を基準に中央値を測定し，分析対象銘柄を時価総額の小さいグループ（Small）と大きいグループ（Big）に分類する．また，これとは独立に，同時点で取得可能な簿価を用いて，分析対象銘柄における簿価時価比率（B/P）の下位30%点と70%点を測定し，分析対象銘柄をB/Pの低いグループ（Low），中間のグループ（Middle），高いグループ（High）に分類する．

2. Step 1でSmallかつLowの銘柄群で構成される時価総額加重平均ポートフォリオをSmall/Low，SmallかつMiddleの銘柄群で構成される時価総額加重平均ポートフォリオをSmall/Middleと順次定義し，全銘柄からSmall/Low, Small/Middle, Small/High, Big/Low, Big/Middle, Big/Highの6つのポートフォリオを構築する．

---

[8] 本論文のSMB/HMLファクター構築法は，FF 3ファクターモデル（Fama and French, 1993）を日本市場に適用した文献（久保田・竹原，2007）の内容に基づいている．

3. 以下の (a) をロング, (b) をショートしたものの収益率を SMB ファクターとする.

(a) Small/Low, Small/Middle, Small/High の重みを, それぞれ 1/3 とするポートフォリオ.

(b) Big/Low, Big/Middle, Big/High の重みを, それぞれ 1/3 とするポートフォリオ.

4. 以下の (a) をロング, (b) をショートしたものの収益率を HML ファクターとする.

(a) Small/High, Big/High の重みを, それぞれ 1/2 とするポートフォリオ.

(b) Small/Low, Big/Low の重みを, それぞれ 1/2 とするポートフォリオ.

本論文では, I-共変動クロスセクションモデルとの比較を行うため, FF 3 ファクターモデルを直接適用するのではなく, 個別資産超過収益率から市場ポートフォリオにおけるベータの項を差し引いた式(16)のアブノーマルリターン $\alpha_{i,t}$ に対して, 以下の時系列方向の回帰を適用する.

$$\alpha_{i,t} \simeq d_1 \mathrm{SMB}_t + d_2 \mathrm{HML}_t \tag{17}$$

ただし, SMB_t, HML_t は, 時点 t における SMB, HML ポートフォリオの収益率を表す. 式(17)は, 通常の時系列方向の FF 3 ファクターモデル

$$r_{i,t} - r_f \simeq \beta_1 (r_{M,t} - r_f) + \beta_2 \mathrm{SMB}_t + \beta_3 \mathrm{HML}_t$$

において, 市場ポートフォリオファクターの回帰係数 β_1 のみ CAPM のベータ (すなわち 1 次 I-共変動 $\beta_{iM}^{(1)}$) に固定したものである. すなわち, 式(17)は通常の CAPM における市場ポートフォリオで説明されない個別要因 (すなわちアブノーマルリターン $\alpha_{i,t}$) を SMB, HML のファクターで説明することを試みたモデルであり, ファクター・ローディング (factor loading ; FL) を与える d_1, d_2 が有意に 0 と異なれば, CAPM では説明されないアブノーマルリターンが SMB, HML ファクターによって説明されることを意味する. d_1, d_2 が正に有意であれば, アブノーマルリターンに対して順方向, 負であれば逆方向に SMB, HML ファクターが影響を与えることが想定され, d_1, d_2 を説明変数に加えたクロスセクション回帰により, SMB, HML ファクターに対するエクス

ポージャがアルファに与える影響や他の説明変数との関係性について分析することが可能となる．

以上を背景に，本論文では，I-共変動のみでアルファを説明するモデルに加えて，FF 3 ファクターモデルにおける SMB，HML のファクター・ローディング（SMB-FL，HML-FL）を説明変数に入れたモデル，あるいは SMB-FL，HML-FL のみでアルファを説明するモデルを分析対象とする．具体的には，個別資産のベータ（$=\beta_{iM}^{(1)}$）をあらかじめ算出したうえで，$\alpha_{i,t}$ を被説明変数 SMB，HML を説明変数とする時系列方向の回帰を行い，式(17)における個別資産 i に関する SMB，HML のファクター・ローディング SMB-FL$_i=d_1$，HML-FL$_i=d_2$ を計算する．これらの変数を用いて，SMB-FL$_i$，HML-FL$_i$ を説明変数とするクロスセクション回帰式

$$\bar{\alpha}_i \simeq c_s \text{SMB-FL}_i + c_h \text{HML-FL}_i \tag{18}$$

および，全ての変数を説明変数とするクロスセクション回帰式

$$\bar{\alpha}_i \simeq c_2 \beta_{iM}^{(2)} + \cdots + c_{m-1} \beta_{iM}^{(m-1)} + c_m \beta_{iM}^{(m)} + c_s \text{SMB-FL}_i + c_h \text{HML-FL}_i \tag{19}$$

について検証し，I-共変動のみの回帰式(15)と比較する．

3.3　クロスセクション分析結果

ここでは，東証 1 部に上場している金融業を除いた銘柄に対し[9]，分析サイクルを日次としたうえで，日経 NEEDS-FinancialQUEST で株式価格の日次収益率データが取得可能な 1978 年 10 月 3 日を起点，2013 年 3 月 29 日を最終時点に設定し，分析を実施する[10]．ただし，個別銘柄収益率のデータ観測期間を一定期間以上確保するため，全期間を対象とする分析においては，2013 年 3 月 29 日時点で過去 10 年以上上場している 1121 銘柄を分析対象とする．また，個別資産の超過収益率 $R_{i,t}$，市場ポートフォリオの超過収益率 $R_{M,t}$ は，それぞれ式(1)に基づき，個別銘柄の日次収益率，あるいは分析対象全銘柄の収益率の時

---

9) 分析期間前月末時点の東証 33 業種分類に基づき，銀行業，証券・先物取引業，保険業，その他金融業の 4 業種を金融業と表す．

10) http://www.nikkei.co.jp/needs/services/fq.html 参照．なお，データ期間は日次収益率が実現される時点を基準とし，株式価格データは 1978 年 10 月 2 日を起点とする当日の調整済み終値を用いる．この場合，個別銘柄日次収益率の時系列方向のサンプル数は最大で 8861 個である．

表 1-1 $\beta_{iM}^{(k)}$ の推定結果. ただし, 有意比率は片側 5% の t 検定で有意と判定された銘柄の割合.

次数	$k=1$	$k=2$	$k=3$	$k=4$	$k=5$	$k=6$	$k=7$
推計値平均	0.839	−0.582	11.083	17.582	49.929	209.227	2244.184
推計値標準偏差	0.235	1.098	13.398	61.850	239.618	1535.606	7159.634
t 値平均	40.666	−1.075	2.104	0.415	0.097	0.106	0.084
t 値標準偏差	13.503	2.087	2.476	1.385	0.645	0.567	0.327
プラス有意比率（%）	100.000	9.991	59.054	19.893	1.517	0.268	0.089
マイナス有意比率（%）	0.000	40.856	6.601	6.334	0.089	0.268	0.000

価総額加重平均から無リスク利子率を差し引くことにより計算するものとする[11]. I-共変動の推定には, まず, 資産 i の日次超過収益率を市場ポートフォリオの日次超過収益率 $R_{M,t}$ で時系列回帰することによって, 個別資産のベータである回帰係数 $\beta_{iM}^{(1)}$ を求め, さらにその回帰残差（1 次残差）に対して $R_{M,t}^2$ の回帰係数 $\beta_{iM}^{(2)}$ を求めるといった, 多段階の回帰分析を適用している. また, SMB-FL, HML-FL についても同様に, 1 次残差に対応する $\alpha_{i,t}$ を被説明変数とする式(17)の時系列回帰を行い, 個別資産 i ごとに SMB-FL$_i$, HML-FL$_i$ を推定している.

表 1-1 は, 全期間における分析対象 1121 銘柄に対して I-共変動を 7 次まで推定した結果を示す. 表 1-1 の第 1 段目は, $\beta_{iM}^{(i)}$, $i=1,\cdots,7$ の推計値および t 値の, 分析対象全銘柄における平均・標準偏差を示す. また, 第 2 段目は, 回帰係数を 0 とした片側 t 検定において, 有意水準 5% で有意と判定された銘柄数の全対象銘柄数に対する割合（有意比率）を, プラス・マイナス方向でそれぞれ計算したものである. この結果から, まず, 2 次の I-共変動については, マイナス方向の有意性が高く, 3 次の I-共変動についてはプラス方向で有意性が高いことが分かる. また, 有意と判定される銘柄の割合（プラス・マイナス有意比率の和）も, 2 次で全体の約 50%, 3 次で全体の約 65% と, 個別銘柄に対する市場ポートフォリオの非対称な影響, およびテール部分の影響が多くの銘柄で有意に観測されている. また, 4 次までは全体の 25% 強が有意と判定さ

---

11) 有担保コールローン翌日物を日次換算した値を無リスク利子率とする. なお, 超過収益率の定義に式(2) を採用した分析も実施したが, 結果に差異は見られなかったので, 本分析では式(1) を用いた結果のみ掲載している.

表 1-2 アルファを被説明変数とするクロスセクション回帰係数の推定結果．ただし，説明変数の次数は I-共変動の次数．

Panel A：I-共変動のみ【自由度調整済み決定係数：0.107, F 値：23.441, p 値：0.0001 未満】

説明変数	2次	3次	4次	5次	6次	7次	SMB-FL	HML-FL	定数項
係数	1.35e-05	−1.90e-06	−1.53e-06	1.05e-08	3.21e-08	−7.02e-09			1.05e-04
t 値	1.418	−2.436	−4.884	0.146	2.410	−3.179			14.337
p 値	0.078	0.007	<.0001	0.442	0.008	0.001			<.0001

Panel B：SMB-FL, HML-FL のみ【自由度調整済み決定係数：0.191, F 値：133.624, p 値：0.0001 未満】

説明変数	2次	3次	4次	5次	6次	7次	SMB-FL	HML-FL	定数項
係数							−2.68e-04	−4.81e-06	2.51e-04
t 値							−14.858	−0.098	15.280
p 値							<.0001	0.461	<.0001

Panel C：I-共変動＋SMB-FL, HML-FL【自由度調整済み決定係数：0.211, F 値：38.440, p 値：0.0001 未満】

説明変数	2次	3次	4次	5次	6次	7次	SMB-FL	HML-FL	定数項
係数	−5.83e-06	1.36e-07	−5.06e-07	−1.81e-07	1.75e-08	1.43e-09	−2.60e-04	1.85e-05	2.46e-04
t 値	−0.692	0.185	−1.574	−2.666	1.377	0.643	−10.873	0.383	14.758
p 値	0.245	0.427	0.058	0.004	0.084	0.260	<.0001	0.351	<.0001

れるが，5次以上については，有意と判定される銘柄の割合が数 % 以下と大きく低下している[12]．

　次に，アルファを被説明変数，I-共変動，あるいは SMB-FL, HML-FL を説明変数とするクロスセクション回帰分析を実施する．表 1-2 は，表 1-1 の分析で推定した個別資産の I-共変動，および同一期間のデータを用いて計算した SMB-FL, HML-FL を説明変数，同期間のアルファを被説明変数としたクロスセクション回帰の結果を示す．ただし，Panel A は 7 次までの I-共変動のみを説明変数とした場合，Panel B は SMB-FL, HML-FL を説明変数とした場合，Panel C は全ての変数を説明変数とした場合の回帰係数推定値，t 値，および p 値を表す．また，Panel A-C の表タイトルの横には，調整済み決定係数，F 値，および F 値の有意性を与える p 値が記載されている．Panel A の結果から，まず，I-共変動のみを説明変数として回帰を行った場合は，2 次 I-共変動は 10% 水準で有意，3-4 次，6-7 次の I-共変動は 1% 未満の水準で有意であり，I-共変動がアルファに対して有意に影響を与えていることが分かる．5 次 I-共変動のみ係数は有意ではないが，5 次 I-共変動に関しては VIF が 7.06 と他の変数の VIF に比べて高く，多重共線性の可能性が疑われる．符号条件については，式 (A.13) からは奇数次の I-共変動に対して正であることが想定されるが，本分析

---

[12] このように 5 次以上の I-共変動については有意比率が低下するが，以下のクロスセクション回帰分析では，念のため 7 次までの I-共変動を分析対象とした．

表 1-3 説明変数間の相関行列．ただし，相関係数行列の左下三角行列は積率相関係数，右上三角行列はスピアマンの順位相関係数を表す．

	1次	2次	3次	4次	5次	6次	7次	SMB-FL	HML-FL
1次	1.000	0.147	−0.209	0.265	−0.198	0.242	−0.173	0.070	−0.054
2次	0.138	1.000	0.022	−0.015	0.106	−0.034	−0.006	−0.263	0.127
3次	−0.238	0.023	1.000	−0.041	0.317	−0.151	0.174	0.217	0.131
4次	0.268	0.012	−0.079	1.000	−0.351	0.874	−0.128	0.431	−0.067
5次	−0.207	0.104	0.406	−0.378	1.000	−0.405	0.851	0.029	0.119
6次	0.239	0.002	−0.210	0.881	−0.481	1.000	−0.199	0.289	−0.073
7次	−0.181	−0.006	0.268	−0.202	0.881	−0.344	1.000	0.233	0.092
SMB-FL	0.040	−0.232	0.237	0.434	0.035	0.269	0.217	1.000	0.023
HML-FL	−0.107	0.136	0.233	−0.047	0.135	−0.063	0.112	0.059	1.000

結果からは，3次と7次については有意にマイナス，5次については符号はプラスであるが有意性は低く，全体的にむしろ想定される符号条件とは逆方向に有意となる傾向にあるといえる．

一方，SMB-FL，HML-FLを説明変数に加えると，I-共変動のみを説明変数として回帰を実施した場合と比較して，係数が有意だったものは有意性が低下し，5次I-共変動の係数のように有意でなかったものが有意になるといった現象が見られる．特に，5次I-共変動の係数は1%水準で負に有意となり，結果として，先の分析における他の奇数次のI-共変動の係数と符号が一致する．一方，3次と7次のI-共変動の係数は，I-共変動のみの分析と比較すると符号が反転しているが，同時に有意性も低下しており，係数0の帰無仮説は棄却されない．このように，SMB-FL，HML-FLを説明変数に追加することは，アルファを被説明変数とするクロスセクション回帰分析におけるI-共変動の有意性に影響を与えていることが観測される．これらの説明変数間の相関係数行列を，表1-3に示す．ただし，相関係数行列の左下三角行列は積率相関係数，右上三角行列はスピアマンの順位相関係数であり，I-共変動については次数のみ記載している．

さらに，SMB-FL，HML-FLの係数の符号に着目すると，HML-FLの係数は必ずしも有意ではないものの，SMB-FLの係数は負に有意である．これらの符号条件とリスクプレミアムとの関係について，さらに詳しく考察するため，個別銘柄のSMB-FL，HML-FLの算出に適用する回帰モデル式(17)において，分析対象全銘柄に対するSMB-FL，あるいはHML-FLの有意比率[13]を計算す

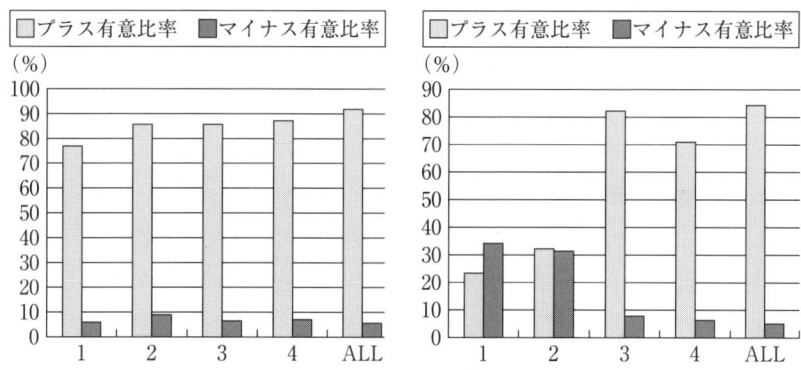

図 1-1 分析期間を4分割した際の,期間1-4と全期間 (All) に対する SMB-FL (左), HML-FL (右) の有意比率

る. 図 1-1 は, SMB-FL, HML-FL における有意水準 5% のプラス／マイナス有意比率を計算した結果である. ただし, 左図が SMB-FL, 右図が HML-FL であり, 横軸の All が, 表 1-2 に対応する全期間に対しての有意比率の推定結果を表し, 横軸の 1-4 は, 全期間を 4 分割した際の, 期間別に有意比率を算出した結果を表示したものである. なお, 期間を 4 分割した分析においては, 各期間を,

期間 1：1978/10/03-1986/07/08, 期間 2：1986/07/09-1995/03/23

期間 3：1995/03/24-2004/03/18, 期間 4：2004/03/19-2013/03/29

とし, 分析期間最終日から遡り, 過去 4 年以上, 上場している銘柄を分析対象とした[14]. 全期間に着目すると, SMB-FL においてプラス有意比率は約 90%, HML-FL において約 85% と高く, 式(16)で定義される個別銘柄の $\alpha_{i,t}$ (＝アブノーマル・リターン) は, SMB ファクター, および HML ファクターから有意にプラス方向の影響を受けていることが分かる. にも関わらず, クロスセクション回帰における SMB-FL の符号は負に有意であり, アルファによって定義されるアブノーマル・リターンの期待値とは逆方向に影響を与えている. また,

---

13) 具体的には, 市場ユニバースにおける全銘柄を対象に, 全期間における時系列回帰式 (17) を実施し, SMB_t, HML_t の係数が有意である銘柄数の割合を, プラス, あるいはマイナス方向に対して計算したものを, それぞれプラス有意比率, マイナス有意比率として定義している.

14) 対象銘柄数は, 期間 1 から順に, 855, 1034, 1106, 1447 である.

HML-FL の係数は有意ではなく，時系列方向における HML の影響は，必ずしもリスクプレミアムとして個別資産のアルファ（$=\bar{\alpha}_i$）に反映されている訳ではない．

3.4 属性別分析

ここでは，3.3 で示した結果に対する銘柄属性の影響を見るために，対象銘柄を時価総額の大小，あるいは簿価・時価比率（B/P）の大小で層別して，同様にアルファを被説明変数とする分析を実施する．ここでは，分析期間における時価総額，あるいは B/P の月末時点の値（月末値）を，個別銘柄ごとに計算したうえで分析期間における期間平均を求め，期間平均値が低い順に対象全銘柄を5分割し（第1-5分位），各分位に対して層別分析を行った結果を示す．

表1-4は，時価総額の最も低い銘柄群（第1分位）と最も高い銘柄群（第5分位）に対してクロスセクション回帰を適用した推定結果を示す．これら2つの結果は，以下の点において対照的である．まず，Panel A の I-共変動のみを説明変数とした場合を比較すると，時価総額第1分位で有意であった I-共変動の係数については，時価総額第5分位では有意ではなくなる，あるいは有意性が低下している．同様に，時価総額第5分位で有意である I-共変動の係数については，時価総額第1分位では有意性が低下，あるいは有意性が観測されないケースもある．

SMB-FL，HML-FL については，時価総額第1分位では SMB-FL が1%水準で有意，HML-FL が10%水準で有意であるが，時価総額第5分位では個別の変数に対する有意性は観測されず，F 値による回帰式の信頼性水準や自由度調整済み決定ケースによる回帰の当てはまりも，他のケースに比べて低い．特に，時価総額第5分位では，Panel C において説明変数に SMB-FL，HML-FL を加えても，Panel A の I-共変動のみのケースに対して回帰式の説明力は向上せず，また個別変数の有意性もほとんど変化しない．一方，時価総額第1分位における Panel C の結果では，SMB-FL，HML-FL の導入により有意性が低下した次数の I-共変動もあるが，4次 I-共変動は10%水準で，6次 I-共変動は1%水準で有意であり，自由度調整済み決定係数も Panel A，Panel B のケースと比べて向上している．

表 1-4 アルファを被説明変数とする時価総額別クロスセクション回帰係数の推定結果．ただし，説明変数の次数は I-共変動の次数．

《時価総額第 1 分位》

Panel A：I-共変動のみ【自由度調整済み決定係数：0.0824，F 値：4.339，p 値：0.001 未満】

説明変数	2次	3次	4次	5次	6次	7次	SMB-FL	HML-FL	定数項
係数	3.25e-05	-6.80e-07	-2.64e-06	1.43e-07	1.03e-07	-7.66e-09			1.28e-05
t 値	1.374	-0.342	-2.902	0.748	2.760	-1.220			0.301
p 値	0.085	0.366	0.002	0.228	0.003	0.112			0.382

Panel B：SMB-FL，HML-FL のみ【自由度調整済み決定係数：0.108，F 値：14.531，p 値：0.0001 未満】

係数							-2.94e-04	2.68e-04	9.36e-05
t 値							-5.592	1.517	1.330
p 値							<.0001	0.065	0.093

Panel C：I-共変動+SMB-FL，HML-FL のみ【自由度調整済み決定係数：0.195，F 値：7.759，p 値：0.0001 未満】

係数	-3.59e-06	7.27e-07	-1.51e-06	1.78e-08	9.53e-08	-3.46e-09	-3.74e-04	3.31e-04	1.75e-04
t 値	-0.182	0.395	-1.612	0.091	2.768	-0.558	-4.863	2.024	2.616
p 値	0.428	0.347	0.054	0.464	0.003	0.289	<.0001	0.022	0.005

《時価総額第 5 分位》

Panel A：I-共変動のみ【自由度調整済み決定係数：0.180，F 値：9.163，p 値：0.0001 未満】

説明変数	2次	3次	4次	5次	6次	7次	SMB-FL	HML-FL	定数項
係数	-5.62e-05	-2.77e-06	-2.80e-07	-1.48e-07	-3.77e-08	8.38e-09			2.28e-04
t 値	-3.546	-1.653	-0.535	-1.129	-1.560	1.867			13.686
p 値	0.000	0.050	0.297	0.130	0.060	0.032			<.0001

Panel B：SMB-FL，HML-FL のみ【自由度調整済み決定係数：0.0141，F 値：2.595，p 値：0.077】

係数							-4.62e-06	-1.01e-04	2.34e-04
t 値							-0.088	-1.158	9.413
p 値							0.465	0.124	<.0001

Panel C：I-共変動+SMB-FL，HML-FL のみ【自由度調整済み決定係数：0.173，F 値：6.835，p 値：0.0001 未満】

係数	-5.73e-05	-2.67e-06	-2.09e-07	-1.61e-07	-3.96e-08	8.81e-09	-2.11e-05	1.13e-06	2.29e-04
t 値	-3.420	-1.839	-0.413	-1.125	-1.718	1.781	-0.363	0.016	9.922
p 値	0.000	0.034	0.340	0.131	0.044	0.038	0.358	0.494	<.0001

表 1-5 は，B/P 比率別にグループ分けした際の，B/P 比率の最も低い銘柄群（第 1 分位）と高い銘柄群（第 5 分位）に対して，同様にアルファを被説明変数とするクロスセクション回帰を適用した結果である．まず，Panel C の全変数を用いた場合であるが，第 1 分位，第 5 分位ともに自由度調整済み決定係数が他の分析と比べて高く，特に第 5 分位の全変数を用いた回帰式は，全ての分析の中で最も高い値を示している．個別変数については，第 5 分位において HML-FL の係数が 1% 水準で唯一有意となるほか，4 次，6 次の I-共変動の係数も 1% 水準で有意である．一方，第 1 分位については，5 次，7 次の I-共変動

表 1-5 アルファを被説明変数とする B/P 比率別クロスセクション回帰係数の推定結果. ただし, 説明変数の次数は I-共動動の次数.

《B/P 比率第 1 分位》

Panel A：I-共変動のみ【自由度調整済み決定係数：0.142, F 値：7.153, p 値：0.0001 未満】

説明変数	2次	3次	4次	5次	6次	7次	SMB-FL	HML-FL	定数項
係数	−2.32e−07	−2.44e−06	−1.39e−06	−1.73e−07	−3.40e−08	5.15e−09			2.23e−04
t 値	−0.009	−1.270	−1.932	−0.855	−0.910	0.737			10.577
p 値	0.496	0.103	0.027	0.197	0.182	0.231			<.0001

Panel B：SMB-FL, HML-FL のみ【自由度調整済み決定係数：0.211, F 値：30.840, p 値：0.0001 未満】

説明変数	2次	3次	4次	5次	6次	7次	SMB-FL	HML-FL	定数項
係数							−2.80e−04	−5.17e−05	3.14e−04
t 値							−7.430	−0.415	13.914
p 値							<.0001	0.339	<.0001

Panel C：I-共変動＋SMB-FL, HML-FL【自由度調整済み決定係数：0.261, F 値：10.831, p 値：0.0001 未満】

説明変数	2次	3次	4次	5次	6次	7次	SMB-FL	HML-FL	定数項
係数	−2.65e−05	1.45e−06	−2.23e−07	−4.93e−08	−4.42e−08	1.84e−08	−3.03e−04	7.19e−05	3.03e−04
t 値	−1.147	0.790	−0.274	−2.349	−1.212	2.229	−4.739	0.058	13.383
p 値	0.126	0.215	0.392	0.010	0.113	0.013	<.0001	0.477	<.0001

《B/P 比率第 5 分位》

Panel A：I-共変動のみ【自由度調整済み決定係数：0.144, F 値：7.265, p 値：0.0001 未満】

説明変数	2次	3次	4次	5次	6次	7次	SMB-FL	HML-FL	定数項
係数	5.80e−06	−2.42e−06	−3.26e−06	2.88e−07	1.26e−07	−8.88e−09			6.16e−05
t 値	0.285	−1.350	−3.586	1.455	3.424	−1.633			2.218
p 値	0.388	0.089	0.000	0.074	0.000	0.052			0.014

Panel B：SMB-FL, HML-FL のみ【自由度調整済み決定係数：0.203, F 値：29.482, p 値：0.0001 未満】

説明変数	2次	3次	4次	5次	6次	7次	SMB-FL	HML-FL	定数項
係数							−4.78e−04	3.15e−04	2.00e−04
t 値							−6.023	2.189	2.753
p 値							<.0001	0.015	0.003

Panel C：I-共変動＋SMB-FL, HML-FL【自由度調整済み決定係数：0.300, F 値：12.926, p 値：0.0001 未満】

説明変数	2次	3次	4次	5次	6次	7次	SMB-FL	HML-FL	定数項
係数	−2.23e−05	−2.12e−06	−2.11e−06	1.84e−07	1.12e−07	−2.56e−09	−4.21e−04	4.08e−04	1.60e−04
t 値	−1.353	−1.279	−2.628	0.920	3.592	−0.479	−5.849	2.955	2.250
p 値	0.089	0.101	0.005	0.179	0.000	0.316	<.0001	0.002	.0013

の係数が 5% 水準で有意（ただし, p 値はともに 1% に近い値）であり, こちらの結果も第 1 分位と第 5 分位において対照的な結果が得られている. また, SMB-FL については, 一貫してマイナス方向に有意であり, 2 次 I-共変動については, SMB-FL, HML-FL の導入により有意性が向上し, 特に第 5 分位においては 10% 水準で有意となる.

3.5 符号条件についての考察

最後に符号条件について考察する. 表 1-6 は, 全サンプル, 時価総額第 1 分

表 1-6 アルファを被説明変数とする回帰における係数の有意性．+，−は係数の符号．***，**，*は，それぞれ，1%，5%，10%有意であることを示す．

説明変数	2次	3次	4次	5次	6次	7次	SMB-FL	HML-FL
全サンプル	+*	−***	−*** (−*)	(−***)	+*** (+*)	+***	−*** (−***)	
時価総額1	+*		−*** (−*)		+*** (+***)		−*** (−***)	+* (+**)
時価総額5	−*** (−***)	−** (−**)			−* (−**)	+** (+**)		
B/P 比率1			−**	(−***)		(+**)	−*** (−***)	
B/P 比率5	(−*)	−*	−*** (−***)	+*	+*** (+***)	−*	−*** (−***)	+** (+***)

位，時価総額第5分位，B/P比率第1分位，B/P比率第5分位に対して，アルファをI-共変動で回帰した際における係数の有意性をプラス方向は+，マイナス方向は−で示したものである．ただし，右側2列は，SMB-FL，HML-FLのみで回帰した際の係数の有意性を示し，括弧内はSMB-FL，HML-FLを含む全変数で回帰したPanel Cの結果である．

全サンプルの結果および層別の結果で共通して，3次I-共変動および4次I-共変動の係数がマイナス方向で有意となる傾向にある．一方，6次や7次といったより高次のI-共変動については，プラス方向に有意となる傾向にあるといえる．2次と5次のI-共変動に関しては，プラス方向で有意である場合とマイナス方向で有意となる場合が混在するので必ずしも強く主張することはできないが，アルファを超過リスクプレミアムと捉えた場合，より高次のI-共変動に対しては正，一方，比較的低次のI-共変動に対しては負のリスクプレミアムが要求されるものと考えられる．このことは，市場がテール部分の変動に対してより高いリスクプレミアムを要求するものと解釈することができるが，先にも述べたように，2次と5次では符号が反転するケースもあり，このようなクロスセクションにおけるI-共変動とリスクプレミアムの関係性については，今後，さらに検討する必要がある．これに対して，SMB-FLの符号については一貫して負であり，本分析データにおいては，アルファとして観測される超過リスクプレミアムに対して，SMB-FLが平均的なリスクプレミアムを低減化すること

が観測されている．

4　Fama-MacBeth 回帰の適用

　Fama-MacBeth 回帰とは，与えられた分析期間（推計期間）で求まる個別銘柄に関する統計量を説明変数，分析期間最終日より将来に実現する収益率を被説明変数とするクロスセクション方向の回帰を，分析期間をずらしながら実施することによって，将来の実現収益率に有意なファクターを検証する手法である[15]．本節では，I-共変動および SMB-FL，HML-FL の推計期間として年次（250 日）を想定し，推計期間最終日から 1 週間後に計測される個別資産週次超過収益率を被説明変数とする Fama-MacBeth 回帰を実行し，超過リスクプレミアムに対する I-共変動の影響について分析する．

4.1　分　析　方　法

　ここでは，3.3 でクロスセクション回帰を実施した全期間の個別銘柄データ（1978 年 10 月 3 日から 2013 年 3 月 29 日までの個別銘柄日次収益率）を分析対象とする．I-共変動の推計については，まず，分析全期間の起点から 250 日間を推計期間とし，この間にデータの取得が可能な個別銘柄について 7 次までの I-共変動を推計する．SMB，HML ファクターについても同様に，推計期間でデータが取得可能な銘柄を対象とするが，推計期間の各時点から遡って直近の 8 月末時点における東証 1 部上場銘柄（除く金融）に対してポートフォリオを構築し，個別銘柄に関する SMB-FL，HML-FL を推計する．なお，推計期間を 250 日とすることを除いては，I-共変動および SMB-FL，HML-FL の推計方法は，3.3 における全期間の分析と同じである．

　さらに，推計期間最終日よりカレンダーベースで 1 週間後に実現する個別銘

---

[15]　オリジナルの Fama-MacBeth 回帰については文献（Fama and French, 1992：Fama and MacBeth, 1973），標準的なクロスセクション回帰との比較は文献（Cochrane, 2005）参照．前節におけるクロスセクション分析においてはアルファを被説明変数としたが，本節では通常の Fama-MacBeth 回帰と同様，翌期以降の個別資産超過収益率を被説明変数として分析を実施し，市場ポートフォリオ・ベータの個別資産超過収益率に対する影響についても考察することとする．

柄週次収益率から同期間の無担保コールレート平均の週次換算値を控除した値を個別銘柄週次超過収益率と定義し[16]，週次超過収益率を被説明変数，推計期間における I-共変動，および SMB-FL，HML-FL を説明変数とするクロスセクション方向の回帰を実施する．ここまでを一つの分析サイクルとしたうえで，個別銘柄週次超過収益率の算出期間を次の1週間に設定し，同様のクロスセクション回帰を行う．この際，I-共変動，および SMB-FL，HML-FL の推計期間も1週間分更新する．上記分析を全期間の最終日まで繰り返した場合のクロスセクション方向の回帰回数は1752回である．本分析における Fama-MacBeth 回帰では，文献（Fama and French, 1992 : Fama and MacBeth, 1993）に従い，個別銘柄週次超過収益率を被説明変数とするクロスセクション全回帰係数の平均，および標準誤差を計算したうえで回帰係数の t 値を算出し，個別資産超過リスクプレミアムに対する I-共変動の有意性を検証する．

4.2 分析結果

表1-7は，推計期間翌週の個別銘柄週次超過収益率を被説明変数として，Fama-MacBeth 回帰を適用した分析結果である．ただし，Panel A は1次から7次までの I 共変動を説明変数とした Fama-MacBeth 回帰の推定結果であり，第1行から第3行目までは，それぞれ，回帰係数の平均，t 値，t 値の有意性に関する p 値であり，第4行から第7行目は，クロスセクション回帰で係数が有意と判定された割合を，符号が正で片側5％，負で片側5％，正で片側10％，負で片側10％の有意水準に対してそれぞれ計算した値を示す[17]．また，Panel B は，説明変数として SMB-FL，HML-FL を追加した場合，Panel C は SMB-FL，HML-FL とベータのみ，Panel D はベータのみを説明変数に分析を実施した結果である．

---

16) 推計期間最終日を時点 t，$t+1$ を起点とするカレンダーベースでの週次取引日数を s 日間，この間の日次収益率を $r_{t+1}, \cdots, r_{t+s}$ とすれば，週次収益率は $\prod_{i=1}^{s}(1+r_{t+i})$ によって計算される．本論文では，文献（久保田・竹原，2007）と同様に，この値から同期間の無担保コールレート平均の週次換算値を引くことによって，個別銘柄週次超過収益率を計算している．

17) 具体的には，1752回実行した個別資産週次超過収益率を被説明変数とするクロスセクション回帰において，有意と判定されて割合を計算した．

表 1-7　翌期の個別銘柄週次超過収益率を被説明変数とする Fama-MacBeth 回帰の推定結果．ただし，説明変数の次数は 1-共変動の次数．

説明変数	1次	2次	3次	4次	5次	6次	7次	SMB-FL	HML-FL	定数項
Panel A：個別銘柄週次超過収益率，1-共変動のみ　【自由度調整済み決定係数（平均値）：6.018%】										
係数（平均値）	-9.465e-05	-4.093e-05	-4.325e-05	-1.231e-05	1.899e-05	4.895e-06	-1.783e-06			7.947e-04
t値	-0.161	-1.524	-2.437	-0.629	2.439	0.985	-1.500			1.833
p値	0.436	0.064	0.007	0.265	0.007	0.162	0.067			0.033
5%有意比率（正）	36.701%	21.861%	16.895%	17.751%	16.210%	15.468%	15.696%			39.269%
5%有意比率（負）	40.183%	22.774%	16.667%	15.925%	16.610%	17.009%	16.495%			34.018%
10%有意比率（正）	39.098%	26.598%	21.861%	23.116%	22.032%	22.146%	21.804%			41.724%
10%有意比率（負）	42.580%	29.053%	23.345%	22.489%	22.089%	23.231%	22.603%			36.587%
Panel B：1-共変動＋SMB-FL, HML-FL　【自由度調整済み決定係数（平均値）：8.739%】										
係数（平均値）	3.248e-04	-4.758e-05	-3.133e-05	-4.269e-06	1.074e-05	1.570e-06	-7.575e-07	-9.568e-05	8.467e-04	4.400e-04
t値	0.583	-2.091	-2.296	-0.330	1.665	0.475	-0.895	-0.231	2.668	1.163
p値	0.280	0.018	0.011	0.371	0.048	0.317	0.185	0.409	0.004	0.122
5%有意比率（正）	37.386%	15.183%	11.073%	13.756%	11.587%	11.587%	11.416%	32.934%	31.336%	34.703%
5%有意比率（負）	37.614%	17.295%	12.900%	11.815%	11.758%	12.783%	12.671%	36.016%	27.511%	30.879%
10%有意比率（正）	39.897%	20.491%	17.409%	20.662%	18.094%	17.409%	18.779%	36.016%	35.788%	39.384%
10%有意比率（負）	40.868%	22.945%	18.493%	18.607%	17.580%	18.836%	18.037%	39.269%	31.621%	34.589%
Panel C：ベータ（1次1-共変動）＋SMB-FL, HML-FL　【自由度調整済み決定係数（平均値）：7.757%】										
係数（平均値）	2.364e-04							-3.842e-05	8.568e-04	5.364e-04
t値	0.420							-0.092	2.645	1.365
p値	0.337							0.463	0.004	0.086
5%有意比率（正）	37.900%							36.244%	33.733%	36.358%
5%有意比率（負）	38.642%							38.470%	29.566%	32.078%
10%有意比率（正）	40.068%							39.041%	37.500%	39.612%
10%有意比率（負）	40.639%							41.381%	33.276%	34.989%
Panel D：ベータ（1次1-共変動）のみ　【自由度調整済み決定係数（平均値）：3.786%】										
係数（平均値）	-2.390e-04									9.376e-04
t値	-0.396									1.953
p値	0.346									0.026
5%有意比率（正）	37.443%									40.811%
5%有意比率（負）	41.096%									35.445%
10%有意比率（正）	39.783%									43.550%
10%有意比率（負）	43.779%									38.299%

まず，ベータを与える1次I-共変動の係数については，Panel AからPanel Dにかけて全て非有意であり，符号もPanel Aで負，Panel Bで正のように反転するケースも見られる．Fama-MacBeth回帰の適用に際して，将来の個別資産超過収益率として観測されるリスクプレミアムに，市場ポートフォリオのベータが有意に影響を与えていないという現象は，文献（Fama and French, 1992）をはじめとするいくつかの文献で指摘されており，本分析結果はそれら一連の議論とも整合する．ただし，有意比率については，片側5%でベータが有意と判定された割合がプラス方向で36.7%，マイナス方向で40.2%と高く，全体で80%近くがいずれかの方向で有意と判定されている．このことは，正負を問わない個別資産超過リスクプレミアムの変動に対しては，ベータはいずれかの方向に影響を与えることを示すが，正負どちらの方向に対してより強く（有意に）影響を与えるかについては特定されないことを意味する．

一方，2次以上のI-共変動については，Panel Aにおいて，2次と7次のI-共変動の係数が10%有意，3次と5次のI-共変動が1%有意に推定されている．また，Panel BでSMB-FL，HML-FLを説明変数に加えた場合でも，2次，3次，5次のI-共変動の係数が5%有意である．有意となるI-共変動の係数の符号については，2次と3次のI-共変動が負，5次I-共変動が正であり，7次はPanel Aでのみ有意であるものの係数の符号は負によって与えられ，5次I-共変動のみ，個別資産超過リスクプレミアムに正の影響を与えている．5次I-共変動が個別資産超過収益率に正の影響を与えることは，個別資産収益率のテール部分の変動に対するリスクプレミアムと考えることができるが，一方で3次のI-共変動の係数は負であり，市場はより大きなテール部分の変動については正のプレミアム，相対的に低い変動に対してはむしろ超過収益率を低減化する方向にプレミアムを要求していることが観測される．また，2次I-共変動の符号は負であり，市場は個別資産収益率分布の負の歪みに対してリスクプレミアムを要求することが，本分析結果においては推定されている．

SMB-FL，HML-FLの符号については，Panel Cにおけるベータと SMB-FL，HML-FLの3ファクターの結果も含めて，一貫してHML-FLの係数は正に1%水準で有意である．HML-FLの係数が正で有意であることは，文献（Fama and French, 1992）における，平均B/P比率を説明変数とした米国市場

に対する結果とも整合している[18]．特に，HML-FL の個別資産超過収益率に対する正の影響を割安株効果によるものと仮定した場合，個別銘柄の割安な状態が徐々に解消されることが超過収益をもたらすと考えられる．このような割安株効果を想定した場合，超過収益に反映されるのは割安な状態が観測されるより後の時点であるので，推計期間と同一のデータ期間を対象として計測したアルファを用いたクロスセクション分析（表1-2 参照）では有意に観測されなかった HML-FL の影響が，個別資産超過収益率リスクプレミアム計測期間を推計期間から将来時点に設定する Fama-MacBeth 回帰では観測されることの説明がつく．一方，SMB-FL の超過リスクプレミアムに対する影響については，本分析では有意性が検出されていないのでどちらともいえないが，係数の符号は一貫して負であり，日本市場に対する文献（久保田・竹原，2007）の分析結果における符号条件と矛盾はしない．

以上，I-共変動，および SMB-FL，HML-FL を説明変数とする Fama-MacBeth 回帰結果について検証してきたが，部分的にテールリスクや非対称リスクといったベータに含まれないリスクプレミアムが本分析結果で観測されるものの，他の文献でも指摘されているようにベータ自体のリスクプレミアムの方向が有意でないこと，また，2次以上の I-共変動についても想定される符号条件と逆方向であることが見られることなど，今後，さらなる検討が必要である．例えば市場の上昇局面，あるいは下降局面で場合分けするなどより詳細な追加分析を行うことで，ベータや I-共変動が超過リスクプレミアムに正の影響を与える局面等が抽出される可能性も期待されるが，これらに関しては今後の課題としたい．

---

18) 文献（Fama and French, 1992）では，Fama-MacBeth 回帰を用いて個別銘柄のベータ，推計期間の平均時価総額，平均 B/P 比率を説明変数に分析をしているのであるが，平均 B/P 比率の係数が正かつ有意性も高いという結果が得られている．本分析では，個別資産の B/P 比率を用いるのではなく HML-FL を説明変数としているが，HML-FL が市場ユニバース全体の B/P 比率の高低を反映するように構築したポートフォリオ超過収益率との連動性を与えることを考慮すれば，HML-FL は文献（Fama and French, 1992）における平均 B/P 比率と同等の効果をもたらすものと考えられ，結果そのものは整合するといえる．

5 おわりに

　本論文では，著者ら提案してきた I-共変動について，日本市場における有意性および個別資産の超過期待収益率に与える影響を検証した．まず，東証 1 部に上場している金融業を除いた銘柄を対象として，個別銘柄に対する I-共変動を推定し総銘柄数に対する有意比率を計算したうえで，個別資産のアルファを被説明変数，7 次までの I-共変動を説明変数とするクロスセクション回帰分析を実施した．分析の結果，5 次 I-共変動を除く全ての次数において回帰係数は有意と判定された．さらに，FF 3 ファクターモデルにおける SMB，HML のファクターローディング（SMB-FL，HML-FL）を説明変数に加えた分析を実施したところ，2 次，3 次の I-共変動の有意性は低下し，5 次 I-共変動の係数が有意になるという結果が得られた．また，属性別の分析では，時価総額が高い分位に対しては，SMB-FL，HML-FL を説明変数に含めた分析でも 2 次，3 次の I-共変動が有意に観測されるなど，I-共変動と FF 3 ファクターモデルの FL が，説明力で補完し合うケースも見られた．

　次に，推計期間で求めた個別銘柄に関する I-共変動を説明変数，推計期間最終日より翌期以降に実現する個別資産超過収益率を被説明変数とする Fama-MacBeth 回帰を実施した．ここでは，通常の Fama-MacBeth 回帰での分析手法に従い，個別資産の超過収益率として無リスク利子率のみ控除したものを被説明変数としてクロスセクション回帰を行い，1 次 I-共変動であるベータの個別資産超過収益率に対する影響についても考察した．ベータについては，過去研究でも指摘されているように，個別資産超過収益率に対して必ずしも有意な影響を与えるものではなかった．一方，I-共変動については，SMB-FL，HML-FL を説明変数に含めたケースでも 2 次，3 次，5 次の I-共変動は係数が有意に観測されており，I-共変動の個別資産超過リスクプレミアムに対する影響が認められた．また，HML-FL の係数も正に有意となり，間接的ではあるが割安株効果の影響も観測された．なお，本分析では，I-共変動の符号条件が想定されるものと反対方向に有意であるなど，パズルもいくつか存在し，これらの要因分析を含めた I-共変動とリスクプレミアムに関するさらなる検証が，今

後の課題として挙げられる．

付録　一般化資産価格付けモデル（Generalized Capital Asset Pricing）

本付録では，文献（Malevergne and Sornette, 2006）において，一般化資産価格付けモデルとして導出されている公式を用いて，個別資産の超過期待収益率と I-共変動の関係式を導出する．文献（Malevergne and Sornette, 2006）では，通常の CAPM におけるリスク尺度を，同次関数 ρ を用いて一般化することによって，個別資産の無リスク資産からの期待超過収益率と市場ポートフォリオの期待超過収益率の間に以下の関係が成り立つことを示している．

$$\bar{r}_i - r_f = \left.\frac{\partial \rho(\boldsymbol{w}^\top \boldsymbol{r})}{\partial w_i}\right|_{\boldsymbol{w}=\boldsymbol{w}^*} \times \frac{\bar{r}_M - r_f}{\rho(r_{M,t})}, \quad i=1,2,...,n \tag{A.1}$$

ただし，w_i, $i=1,2,...,n$ は，総和が 1 のポートフォリオ重み，$\boldsymbol{w} \in \Re^n$ はそれらを第 i 成分とする重みベクトル，$\boldsymbol{r} \in \Re^n$ は第 i 成分が $r_{i,t}$, $i=1,...,n$ で与えられるベクトルであり，$\boldsymbol{w}^* \in \Re^n$ は市場ポートフォリオの重みベクトルである．なお，文献（Malevergne and Sornette, 2006）では，関数 ρ を一般的な i 次（$i=1,2,...$）の同次関数として証明を試みているが，本論文では，以下の仮定を満たす 1 次の同次関数として議論を進める．

仮定 1　確率変数 X, Y, および定数 c に対して，ρ は以下の性質を満すたすリスク尺度である[19]．

 1) 正の 1 次同次性（positive homogeneity）：$\rho(\lambda X) = \lambda \rho(X) \geq 0$, $^\forall \lambda > 0$

 2) 凸性（convexity）：$\rho(\lambda X + (1-\lambda)Y) \leq \lambda \rho(X) + (1-\lambda)\rho(X)$, $^\forall \lambda \in [0,1]$

 3) 平行移動不変性（translation invariance）：$\rho(X+c) = \rho(X)$, $\rho(0) = 0$

ρ が標準偏差を与えるリスク尺度 $\rho(X) := (\mathbb{E}[(X-\bar{X})^2])^{1/2}$ である場合，明らかに仮定 1 は満たされる．このとき，

$$\rho(\boldsymbol{w}^\top \boldsymbol{r}) = (\mathbb{E}[\{\boldsymbol{w}^\top(\boldsymbol{r}-\bar{\boldsymbol{r}})\}^2])^{1/2} = (\mathrm{Var}[\boldsymbol{w}^\top \boldsymbol{r}])^{1/2} \tag{A.2}$$

---

19) 性質 1-3 は，文献（Artzner et al., 1999）で述べられているコヒレントリスク尺度から，単調性（Monotinicity；$X \geq Y$ ならば $\rho(X) \geq \rho(X)$）のみ除外したものである．なお，リスク尺度とこれらの性質の関係については，文献（山田・吉羽，2001）に詳しい．

であり，次式が成り立つ．

$$\left.\frac{\partial \rho(\boldsymbol{w}^\top \boldsymbol{r})}{\partial w_i}\right|_{w=w^*} \times \frac{1}{\rho(r_{M,t})} = \left.\frac{1}{2\rho(\boldsymbol{w}^\top \boldsymbol{r})}\right|_{w=w^*} \times \left.\frac{\partial}{\partial w_i}\mathbb{E}[\{\boldsymbol{w}^\top(\boldsymbol{r}-\bar{\boldsymbol{r}})\}^2]\right|_{w=w^*} \times \frac{1}{\rho(r_{M,t})}$$

$$= \left.\frac{1}{2\rho^2(r_{M,t})}\mathbb{E}[2\{\boldsymbol{w}^\top(\boldsymbol{r}-\bar{\boldsymbol{r}})\}(r_{i,t}-\bar{r}_i)]\right|_{w=w^*}$$

$$= \frac{1}{\rho^2(r_{M,t})}\mathbb{E}[(r_{M,t}-r_{\bar{M},t})(r_{i,t}-\bar{r}_i)]$$

$$= \frac{\mathrm{Cov}[r_{M,t}, r_{i,t}]}{\mathrm{Var}[r_{M,t}]} \qquad (\mathrm{A}.3)$$

式(A.3)は個別資産のベータであり，この場合，式(A.1)は通常のCAPMに一致することが確認できる．

次に，より一般的なケースとして，次式で与えられる ρ を考える．

$$\rho(X) := \sum_{j\geq 1} \eta_j \|X-\bar{X}\|_j, \quad \eta_j > 0 \qquad (\mathrm{A}.4)$$

ただし，$\|\cdot\|_j$ は j 次ノルムであり，確率変数 X に対して以下のように定義される．

$$\|X\|_l := (\mathbb{E}[|X|^l])^{1/l}, \quad l=1,2,\ldots, \qquad (\mathrm{A}.5)$$

のように記述する．このような ρ は仮定1を満たし，リスク尺度の候補となる．実際に，$\eta_1=1$，$\eta_j=0$ $(j\geq 2)$ のとき(A.4)は絶対偏差を，$\eta_2=1$，$\eta_j=0$ $(j\neq 2)$ のとき式(A.4)は標準偏差を表すことから，ρ がいくつかの代表的なリスク尺度を含むことが確認できる．

ここで，$R_{i,t}$, $R_{M,t}$ は式(2)で定義されるものとし，ρ が偶数次ノルムのみによって与えられる場合，すなわち ρ が以下のように定義されるケースを考える．

$$\rho(\boldsymbol{w}^\top \boldsymbol{r}) := \sum_{\{j=2,4,\ldots,\hat{m}\}} \eta_j \|\boldsymbol{w}^\top(\boldsymbol{r}-\bar{\boldsymbol{r}})\|_j, \quad \eta_j > 0 \qquad (\mathrm{A}.6)$$

ただし，$\hat{m}$ はノルムの最大次数を表す偶数である．このとき，以下の関係が成り立つ．

$$\left.\frac{\partial \|\boldsymbol{w}^\top(\boldsymbol{r}-\bar{\boldsymbol{r}})\|_j^j}{\partial w_i}\right|_{w=w^*} = \left.\frac{\partial \mathbb{E}[\{\boldsymbol{w}^\top(\boldsymbol{r}-\bar{\boldsymbol{r}})\}^j]}{\partial w_i}\right|_{w=w^*}$$

$$= \mathbb{E}[j\{\boldsymbol{w}^\top(\boldsymbol{r}-\bar{\boldsymbol{r}})\}^{j-1}(r_{i,t}-\bar{r}_i)]\Big|_{w=w^*}$$

$$= j\mathbb{E}[R_{M,t}^{j-1} R_{i,t}], \quad j = 2, 4, \ldots, \hat{m}$$

一方,

$$\left.\frac{\partial \|\boldsymbol{w}^\top (\boldsymbol{r} - \bar{\boldsymbol{r}})\|_j^j}{\partial w_i}\right|_{w=w^*} = j\|R_{M,t}\|_j^{j-1} \times \left.\frac{\partial \|\boldsymbol{w}^\top (\boldsymbol{r} - \bar{\boldsymbol{r}})\|_j}{\partial w_i}\right|_{w=w^*}$$

$$\kappa_{iM}^{(j-1)} = \frac{C_{iM}^{(j-1)}}{\mathbb{E}[R_{M,t}^j]} = \frac{C_{iM}^{(j-1)}}{\|R_{M,t}\|_j^j}, \quad j = 2, 4, \ldots, \hat{m}$$

に注意すると, $R_{i,t}$, $R_{M,t}$ が式(2)によって定義される場合,

$$\left.\frac{\partial \|\boldsymbol{w}^\top (\boldsymbol{r} - \bar{\boldsymbol{r}})\|_j}{\partial w_i}\right|_{w=w^*} = \frac{\mathbb{E}[R_{M,t}^{j-1} R_{i,t}]}{\|R_{M,t}\|_j^{j-1}}$$

$$= \frac{\mathrm{Cov}(R_{M,t}^{j-1} R_{i,t})}{\|R_{M,t}\|_j^{j-1}}$$

$$= \frac{C_{iM}^{(j-1)}}{\|R_{M,t}\|_j^{j-1}}$$

$$= \|R_{M,t}\|_j \kappa_{iM}^{(j-1)} \qquad (\mathrm{A}.7)$$

を得る. 結果として, 次式が導かれる.

$$\bar{r}_i - r_f = \left.\frac{\partial \rho(\boldsymbol{w}^\top \boldsymbol{r})}{\partial w_i}\right|_{w=w^*} \times \frac{\bar{r}_M - r_f}{\rho(r_{M,t})} \qquad (\mathrm{A}.8)$$

$$= \left(\sum_{\{j=2,4,\ldots,\hat{m}\}} \eta_j \left.\frac{\partial \|\boldsymbol{w}^\top (\boldsymbol{r} - \bar{\boldsymbol{r}})\|_j}{\partial w_i}\right|_{w=w^*} \right) \times \frac{\bar{r}_M - r_f}{\sum_{\{j=2,4,\ldots,\hat{m}\}} \eta_j \|R_{M,t}\|_j}$$

$$= (\bar{r}_M - r_f) \times \sum_{\{j=2,4,\ldots,\hat{m}\}} \omega_j \kappa_{iM}^{(j-1)} \qquad (\mathrm{A}.9)$$

ただし, ω_l, $l = 2, 4, \ldots, \hat{m}$ は,

$$\omega_l := \frac{\eta_l \|R_{M,t}\|_l}{\sum_{\{j=2,4,\ldots,\hat{m}\}} \eta_j \|R_{M,t}\|_j}, \quad l = 2, 4, \ldots, \hat{m} \qquad (\mathrm{A}.10)$$

のように定義され, $\eta_l > 0$ より $\omega_l > 0$ であり, かつ,

$$\omega_2 + \omega_4 + \cdots + \omega_{\hat{m}} = 1$$

を満たす.

さらに, 式(9)より,

$$\kappa_{iM}^{(j-1)} = \frac{C_{iM}^{(j-1)}}{\mathbb{E}[R_{M,t}^j]} = \sum_{l=1}^{j-1} \phi_l^{(j)} \beta_{iM}^{(l)}, \quad j = 2, 4, ..., \hat{m} \qquad (A.11)$$

$$\phi_l^{(j)} := \frac{\mathbb{E}[R_{M,t}^{j-1+l}]}{\mathbb{E}[R_{M,t}^j]}, \quad l = 1, ..., j-1$$

であるので，式 (A.9) は以下のように書き表される.

$$\begin{aligned}
\bar{r}_i - r_f &= (\bar{r}_M - r_f) \times \sum_{\{j=2,4,...,\hat{m}\}} \omega_j \kappa_{iM}^{(j-1)} \\
&= (\bar{r}_M - r_f) \times \sum_{\{j=2,4,...,\hat{m}\}} \omega_j \sum_{l=1}^{j-1} \phi_l \beta_{iM}^{(l)}
\end{aligned} \qquad (A.12)$$

個別の I-共変動の項について整理すると，超過期待収益率 $\bar{r}_i - r_f$ について以下の関係が成り立つ.

$$\begin{aligned}
\bar{r}_i - r_f &= (\bar{r}_M - r_f) \\
&\times \Big\{ \beta_{iM}^{(1)} + \Big(\sum_{\{j=4,6,...,\hat{m}\}} \omega_j \phi_2^{(j)}\Big) \beta_{iM}^{(2)} + \Big(\sum_{\{j=4,6,...,\hat{m}\}} \omega_j \phi_3^{(j)}\Big) \beta_{iM}^{(3)} \\
&+ \Big(\sum_{\{j=6,8,...,\hat{m}\}} \omega_j \phi_4^{(j)}\Big) \beta_{iM}^{(4)} + \Big(\sum_{\{j=6,8,...,\hat{m}\}} \omega_j \phi_5^{(j)}\Big) \beta_{iM}^{(5)} + \cdots + \omega_{\hat{m}} \phi_{\hat{m}-2}^{(\hat{m})} \beta_{iM}^{(\hat{m}-2)} \\
&+ \omega_{\hat{m}} \phi_{\hat{m}-1}^{(\hat{m})} \beta_{iM}^{(\hat{m}-1)} \Big\}
\end{aligned} \qquad (A.13)$$

このように，リスク尺度が 4 次以上の高次ノルムを含むとき，超過収益率は 2 次以上の I-共変動に依存する形で表現される.

〔参考文献〕

久保田敬一・竹原　均 (2007),「Fama-French ファクターモデルの有効性の再検証」『現代ファイナンス』, 22, 3-23.

竹原　均 (2008),「コントラリアン戦略, 流動性リスクと期待リターン：市場効率性の再検証」『ファイナンシャル・テクノロジーの過去・現在・未来』, 三菱 UFJ トラスト投資工学研究所, 407-430.

山田雄二・吉野貴晶・斉藤哲朗 (2011),「Idiosyncratic 共変動の資産収益率への影響分析」『2011 年度 JAFEE 夏季大会予稿集』, 49-60.

山田雄二・吉野貴晶・斉藤哲朗 (2013),「市場ユニバースにおける新たなリスク指標」『JAFEE ジャーナル』, 第 12 巻, pp. 168-195.

山井康浩・吉羽要直 (2001),「リスク指標の性質に関する理論的整理— VaR と期

待ショートフォールの比較分析—」,日本銀行金融研究所／金融研究/2001.12, 95-131.

Artzner, P., Delbaen, F., Eber, J. M. and Heath D. (1999), "Coherent Measures of Risk," *Mathematical Finance*, **9**(3), 203-228.

Carhart, M. M., (1997), "On persistence in mutual fund performance," *Journal of Finance*, **52**(1), 57-82, 1997.

Christie-David R. and Chaudhry, M. (2001), "Coskewness and cokurtosis in futures markets," *Journal of Empirical Finance*, **8**, 55-81.

Chung, Y. P. Johnson H. and Schill, M. (2006), "Asset pricing when returns are nonnormal : Fama-French factors vs. higher-order systematic comoments," *Journal of Business*, **79**(2), 923-940.

Cochrane, J. H. (2005), *Asset Pricing*, Revised Edition, Princeton University Press.

Dittmar, R. F. (2002), "Nonlinear pricing kernels, kurtosis preference, and evidence from the cross-section of equity returns," *Journal of Finance*, **51**, 369-403.

Fama, E. F. and French K. R. (1993), "Common risk factors in the returns on stocks and bonds," *Journal of Financial Economics*, **33**(1), 3-56.

Fama, E. F. and French, K. R. (1992), "The cross-section of expected stock returns," *Journal of Finance*, **47**(2), 427-465.

Fama, E. F. and MacBeth, J. D. (1973), "Risk, Return, and Equilibrium : Empirical Tests," *The Journal of Political Economy*, **81**(3), 607-636.

Fang, H. and Lai, T.-Y. (1997), "Co-kurtosis and capital asset pricing," *Financial Review*, **32**, 293-307.

Harvey, C. and Siddique, A. (2000), "Conditional skewness in asset pricing tests," *Journal of Finance*, **55**, 1263-1295.

Jensen, M. C. (1968), "The Performance of Mutual Funds in the Period 1945-1964," *Journal of Finance*, **23**, 389-416.

Kraus, A. and Litzenberger, R. (1976), "Skewness preference and the valuation of risk assets," *Journal of Finance*, **31**, 1085-1100.

Lintner, J. (1965), "The valuation of risk assets and the selection of risky investments in stock portfolios and capital budgets," *Review of Economics and Statistics*, 13-37.

Malevergne, Y. and Sornette, D. (2006), *Extreme Financial Risks : From*

Dependence to Risk Management, Springer.

Pastor, L. and Stambaugh, R. F. (2003) "Liquidity risk and expected stock returns," *Journal of Political Economy*, 111(3), 642-685.

Sharpe, W. (1964), "Capital asset prices : a theory of market equilibrium under conditions of risk," *Journal of Finance*, 19, 425-442.

(山田雄二:筑波大学 ビジネスサイエンス系)
(吉野貴晶:大和証券株式会社 投資戦略部)
(斉藤哲朗:大和証券株式会社 投資戦略部)

2 経済状況とリスク連関性を考慮した格付推移強度モデルと信用ポートフォリオのリスク評価[1]

山中 卓

概要 本論文では，経済状況と企業間のリスク連関性を考慮したトップダウン型の格付推移強度モデルを構築し，信用リスク計測への応用可能性を論じる．具体的には，経済環境がストレス状況にある場合の信用ポートフォリオのリスク計測への応用を念頭に，経済状況を反映する先行指標をモデルに取り入れるとともに，企業間のリスク連関性を反映できる形でモデルの定式化を行う．日本の信用格付け変更データに対するモデル推定結果を示すとともに，信用ポートフォリオのリスク評価に関する数値例を示す．

1 はじめに

金融機関の信用リスク管理においては，自社が保有する信用ポートフォリオを構成する債務者の将来の格付変更やデフォルトといった信用イベント発生の可能性を把握することが必要になる．特に，将来起こり得る経済ストレス環境下において直面するリスク量を把握するためのストレステストの運営においては，経済状況を何らかの形で考慮できる信用イベント発生モデルを用いてリスク量を計測することになる．そのような信用イベント発生モデルには，経済状況の反映だけでなく債務者の間の信用イベント発生リスクの連関性・伝播性も考慮できることが望まれる．本論文では，経済状況だけなく企業間のリスク連関性を考慮した信用イベント発生モデルを定式化し，日本の格付変更データに対する実証分析を行うとともに信用リスク計測への応用例を示す．

本論文では，大規模な信用ポートフォリオのリスク評価を簡潔に行うことを

---

[1] 本研究を進めるにあたり，中川秀敏准教授（一橋大学）から有益なコメントをいただいた．ここに記して感謝したい．なお，本稿の内容は著者個人の見解であり，著者の所属機関の公式見解を示すものではない．

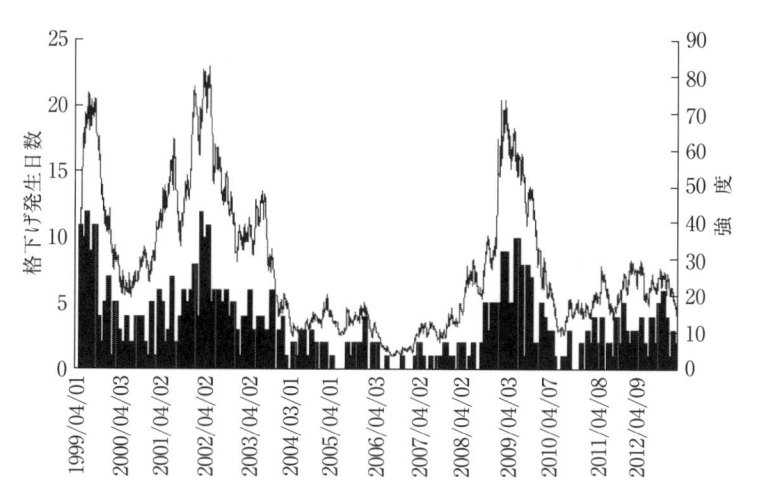

図 2-1 経済全体に対する格下げ強度モデルから推定した格下げ強度の実現パス(折れ線)と月次格下げ発生日数(棒)の時系列推移.モデルのインサンプル期間は 1999 年 4 月 1 日～2008 年 3 月 31 日.アウトオブサンプル期間は 2008 年 4 月 1 日～2013 年 3 月 31 日.

念頭に,個々の債務者のモデルを束ねて信用ポートフォリオのリスク評価を行うボトムアップ型ではなく,経済全体や信用ポートフォリオの信用イベント発生を直接モデル化の対象とするトップダウン型の信用イベント発生強度モデルに注目する.一般に,強度とは確率的に突然発生する事象の発生率のことであり,強度モデルは信用イベントだけでなく,例えば地震の発生,機械の故障などの災害や事故の分析に広く用いられてきた[2].図 2-1 は,日本における月次格下げ発生日数の時系列推移と,モデルによって推定された格下げ発生強度の実現パスである.格下げの発生の頻度と強度の高低に対応関係があることが見てとれる.

強度モデルの分析が一般にどのような場面で有効であるかについて,尾形(2007;2008)は群発地震や余震の発生などその発生のメカニズムが複雑なものに対する分析が有用であると述べている.信用イベント発生モデルの文脈にお

---

[2] 伝染病発症の分析(Hawkes, 1971)や地震発生の分析(Ogata, 1999)が知られている.

いても大多数の債務者間のリスク連関性・伝播性の分析に有用であると考えられ，これまで強度モデルによる信用イベントデータ分析やモデルのリスク評価への応用に関する研究がなされてきた．例えば，トップダウン型のデフォルトを対象とした先行研究では，Errais et al. (2010)，Giesecke and Kim (2011)や Azizpour et al. (2012) があり，Azizpour et al. (2012) はデフォルト強度モデルの推定によってアメリカのデフォルトデータの分析を行っている．一方で，信用リスク管理における与信費用の計算やバーゼル規制対応における信用リスクアセット額の算出においては，デフォルトだけでなく，信用格付変更もモデル化する必要がある．デフォルトだけでなく信用格付変更もモデル化の対象として含めた研究としては，中川 (2010)，金子・中川 (2010)，Yamanaka et al. (2011；2011；2012) がある．例えば，中川 (2010) はあるタイプのイベント発生強度がそのタイプのイベント発生の影響だけでなく，別のタイプのイベント発生によってもジャンプするという形の相互作用性を持つ強度モデルを用いて，業種間の信用格付変更の伝播性・連関性について分析を行っている．金子・中川 (2010) は格付変更強度に金利変化を反映させたモデルを提案している．Yamanaka et al. (2012) は自己励起型強度モデルによる与信ポートフォリオのリスク評価を行っている[3]．

　本論文では，経済状況がストレス下にある場合の信用ポートフォリオのリスク量を計量することを念頭において，経済状況を反映する先行指標をモデルに取り入れた信用格付推移強度モデルの構築を試みる．経済状況を表す指標としては，経済状況の先行きを反映しており，即時性が高い株価関連指数に注目する．例えば，図2-2はラグ付きの日経平均株価のリターンと各月の格下げ発生日数の時系列推移である．図2-2から，日経平均株価リターンの下落に遅行して格下げ発生が起こっている様子が見てとれる．また，先行指標だけでなく，中川 (2010) と同様に格付変更によって強度が高まる構造を導入する．すなわち，本論文の強度モデルは格付変更のリスクの連関性・伝播性を先行指標だけでなく相互作用性を表すジャンプ項によっても考慮したモデルとなる．本論文

---

[3]　あるタイプのイベント発生が対応する強度を高めるようなモデルを自己励起型強度と呼ぶ．イベント発生が当該イベント発生強度だけでなく，他のタイプのイベント発生強度にも影響を与える場合，相互作用型強度と呼ばれる．

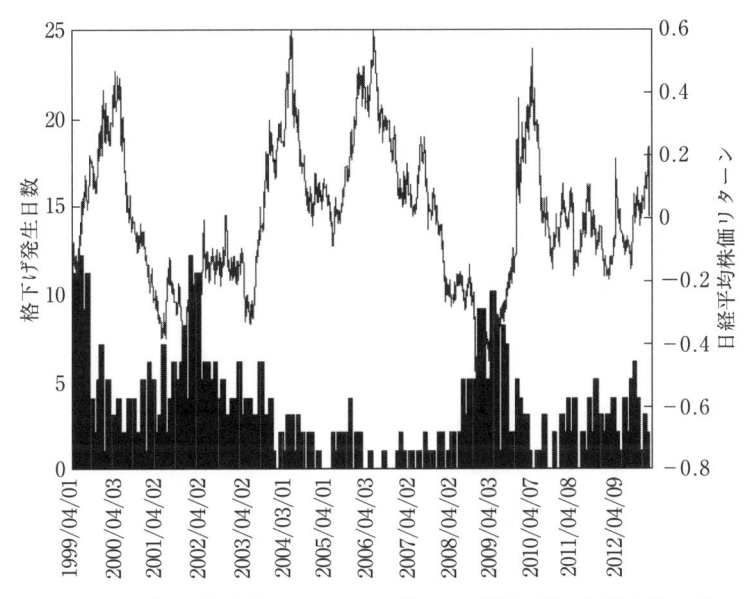

図 2-2 日経平均株価リターン 3 か月ラグ（折れ線）と月次格下げ発生日数（棒）の時系列推移．日経平均株価リターンは，日次で計算した 1 年間の株価リターンである（計算式は後述）．格下げ発生日数の多い箇所と日経平均株価リターン 3 か月ラグが低い箇所が対応しているような傾向が見られる．これより，日経平均株価リターンが低くなると，3 か月ほど後に格下げ発生日数が多くなることが示唆される．

では，実際の格付変更データに対してモデル構築とモデル選択を行い，ある業種で信用イベントが発生した場合に他の業種で信用イベント発生の可能性が高まっているか，先行指標の変動だけでは説明されないような業種間の格付変更リスクの伝播・連関性をモデルに考慮することに意味があるかという点について，実証分析を行う．

従来のトップダウン型の強度モデリングにおいては，対象となる信用ポートフォリオを構成する債務者数は一定，あるいは債務者変動があったとしてもそれを無視できるほどに債務者数が多いことを仮定しており，したがって，強度モデルには債務者数の変動は考慮されていなかった．しかし，実際の信用ポートフォリオを対象とするにあたっては，デフォルトや新規の融資に伴う債務者

数の増減の影響が無視できないほど存在する場合もあり，債務者数の変動をモデルに考慮したほうが汎用性が高く，望ましい．そこで本論文では，債務者数を明示的に考慮した強度モデルを考える．

本論文のモデルは，従来のモデルと比較して業種間のリスク連関性・伝播性を表すパラメタ数が多く，ナイーブなパラメタ探索では安定したパラメタ推定値を得ることが困難であった[4]．本論文では，最終的なパラメタ推定値を得るために行ったいくつかの工夫も含めて，パラメタ推定手順を詳しく述べる．

モデルの応用として，信用ポートフォリオのリスク評価が挙げられる．本論文では経済状況を表すシナリオ下における信用ポートフォリオのリスク計測を行った数値例を示す．具体的には，リーマン危機時における格付変更件数のモデル予測と実績値の比較を行うとともに，ストレステストへの援用を念頭において複数の株価シナリオの下での信用ポートフォリオのリスク計測結果を述べる．

本論文の構成は以下になる．第2節では，モデルの定式化を行う．第3節では，モデル構築対象となる格付変更データの概要を述べる．第4節では，実データに対するモデル構築手順の詳細を述べ，モデルの推定結果を示す．第5節では，信用ポートフォリオのリスク評価の数値例を示す．第6節で，まとめと今後の展望を述べる．

2 モデル

本節では，強度モデルの定式化を行う．以下では格下げ・格上げ別に強度モデルを考え，デフォルトは最も信用力の低い格付への格下げと見なすことにする．また，記述を簡潔にするために，格下げ強度モデルの定式化を述べる[5]．

$(\Omega, \mathcal{F}, \mathbb{P}, \{\mathcal{F}_t\})$ をフィルトレーション付き完備確率空間とする．ここで，

---

[4] Azizpour et al. (2012) は共変量とジャンプ項を持つモデルの推定を行っているが，経済全体に対する強度モデルのみを考えているため，ジャンプ項は1つである．また，中川 (2010) は複数のジャンプ項を強度モデルに取り入れているが，共変量は取り入れていない．

[5] 格上げ強度モデルについては，格下げ強度と同様に定式化されるので「格下げ」を適宜"格上げ"に読み替えていただきたい．

$\mathbb{P}$は実確率測度とし，$\{\mathcal{F}_t\}$は右連続で完備なフィルトレーションとする．jを業種カテゴリを表すインデックスとし，$j\in\{1, 2, ..., J\}$とする．各業種カテゴリに対して，格下げ発生日とその日の格下げ件数を表すマーク付き点過程$\{(T_n^j, \zeta_n^j)\}_{n\in\mathbb{N}}$を考える．すなわち，$0<T_1^j<T_2^j<\cdots$は完全不到達な$\{\mathcal{F}_t\}$-停止時刻の列であり，業種カテゴリ$j$に属する債務者の格下げ発生日列を表すとする．また，確率変数ζ_n^jは格下げ発生日T_n^jにおいて観測された業種カテゴリjに属する債務者の格下げ件数とする．格下げ発生日をカウントする計数過程を$N_t^j=\sum_{n\geq 1} 1_{\{T_n^j\leq t\}}$で表すことにする．$N_t^j$の強度過程を$\lambda_t^j$で表すことにする．すなわち，$\lambda_t^j$は$\{\mathcal{F}_t\}$-発展的可測な非負の確率過程であり，$N_t^j-\int_0^t \lambda_s^j \mathrm{d}s$が$\{\mathcal{F}_t\}$-局所マルチンゲールになるものである．

本論文では強度モデルとして格下げ発生の共変量と業種カテゴリ間のリスクの連関性を考慮した以下の相互作用型強度モデルを考える．

$$\lambda_t^j = \left\{\exp(\beta^j \cdot X_t) + \sum_{\tilde{j}\in\{1,2,...,J\}} \delta^{j\tilde{j}} \sum_{n\leq N_t^{\tilde{j}}} \zeta_n^{\tilde{j}} \exp\left(-\kappa^j(t-T_n^{\tilde{j}})\right)\right\} f(M_t^j) \qquad (1)$$

ここで，X_tは共変量を表す確率変数のベクトル，β^jは共変量の係数パラメタのベクトルである．定数$\delta^{j\tilde{j}}\geq 0$は業種$\tilde{j}$に属する債務者の格下げに起因する業種$j$の格下げ強度のジャンプの大きさを表すパラメタである．定数$\kappa^j>0$はジャンプの影響の減衰スピードを表すパラメタである．$M_t^j\in\mathbb{N}$は時点tにおける業種カテゴリjに属する債務者数を表し，$f:\mathbb{N}\to\mathbb{R}$は単調増加関数とする．

モデル（1）のジャンプ項は，共変量の変動では表現されない業種間のリスク連関性・伝播性を表現している．具体的には，ある業種で発生した格下げが，当該業種の格下げ強度だけでなく他の業種の格下げ強度にも影響を与えることから，相互作用型と呼ばれる強度モデルのタイプに分類される．以下では，モデル（1）を伝播モデル（Contagion モデル：C モデル）と呼び，特に共変量のみで駆動される次の強度モデル（$\delta^{j\tilde{j}}=0, {}^\forall \tilde{j}\in\{1, 2, ..., J\}$）を基本モデル（Basic モデル：B モデル）と呼ぶことにする．

$$\lambda_t^j = \exp(\beta^j \cdot X_t) f(M_t^j) \qquad (2)$$

従来のトップダウン型の強度モデルにはない本論文の強度モデルの1つの特徴は，対象となる信用ポートフォリオを構成する債務者数（サイズ）を明示的にモデルに取り入れた点である．これによって，ポートフォリオのサイズが時

間の経過に伴って変化する場合や，モデル推定に用いた信用ポートフォリオとリスク計測を行いたい信用ポートフォリオのサイズが異なる場合にもモデルの利用が容易になる．

モデルの推定は最尤法に基づいて行う．時間区間 $[0, H]$ において観測された格付変更時刻列 $0 < T_1^j < T_2^j < \cdots < T_N^j < = H$ に対して強度の対数尤度関数は，次のように表されることが知られている．

$$\sum_{n=1}^{N} \log \lambda_{T_n^j-}^j - \int_0^H \lambda_s^j \, ds$$

ここで，$\lambda_{t-}^j := \lim_{s \to t} \lambda_s^j$ である．

3　データ

分析に用いるデータは1999年4月1日から2013年3月31日の間にR&Iの公表した日本企業の発行体格付変更データである．各格付変更データは，格付変更日，発行体名，イベントのタイプ，変更後格付けといった情報で構成されている（表2-1）．データ数を集計したところ，格下げ発生日数が528日，格下げ件数は782件，格上げ発生日数は401日，格上げ件数は522件であった[6]．また，強度による分析を行うために格付変更日を連続時間に直した．具体的には，休日を除いたうえで1999年4月1日，2001年4月1日，…が $t = 0, 1, \ldots$ に対応するように時刻の変換を行った．

表2-1　格付変更データ例（2013年2月分）．格付けはR&Iの公表している長期自貨建の債務格付けである．

銘柄コード	銘柄名	期　日	R&I格付方向	R&I格付記号
1860	戸田建	2013/2/4	格下げ	BBB+
4208	宇部興	2013/2/8	格上げ	A−
6702	富士通	2013/2/8	格下げ	A
6361	荏原	2013/2/12	格上げ	BBB+
8439	東センリース	2013/2/20	格上げ	A
6804	ホシデン	2013/2/22	格下げ	BBB+
8959	野村オフィス	2013/2/22	格下げ	A+

---

6)　REITの格付データは除外している．

図2-3と図2-4は，それぞれ月次の格下げ発生日数と格上げ発生日数の時系列推移である．これらの図から，1999年，2001年から2004年，2008年から2010年あたりに格下げがまとまって発生している様子がわかる．また，格下げが比較的少なかった2005年から2007年あたりに格上げがまとまって発生している様子がわかる．

次に，本論文で採用する業種カテゴリについて述べる．本論文では，業種カテゴリ毎に強度モデルを構築するが，パラメタ推定を行うためには各業種毎のデータサンプル数を十分に確保する必要がある．そこで，東証33業種をもとに業種特性が比較的近いと考えられる業種をまとめて作成した「シクリカル・ハイテク」，「ディフェンシブ」，「金融」，「内需」の4つの業種カテゴリを採用することにする．東証33業種分類と4業種分類の対応は表2-2になる．

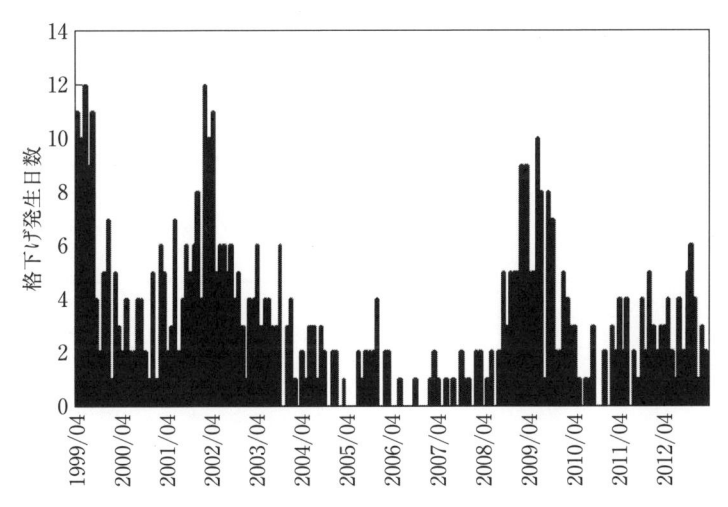

図 2-3 1999年4月1日から2013年3月31日の期間の月次の格下げ発生日数の時系列推移．1999年，2001年から2004年，2008年から2010年あたりに格下げがまとまって発生している様子がわかる．

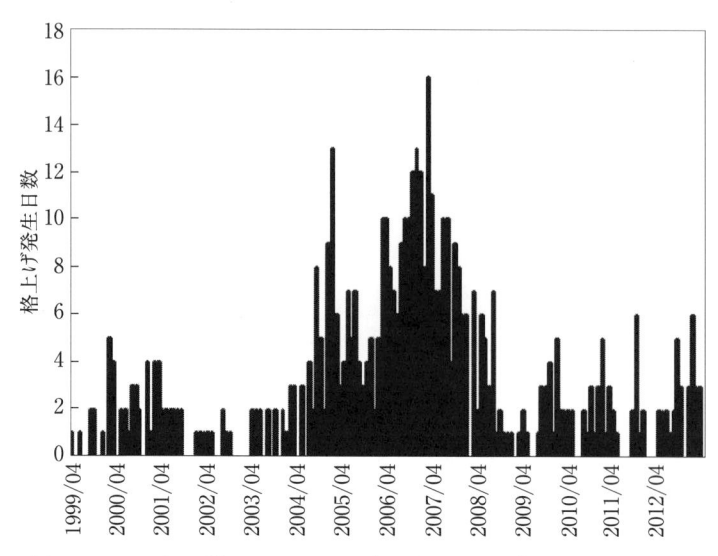

図 2-4 1999 年 4 月 1 日から 2013 年 3 月 31 日の期間の月次の格上げ発生日数の時系列推移. 2005 年から 2007 年あたりに格上げがまとまって発生している様子がわかる.

表 2-2 業種分類対応表. 東証 33 業種から業種特性が比較的近いと考えられる業種をまとめて作成したものが「シクリカル・ハイテク」,「ディフェンシブ」,「金融」,「内需」の 4 業種分類になる. 表内ではシクリカル・ハイテクをシクリカルとハイテクに分けて記述した.

33 業種名	5 分類	33 業種名	5 分類
水産・農林業	ディフェンシブ	精密機器	ハイテク
鉱業	シクリカル	その他製品	内需
建設業	内需	電気・ガス業	ディフェンシブ
食料品	ディフェンシブ	陸運業	内需
繊維製品	シクリカル	海運業	シクリカル
パルプ・紙	シクリカル	空運業	内需
化学	シクリカル	倉庫・運輸関連業	内需
医薬品	ディフェンシブ	情報・通信業	ハイテク
石油・石炭製品	シクリカル	卸売業	シクリカル
ゴム製品	シクリカル	小売業	内需
ガラス・土石製品	シクリカル	銀行業	金融
鉄鋼	シクリカル	証券, 商品先物取引業	金融
非鉄金属	シクリカル	保険業	金融
金属製品	シクリカル	その他金融業	金融
機械	ハイテク	不動産業	内需
電気機器	ハイテク	サービス業	内需
輸送用機器	ハイテク		

4 実 証 分 析

本節では，日本の信用格付けに対する具体的なモデルの構築過程とモデル推定結果について述べる．モデルに取り入れる共変量としては，日本経済の先行きを織り込んでおり，かつ経済状況をいち早く反映する指標として，日経平均株価関連の指標に注目する．日経平均株価に関連した指標として代表的なものには日経平均株価の原数値，リターン，ヒストリカルボラティリティがあるが，本論文では，日経平均株価の年リターンを採用することにした[7]．株価リターンを採用した理由として，定性的な観点からは，格付変更は企業状況に変化があったときに発生するものであり，企業状況の変化の大きな要因になり得る経済環境の変化は株価の変化率であるリターン反映されているということが挙げられる．また，月次の格下げ発生日数時系列と月次の日経平均株価，ヒストリカルボラティリティ，リターンの相関を計算し，格下げ発生日数と日経平均株価リターンとの相関が最も高いという結果を得ており（詳細は補論B），このような観点からもリターンを採用することが適当であると考えた．

モデルに共変量を取り入れるに際しては，格付変更と経済状況のタイムラグを考慮することにする．タイムラグ候補を0か月，±1か月，±3か月，±6か月，±12か月とし，正のラグは格付変更が共変量の変動に遅行することを表し，負のラグは格付変更が共変量の変動に先行することを表すことにする．タイムラグの特定にあたっては，各タイムラグ候補に対して経済全体の格下げ・格上げ強度モデルの推定を行い，赤池情報量基準（AIC）が最も小さいタイムラグを選択することにする[8]．経済全体の格下げ（格上げ）強度モデルとして次の自己励起型強度モデルを考える．

---

[7] 日経平均の年リターンは日次で計算される年リターンを考える．すなわち，S_tを時点tにおける日経平均株価として，リターンを$(S_t - S_{t-1})/S_t$で与えることにする．時間単位は1年である．

[8] トップダウンアプローチの文脈では，分析の対象となる全債務者から構成されるポートフォリオのことを経済全体と呼ぶことが多い．本論文ではR&I格付けの付与対象となる全発行体企業からなるポートフォリオが経済全体に対応する．

$$\lambda_t = \left\{ \exp(\beta_0 + \beta_1 \cdot X_t^1) + \delta \sum_{n \leq N_t} \zeta_n \exp(-\kappa(t - T_n)) \right\} \cdot M_t$$

ここで，X_t^1 はラグ付きの日経平均株価の年リターン，すなわち S_t を日経平均株価，ℓ をタイムラグとして $X_t^1 = (S_{t-\ell} - S_{t-\ell-1})/S_{t-\ell-1}$ である．δ は経済全体で格下げ（格上げ）が1件起こった直後の強度のジャンプの大きさを表すパラメタであり，ζ_n は格下げ発生日 T_n における格下げ発生件数を表す確率変数である．M_t は時点 t における経済全体の債務者数である．

分析に用いるインサンプルのデータ期間はリーマン危機前にあたる1999年4月から2008年3月末までの格付変更データとする．パラメタ推定を行うにあたっては，統計解析ソフトウェアRの最適化関数optimを用いて対数尤度関数を最大化するパラメタの探索を行った（推定結果の詳細は補論Aに記述した）．各タイムラグに対して推定されたモデルのAICが表2-3である．表2-3から格下げ，格上げともにAICが最も小さいタイムラグ3か月が選択された．

なお，参考までに別のタイムラグ選択方法についても検証を行った．共変量のタイムラグの選択方法としてDelloye et al.（2006）は月次のデフォルト確率と共変量のクロス相関分析を行い，最も相関係数の高かったタイムラグを採用するという方法をとっている．本研究でも，月間の格下げ・格上げ発生日数に対してクロス相関分析によるタイムラグ選定を試みた．ここで，月次デフォルト確率ではなく月間の格下げ・格上げ発生日数を用いたのは月間の格下げ・格上げ発生件数のほうが格付変更の挙動に近いからである．クロス相関分析の結

表2-3　経済全体強度モデルの推定を実施して得た日経平均株価年リターンのタイムラグ別のモデルのAIC．ラグが正の場合は格付変更が日経平均株価年リターンの変動に遅行することを表し，負の場合は格付変更が日経平均株価年リターンの変動に先行することを表す．AICによるモデル選択の結果，格下げ・格上げともに，AICが最も小さいタイムラグ3か月のモデルが選択される．

タイムラグ（月）	0	1	3	6	12
格下げ	-1925.63	-1929.61	-1934.02	-1930.87	-1926.58
格上げ	-1649.52	-1649.02	-1650.52	-1577.33	-1650.23

タイムラグ（月）	-1	-3	-6	-12
格下げ	-1925.22	-1921.42	-1919.48	-1918.68
格上げ	-1649.22	-1649.27	-1649.16	-1649.71

果，格下げ・格上げともに6か月ラグが選ばれ，これは基本モデルに対するAIC基準でのタイムラグ選択結果と対応していた（詳細は補論Bを参照）．したがって，クロス相関分析によるラグ選択はジャンプのない基本モデルに対しては有効な可能性があるが，自己励起型モデルに対する最適なラグ選択とは一致しないケースがあるといえる．

続いて，シクリカル・ハイテク，ディフェンシブ，金融，内需の業種カテゴリ別に格下げ（格上げ）強度モデルを推定する．

$$\lambda_t^j = \left\{ \exp\left(\beta_0^j + \beta_1^j \cdot X_t^1\right) + \sum_{\tilde{j} \in \{1,2,\dots,4\}} \delta^{j\tilde{j}} \sum_{n \leq N_t^{\tilde{j}}} \xi_n^{\tilde{j}} \exp\left(-k^j\left(t - T_n^{\tilde{j}}\right)\right) \right\} \cdot M_t^j$$

業種カテゴリを表すインデックスjはシクリカル・ハイテク，ディフェンシブ，金融，内需の順に$j = 1, 2, 3, 4$とする．

モデルの推定に用いるインサンプルのデータ期間はリーマン危機前の1999年4月から2008年3月末までの格付変更データとする．パラメタ推定は統計解析ソフトウェアRの最適化関数optimを用いて推定を行った．推定を行うにあたっては，以下の点に留意した．まず，パラメタ探索を広域に行うために探索の初期値として60セットのパラメタ初期値をランダムに用意し，それぞれの初期値に対してNelder-Mead法でパラメタ探索を実行し，得られた探索値を初期値としてさらに準ニュートン法で探索を行った．そして，得られた60組のパラメタ探索解の中から最も尤度の大きいパラメタを採用した．また，パラメタ推定を安定的に行うために，kとδについては指数変換を行い，さらにkについてはさらにパラメタ探索の区間を制限して推定を行った[9]．また，ジャンプサイズを表すδのパラメタ探索値が0に近く，かつ推定誤差の絶対値が極めて大きいケースがいくつか見られた．これは，推定に用いたデータでは該当するジャンプサイズが決まらないことを示唆している．このようなケースでは，他のパラメタ推定値の信頼性が低い可能性があったので，該当するδの推定値を探索値に固定したうえで，あらためて他のパラメタの推定を行った．

表2-4が格下げ強度モデルのパラメタ推定結果である．AICによるモデル選択の結果，金融以外の3業種で伝播モデル（Cモデル）が選ばれた．一方で，金融については基本モデル（Bモデル）が選ばれた．選択されたモデルについて，推定パラメタ値の特徴を概観すると以下のようになる．まず，日経平均株

価リターンの係数 β_1 の符号を見るといずれの業種においてもマイナスであり，3か月前の日経平均株価リターンが下がると格下げ強度が高まり，格下げが発生しやすい環境になることがわかる．また，日経平均株価リターンでは説明されないリスク伝播を表すパラメタ値 δ に注目すると，その値は大きいとはいえないが，

- シクリカル・ハイテク業での格下げ発生の後で，シクリカル・ハイテク業，内需業で格下げが発生しやすくなる，
- ディフェンシブ業の格下げ発生の後で，ディフェンシブ業で格下げが発生しやすくなる，
- 金融業の格下げ発生の後で，シクリカル・ハイテク業，ディフェンシブ業，内需業で格下げが発生しやすくなる，
- 内需業での格下げ発生の後で，シクリカル・ハイテク業，ディフェンシブ業，内需業で格下げが発生しやすくなる，

といった傾向が示唆される[10]．

---

9) $\kappa^j = \exp(k^j)$, $\delta^{ij} = \exp(d^{ij})$ として k^j, d^{ij} を探索対象とした．また，$k^j = \log(k^j) < 7$ の区間でパラメタ探索するように制約を与えた．この探索区間上限の水準は格付変更が起こった翌日にはジャンプの影響がジャンプ直後の1%程度にまで減衰している水準に相当し，減衰スピードの上限として適当であると考えた．このような制約を設けないでパラメタ推定を行った場合では，パラメタ探索が収束しないケースやジャンプサイズ δ と減衰スピード k が極端に大きな値をとるケースが多かった．有意なリスク連関性がない場合にはジャンプサイズは $\delta = 0$ となることが期待されるが，一方でイベント発生後に大きなジャンプをして極端に早いスピードで瞬時に減衰する場合でも連関性がほとんどない状況を表現していることになるため，δ と k が極端に大きな値が推定されてしまったと考えられる．例えば，表2-4の金融業に対する強度推定結果を見ると，AICの観点から基本モデル（Bモデル）が選ばれている．したがって，金融業についてはリスク伝播を表すジャンプ項の効果は有意ではないと考えられる．一方で，伝播モデル（Cモデル）の推定値を見るとジャンプサイズ δ の値が大きいため有意なリスク伝播が存在するように見える．しかし，減衰スピード k も非常に大きい値のため，大きなジャンプを極端な減衰によって相殺しているに過ぎないことがわかる．

10) ここでは，ジャンプサイズパラメタ δ が有意に正である場合の解釈を，モデルの式に従って「イベント発生後に強度が高まる」という表現で行った．しかし，厳密にはイベント発生と強度の高まりの前後関係がはっきりしているわけではない．というのも，イベント発生前に日経平均株価リターンで説明される以上に強度が高まっていて，イベント発生によってその水準に追従しているというケースが考え得るからである．したがって，ジャンプサイズパラメタ δ が有意に正であった場合の解釈を正確に述べると，イベント発生の前後に強度が高まっている傾向が見られる，となる．

表 2-4 格下げ強度モデルのパラメタ推定値と AIC. モデル選択をによってシクリカル・ハイテク，ディフェンシブ，内需の3業種で伝播モデル（Cモデル）が選ばれた．一方で，金融については基本モデル（Bモデル）が選ばれており，ジャンプ項で表される業種間のリスク連関性・伝播の存在は金融業については示唆されない．各推定値の下の括弧内の数値はそれぞれパラメタ推定値の95%信頼区間上限と下限である．パラメタ値の95%信頼区間をは定されたパラメタ値の標準推定誤差から算出した．標準推定誤差は対数尤度関数の Hesse 行列の逆行列の対角成分の平方根で与えた．

	シクリカル・ハイテク		ディフェンシブ		金融		内需	
	Bモデル	Cモデル	Bモデル	Cモデル	Bモデル	Cモデル	Bモデル	Cモデル
β_0^j	−2.818	−4.520	−3.275	−5.755	−2.877	−2.897	−2.820	−3.975
	(−2.675)	(−4.065)	(−2.927)	(−3.371)	(−2.543)	(−2.556)	(−2.641)	(−3.547)
	(−2.961)	(−4.975)	(−3.623)	(−8.139)	(−3.210)	(−3.239)	(−3.000)	(−4.404)
β_1^j	−1.984	−4.968	−3.390	−5.4514	−3.143	−3.004	−2.224	−3.529
	(−1.330)	(−3.169)	(−1.840)	(2.344)	(−1.649)	(−1.4646)	(−1.404)	(−1.645)
	(−2.638)	(−6.766)	(−4.939)	(−13.247)	(−4.637)	(−4.545)	(−3.045)	(−5.414)
k^j	—	3.864	—	3.853	—	1902.981	—	4.349
	—	(4.622)	—	(4.480)	—	(2567.890)	—	(5.321)
	—	(3.231)	—	(3.314)	—	(1410.238)	—	(3.555)
δ^{j1}	—	0.001	—	0（固定）	—	0（固定）	—	0.001
	—	(0.003)	—	—	—	—	—	(0.0038)
	—	(0.0004)	—	—	—	—	—	(0.0002)
δ^{j2}	—	0（固定）	—	0.003	—	92.314	—	0（固定）
	—	—	—	(0.0049)	—	(3825.0268)	—	—
	—	—	—	(0.0015)	—	(62.2279)	—	—
δ^{j3}	—	0.002	—	0.005	—	79.392	—	0.002
	—	(0.0100)	—	(0.0103)	—	(1418.973)	—	(0.0140)
	—	(0.0006)	—	(0.0028)	—	(4.442)	—	(0.0003)
δ^{j4}	—	0.007	—	0.007	—	0（固定）	—	0.007
	—	(0.0089)	—	(0.0086)	—	—	—	(0.0096)
	—	(0.0054)	—	(0.0051)	—	—	—	(0.0057)
対数尤度	429.24	464.87	18.51	30.77	22.24	22.92	217.53	242.75
AIC	−854.49	−915.73	−33.03	−47.53	−40.47	−31.85	−431.06	−471.49

業種カテゴリ別に格下げ強度モデルの実現パスと月次格下げ発生日数の時系列推移をプロットしたものが図 2-5, 図 2-6, 図 2-7, 図 2-8 である．また，業種カテゴリ強度をまとめてプロットしたものが図 2-9 である．これらの図から，格下げ発生頻度と強度の水準がおおむね対応していることが見てとれる．強度の遷移を業種間で比較すると，シクリカル・ハイテクや内需の強度の水準と変動が相対的に大きいことがわかる．シクリカル・ハイテクと内需，金融の強度

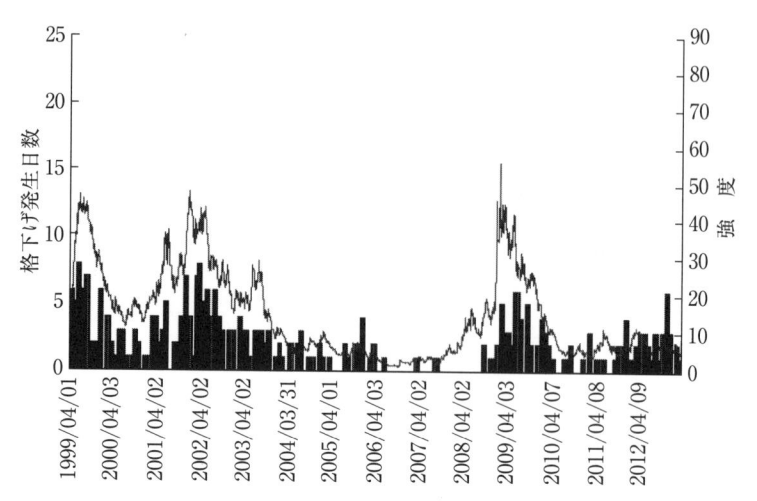

図 2-5 シクリカル・ハイテク業の格下げ強度モデル（伝播モデル）の実現パス（折れ線）と月次格下げ発生日数（棒）の時系列推移．モデル構築のインサンプル期間は 1999 年 4 月 1 日から 2008 年 3 月 31 日．アウトオブサンプル期間は 2008 年 4 月 1 日から 2013 年 3 月 31 日．

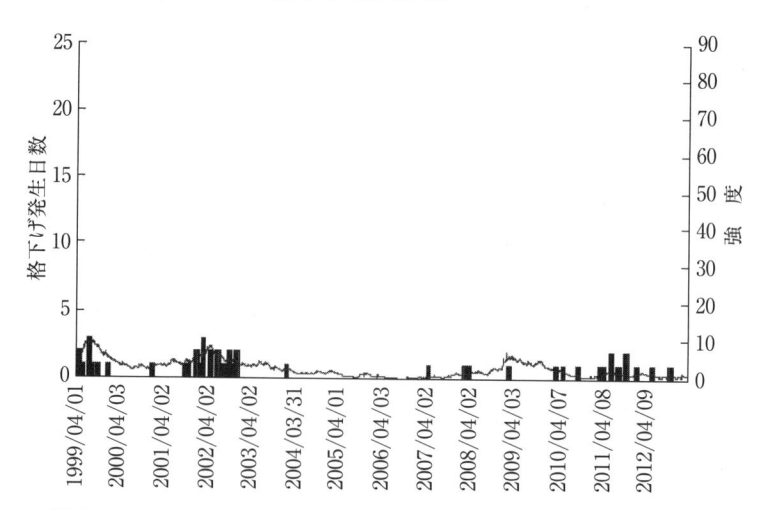

図 2-6 ディフェンシブ業の格下げ強度モデル（伝播モデル）の実現パス（折れ線）と月次格下げ発生日数（棒）の時系列推移．モデル構築のインサンプル期間は 1999 年 4 月 1 日から 2008 年 3 月 31 日．アウトオブサンプル期間は 2008 年 4 月 1 日から 2013 年 3 月 31 日．

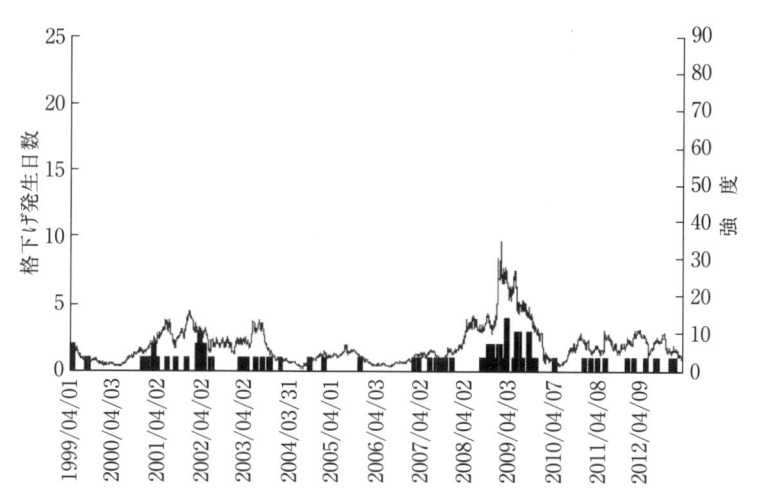

図 2-7 金融業の格下げ強度モデル（基本モデル）の実現パス（折れ線）と月次格下げ発生日数（棒）の時系列推移．モデル構築のインサンプル期間は 1999 年 4 月 1 日から 2008 年 3 月 31 日．アウトオブサンプル期間は 2008 年 4 月 1 日から 2013 年 3 月 31 日．

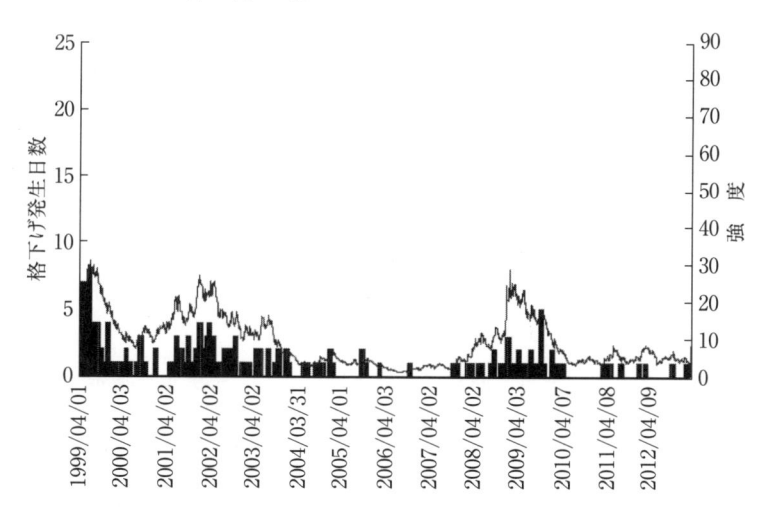

図 2-8 内需業の格下げ強度モデル（伝播モデル）の実現パス（折れ線）と月次格下げ発生日数（棒）の時系列推移．モデル構築のインサンプル期間は 1999 年 4 月 1 日から 2008 年 3 月 31 日．アウトオブサンプル期間は 2008 年 4 月 1 日から 2013 年 3 月 31 日．

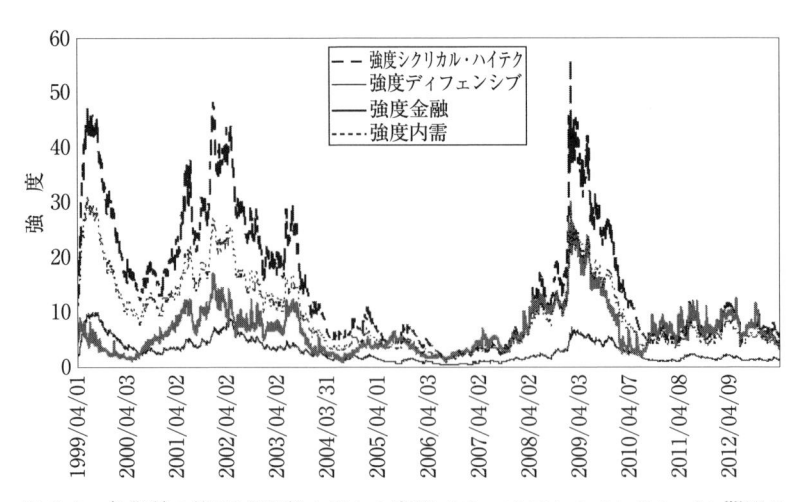

図 2-9 各業種の格下げ強度モデルの実現パス．モデルのインサンプル期間は1999年4月1日から2008年3月31日．アウトオブサンプル期間は2008年4月1日から2013年3月31日．シクリカル・ハイテクと内需の強度の変動が大きく，その水準も相対的に高い．

の動きに注目すると，2001年から2002年前後にシクリカル・ハイテクと内需の強度が上昇したときには金融の強度は相対的に落ち着いているが，2008年から2009年のリーマン危機時においてはシクリカル・ハイテク，内需の強度の上昇と同様に金融の強度も上昇している．シクリカル・ハイテク，内需は伝播モデル，金融は株リターンのみに基づく基本モデルであることを勘案すると，2001年から2002年前後のシクリカル・ハイテク，内需の強度の上昇は格下げ発生伝播による上昇であり，2008年から2009年については株価リターンの変動起因する上昇であることが示唆される．

格下げ強度モデルの推定と同様に，格上げに対してモデルを推定した結果が表2-5である．格上げについては，シクリカル・ハイテクと内需で伝播モデルが選択された．ジャンプパラメタ δ の推定値に注目すると，シクリカル・ハイテクの格上げ強度はシクリカル・ハイテク自身，金融，内需の格上げ発生後に高まることが示唆される．また，内需については，ディフェンシブや内需の格上げの発生によって強度が高まるが，減衰スピードが大きいため，リスク伝播の影響は長くは続かないことが示唆される．一方で，ディフェンシブと金融に

表 2-5 格上げ強度パラメタ推定値と AIC. シクリカル・ハイテク業と内需業で伝播モデル（C モデル）が選択された．一方，ディフェンシブ業と金融業については，基本モデル（B モデル）が採用されており，ジャンプ項で表される業種間のリスク連関性・伝播の存在は示唆されない．各推定値の下の括弧内の数値はそれぞれパラメタ推定値の 95% 信頼区間上限と下限である．パラメタ値の 95% 信頼区間をは定されたパラメタ値の標準推定誤差から算出した．標準推定誤差は対数尤度関数の Hesse 行列の逆行列の対角成分の平方根で与えた．

	シクリカル・ハイテク		ディフェンシブ		金融		内需	
	B モデル	C モデル	B モデル	C モデル	B モデル	C モデル	B モデル	C モデル
β_0^j	−3.053 (−2.903) (−3.202)	−9.401 (−8.277) (−10.525)	−3.497 (−3.089) (−3.906)	−3.730 (−3.249) (−4.211)	−2.389 (−2.135) (−2.643)	−2.448 (−2.184) (−2.711)	−3.664 (−3.402) (−3.927)	−3.708 (−3.439) (−3.978)
β_1^j	1.945 (2.518) (1.372)	12.460 (14.720) (10.200)	0.880 (2.575) (−0.815)	0.701 (2.668) (−1.266)	2.004 (2.972) (1.035)	2.063 (3.055) (1.071)	1.593 (2.628) (0.559)	1.611 (2.668) (0.555)
k^j	— — —	3.696 (4.333) (3.152)	— — —	2175.948 (2448.569) (1933.681)	— — —	7.173 (7.474) (6.872)	— — —	36.924 (78.473) (17.374)
δ^{j1}	— — —	0.005 (0.006) (0.004)	— — —	102.668 (1816.946) (5.801)	— — —	−5.841 (216.579) (−228.261)	— — —	0（固定） — —
δ^{j2}	— — —	0（固定） — —	— — —	0.011（固定） — —	— — —	1.510 (14.761) (−11.741)	— — —	0.047 (0.161) (0.013)
δ^{j3}	— — —	0.006 (0.010) (0.004)	— — —	309.990 (1919.731) (50.056)	— — —	0.569 (12.126) (−10.988)	— — —	0（固定） — —
δ^{j4}	— — —	0.004 (0.010) (0.001)	— — —	650.455 (2837.031) (149.132)	— — —	3.328 (4.925) (1.730)	— — —	0.024 (0.079) (0.007)
対数尤度	376.386	414.352	0.415	4.710	64.984	66.527	54.788	60.611
AIC	−748.771	−814.703	3.170	4.580	−125.968	−119.054	−105.576	−107.221

ついては，基本モデルが採用された．したがって，ディフェンシブと金融の格上げについては株価リターン以外のリスク連関性の要因の存在は有意ではないと考えられる．

5 応用例：信用ポートフォリオのリスク計測

本節では，モデルの応用である格付変更日数の区間予測および信用ポートフ

ォリオのリスク計測を行った数値例を示す．具体的には，第4節で推定した強度モデルをベースにしたモンテカルロ・シミュレーションによって，信用ポートフォリオ内の格付変更日数と格付変更件数，デフォルト率，損失率，信用リスクアセット額の増加率を算出する．リスク計測期間はリーマン危機前後の2年間である2008年4月から2010年3月末までとする．また，評価対象となる信用ポートフォリオは2008年4月においてR&I格付付与対象となっている企業からなるポートフォリオとする．対象ポートフォリオを構成する企業の格付分布は表2-6である．

格付変更日数の区間予測およびリスク計測を行うにあたっては，強度の共変量である株価リターンのシナリオをモデルの目的に応じて与える必要がある．まず，区間予測のためのシナリオとしてアウトオブサンプル期間の2008年4月〜2010年3月の時期に対応した2008年1月〜2009年12月の日経平均株価リターンを用意する（実現シナリオ）．また，ストレステストへのモデルの利用を念頭に，日経平均株価リターンの水準が相対的に低い2001年1月から2002年12月の時期と，リターンの水準が相対的に高かった2005年1月から2006年12月の時期の日経平均株価時系列をヒストリカルシナリオとして採用する（シナ

表2-6 対象ポートフォリオの格付別債務者数．2008年4月1日においてR&I格付けの付与対象となっている発行体ポートフォリオをもとに作成した．

格付け	シクリカル・ハイテク	ディフェンシブ	金融	内需
AAA	2	1	0	0
AA+	5	14	2	3
AA	12	3	7	11
AA−	20	5	13	9
A+	28	8	36	8
A	52	11	15	18
A−	44	9	22	27
BBB+	34	4	5	23
BBB	46	2	3	15
BBB−	14	2	0	13
BB+	2	0	0	4
BB	0	0	1	2
BB−	1	0	0	0
B以下	1	0	0	0
発行体数合計	261	59	104	133

図 2-10 数値例で用いる日経平均株価シナリオの年リターン．アウトオブサンプル期間は 2008 年 4 月から 2010 年 3 月末であり，対応する実現株価シナリオはラグの考慮によって 2008 年 1 月から 2009 年 12 月末の期間になる．各シナリオのリターンの平均値と標準偏差は表 2-7 を参照．

リオ 1，2)．日経平均株価リターンのシナリオは図 2-10 に示した．また，各シナリオの日経株価平均リターン時系列の標本平均と標準偏差は表 2-7 である．

まず，モデルによる格下げ・格上げ日数の区間予測を行うために，実現シナリオの下での格下げ・格上げ日数のモンテカルロ・シミュレーションを行い，格下げ・格上げ日数の分布を得た[11]．シミュレーションの過程では，格付変更発生日に何件の格付変更が発生したのかを特定する必要がある．ここでは格付変更発生日における格付発生件数のヒストリカル分布（表 2-8）に従って格付変更件数の特定を確率的に行った．シミュレーションで発生させたパス数は 1 万本とした．

表 2-9 がモデルによる格下げ・格上げ日数の区間予測結果である．シクリカル・ハイテク業，金融業，内需業については格下げ・格上げ日数の実績値がモデルの 95％ 予測区間に入っていることがわかる．一方で，ディフェンシブ業で

---

[11] シミュレーション・アルゴリズムについては Ogata（1981）や Yamanaka et al.（2012）を参照されたい．

表2-7 図2-10の各日経平均株価シナリオの年リターンの平均値と標準偏差．実現シナリオがリターンが低く，標準偏差が高いため最もストレスの強いシナリオといえる．

		平　均	標準偏差
シナリオ1	(2001年1月〜2002年12月末)	−0.11	0.15
シナリオ2	(2005年1月〜2006年12月末)	0.21	0.17
実現シナリオ	(2008年1月〜2009年12月末)	−0.25	0.18

表2-8 格付変更発生日の格付変更発生件数のヒストリカル分布．各業種の格付変更日における格付変更件数を集計して作成した．サンプル期間は1999年4月から2008年3月末．表中に記載していないが，シクリカル・ハイテクおよび内需において格下げ件数が10件のサンプルが存在し，その確率はそれぞれ0.51％，0.81％であった．

格下げ件数	1	2	3	4	5	6	7	8
シクリカル・ハイテク	81.63%	13.27%	3.06%	1.53%	0.00%	0.00%	0.00%	0.00%
ディフェンシブ	84.85%	3.03%	9.09%	0.00%	0.00%	0.00%	3.03%	0.00%
金　融	61.11%	19.44%	8.33%	2.78%	2.78%	0.00%	2.78%	2.78%
内　需	80.65%	15.32%	1.61%	0.81%	0.00%	0.00%	0.81%	0.00%

格上げ件数	1	2	3	4	5	6	7	8
シクリカル・ハイテク	88.27%	9.50%	2.23%	0.00%	0.00%	0.00%	0.00%	0.00%
ディフェンシブ	100.00%	0.00%	0.00%	0.00%	0.00%	0.00%	0.00%	0.00%
金　融	72.58%	14.52%	4.84%	4.84%	1.61%	0.00%	0.00%	1.61%
内　需	91.38%	6.90%	1.72%	0.00%	0.00%	0.00%	0.00%	0.00%

は格下げ・格上げともに実績値が予測区間からはずれるという結果になった．

続いて，各シナリオの下での信用リスクアセット額，デフォルト確率，損失額を算出する．ここでは，BBB−格より下の格付けへの格下げを擬似デフォルトとして扱うことにする．また，簡潔に各債務者に対する与信額は一律とし，デフォルト時の回収率は40％と設定した．信用リスクアセット額の計算はバーゼル2の定める標準的手法に従った[12]．シミュレーションにおいては，発生した格付変更はどの格付けからの格付変更か，また，何段階の格付変更であるのかを細分化によって特定する必要がある．ここでは簡潔に，格付発生元につい

---

[12] 信用リスクアセット額 = $\Sigma_{債務者}$(与信額×リスクウエイト)で算出される．リスクウエイトはAAA〜AA−に対して0％，A+〜A−に対して20％，BBB+〜BBB−に対して50％，BB+〜B−に対して100％，B−〜に対して150％と設定される．

表 2-9 リーマン危機前後の期間に対する格付変更日数についてのモデル予測と実現値の比較．予測対象期間はアウトオブサンプル期間であるリーマン危機時前後の 2 年間（2008 年 4 月～ 2010 年 3 月）．シクリカル・ハイテク，金融，内需に対してはモデルの 95％予測区間内に実績値が入っている．一方で，ディフェンシブについてはモデルの 95％予測区間から実績値がはずれている．

格下げ	シクリカル・ハイテク	ディフェンシブ	金融	内需
95％予測区間下限	31	3	18	12
90％予測区間下限	33	4	19	13
80％予測区間下限	35	5	21	15
平均	46	9	27	23
80％予測区間上限	57	13	33	31
90％予測区間上限	60	15	35	34
95％予測区間上限	64	16	37	36
実績値	46	2	24	30

格上げ	シクリカル・ハイテク	ディフェンシブ	金融	内需
95％予測区間下限	2	0	6	1
90％予測区間下限	3	0	7	2
80％予測区間下限	4	1	8	2
平均	10	3	12	5
80％予測区間上限	18	5	17	9
90％予測区間上限	22	6	18	10
95％予測区間上限	24	7	19	11
実績値	21	8	7	6

表 2-10 格付変更幅のヒストリカル分布．サンプル期間は 1999 年 4 月から 2008 年 3 月末．5 段階以上の格下げ・格上げがそれぞれ 1 件ずつ存在したが（11 段階の格下げが 1 件，6 段階の格上げが 1 件），今回は格付け変更幅が 4 と見なしてデータ処理を行った．

格付け変更幅	1	2	3	4
格下げ	73.86%	22.35%	3.41%	0.38%
格上げ	79.52%	11.89%	4.63%	3.96%

ては一様分布に従って特定し，格付変更幅についてはヒストリカル分布（表 2-10）を利用した[13]．シミュレーションの結果得られたポートフォリオのリス

---

13) 今回は簡潔な細分化を採用したが，より精緻なシミュレーションを行うには細分化の高度化がポイントになる．この点に関して，金子・中川（2010）は個社情報を取り入れた細分化モデルを提案している．

表 2-11 算出された信用ポートフォリオのリスク量.日経平均株価リターンの平均の小さい順に（実現シナリオ，シナリオ1，シナリオ2）にリスク量が大きく，株価シナリオの表すストレス度合いに対応してリスク量の水準が変化することがわかる.

	シナリオ1		シナリオ2		実現シナリオ	
	期待値	99% VaR	期待値	99% VaR	期待値	99% VaR
格下げ件数	130	203	31	76	154	229
擬似デフォルト件数	13	29	3	11	16	33
信用リスクアセット額増加率	18.83%	28.01%	7.35%	6.80%	20.42%	30.18%
擬似デフォルト確率	2.32%	5.21%	0.49%	1.97%	2.84%	5.92%
損失率	1.39%	3.12%	0.29%	1.18%	1.70%	3.55%

ク計測値は表2-11である．日経平均株価リターンのシナリオで表されるストレスが大きいほど算出されるリスク量が大きくなることが確認された．

6 まとめ

本論文では，経済状況を表す共変量を取り入れた相互作用型の強度モデルの定式化と日本の外部格付変更データに対する実証分析を行った．モデルに取り入れる共変量としては日経平均株価のリターンを採用し，AICの観点からタイムラグを定めた．シクリカル・ハイテク業，ディフェンシブ業，金融業，内需業の4つの業種カテゴリに対してモデル推定とモデル選択を行った．モデル選択の結果，シクリカル・ハイテク業や内需において業種間のリスク連関性を示唆するモデルが選択された．一方で，金融業やディフェンシブ業の格上げについては，共変量のみで駆動されるモデルが選択された．また，リーマン危機前後の時期に対してモデルによる格下げ・格上げ日数の予測と実績値の比較を行ったところ，ディフェンシブ業を除いてモデル予測値と実績値に大きな乖離はなかった．さらに，ストレステストにモデルを援用することを念頭に，複数の日経平均株価リターンのシナリオ下における信用ポートフォリオのリスク計測例を示した．

さて，本論文では4つの業種カテゴリに対して，強度モデルを構築したが，格付変更発生の特徴や利用目的に応じて他の様々なカテゴリ分けも検討できる．たとえば，格付変更発生の頻度は格付けのランクによっても異なると考えられ

るので，格付カテゴリごとの強度モデルも考えられるであろう．また，債務者の企業規模によっても格付変更の特性は異なると考えられる．そのような様々なカテゴリ分けに対するモデル推定と分析は今後の課題としたい．また，本論文では日経平均株価リターンを共変量として採用したが，経済状況を表す他の指標を共変量として採用することもできる．本論文ではモデルの解釈のしやすさ，使いやすさ，モデル推定の安定性の観点から共変量は単指標としたが，複数の共変量でのモデル構築も考えられる．ただし，多数の共変量を取り入れる場合にモデル推定方法の工夫が必要になるであろう．

付録 A 経済全体強度モデルの推定結果

ここでは，本文中で共変量のタイムラグ選択の際に推定した経済全体に対する強度モデルの推定結果の詳細を述べる．表 2-12 と表 2-13 が格下げ・格上げそれぞれに対する経済全体の伝播モデルのパラメタ値と AIC である．表 2-12 と表 2-13 より，格下げ・格上げともに日経平均株価リターンの 3 か月ラグを共変量として持つモデルの AIC が最も小さいため 3 か月ラグが選択される．

表 2-12 推定された経済全体の格下げ強度モデルの推定結果. 日経平均株価リターンの3か月ラグを共変量として持つモデルの AIC が最も小さい. 各推定値の下の括弧内の数値はそれぞれパラメタ推定値の 95%信頼区間上限と下限である.

タイムラグ	0	1	3	6	12
β_0	-4.217	-4.200	-4.073	-3.953	-3.961
	(-3.907)	(-3.903)	(-3.810)	(-3.703)	(-3.705)
	(-4.527)	(-4.497)	(-4.335)	(-4.203)	(-4.217)
β_1	-2.218	-2.698	-3.113	-2.622	-1.942
	(-0.729)	(-1.313)	(-1.906)	(-1.475)	(-0.767)
	(-3.707)	(-4.083)	(-4.320)	(-3.770)	(-3.117)
κ	7.126	6.784	6.059	6.657	8.775
	(8.236)	(7.860)	(7.100)	(7.885)	(10.372)
	(6.166)	(5.856)	(5.170)	(5.620)	(7.422)
δ	0.004	0.004	0.003	0.003	0.005
	(0.005)	(0.005)	(0.004)	(0.004)	(0.006)
	(0.004)	(0.003)	(0.003)	(0.003)	(0.004)
対数尤度	966.82	968.81	971.01	969.44	966.39
AIC	-1925.63	-1929.61	-1934.02	-1930.87	-1924.78

タイムラグ	-1	-3	-6	-12
β_0	-4.248	-4.302	-4.328	-4.386
	(-3.932)	(-3.964)	(-3.979)	(-4.020)
	(-4.564)	(-4.640)	(-4.676)	(-4.751)
β_1	-2.113	-1.460	-0.911	-0.312
	(-0.624)	(0.176)	(0.855)	(1.059)
	(-3.602)	(-3.097)	(-2.677)	(-1.682)
κ	7.330	7.606	7.871	7.476
	(8.455)	(8.741)	(9.036)	(8.563)
	(6.355)	(6.619)	(6.856)	(6.527)
δ	0.005	0.005	0.005	0.005
	(0.005)	(0.006)	(0.006)	(0.006)
	(0.004)	(0.004)	(0.004)	(0.004)
対数尤度	966.61	964.71	963.74	963.34
AIC	-1925.22	-1921.42	-1919.48	-1918.68

表 2-13 推定された経済全体の格上げ強度モデルの推定結果．日経平均株価リターンの 3 か月ラグを共変量として持つモデルの AIC が最も小さい．各推定値の下の括弧内の数値はそれぞれパラメタ推定値の 95 % 信頼区間上限と下限である．タイムラグ 6 か月については，κ と δ のパラメタ推定誤差が過大であったため，パラメタ値を 0 に固定して推定した．

タイムラグ	0	1	3	6	12
β_0	−4.699	−4.664	−4.604	−3.272	−4.344
	(−4.275)	(−4.246)	(−4.216)	(−3.157)	(−4.012)
	(−5.123)	(−5.081)	(−4.992)	(−3.388)	(−4.676)
β_1	1.420	1.296	1.659	2.151	1.652
	(3.023)	(2.943)	(3.124)	(2.584)	(2.908)
	(−0.184)	(−0.352)	(0.193)	(1.717)	(0.396)
κ	3.325	3.311	3.200	0.000	3.378
	(3.863)	(3.850)	(3.738)	—	(4.004)
	(2.863)	(2.848)	(2.739)	—	(2.850)
δ	0.003	0.003	0.003	0.000	0.002
	(0.003)	(0.003)	(0.003)	—	(0.003)
	(0.002)	(0.002)	(0.002)	—	(0.002)
対数尤度	828.76	828.51	829.26	792.67	829.12
AIC	−1649.52	−1649.02	−1650.53	−1577.34	−1650.23

タイムラグ	−1	−3	−6	−12
β_0	−4.705	−4.734	−4.791	−4.725
	(−4.276)	(−4.295)	(−4.332)	(−4.277)
	(−5.135)	(−5.172)	(−5.250)	(−5.173)
β_1	1.314	1.293	1.355	1.524
	(2.946)	(2.896)	(3.040)	(3.247)
	(−0.317)	(−0.311)	(−0.330)	(−0.199)
κ	3.336	3.441	3.492	3.331
	(3.872)	(3.986)	(4.036)	(3.852)
	(2.874)	(2.970)	(3.022)	(2.880)
δ	0.003	0.003	0.003	0.003
	(0.003)	(0.003)	(0.003)	(0.003)
	(0.002)	(0.003)	(0.003)	(0.002)
対数尤度	828.61	828.63	828.58	828.85
AIC	−1649.22	−1649.27	−1649.16	−1649.71

付録 B　クロス相関分析による指標とタイムラグ選択

月次の格下げ発生日数と月次の日経平均株価，日経平均リターン，日経平均ヒストリカルボラティリティのクロス相関分析を行った（表2-14）[14]．共変量タイムラグの候補は 0，±1，±3，±6，±12 か月とした．ここで，タイムラグ

表2-14　日経平均と格下げ発生日数の相関．最も相関が高かったのは日経平均リターンのタイムラグ6か月．相関の有意性は相関係数に対する t 検定の結果であり，それぞれ*** は0.1%有意水準，**は1%有意水準，*は5%有意水準で有意であったことを表す．

	タイムラグ（月数，対格下げ）	相　関	相関の有意性
日経平均株価（原数値）	-12	-0.24	**
	-6	-0.15	—
	-3	-0.12	—
	-1	-0.12	—
	0	-0.07	—
	1	-0.09	—
	3	-0.12	—
	6	-0.11	—
	12	0.11	—
日経平均株価年リターン	-12	-0.13	—
	-6	-0.02	—
	-3	-0.11	—
	-1	-0.23	**
	0	-0.21	**
	1	-0.29	***
	3	-0.39	***
	6	-0.48	***
	12	-0.44	***
日経平均株価ヒストリカルボラティリティ	-12	-0.04	—
	-6	0.20	*
	-3	0.21	**
	-1	0.28	***
	0	0.19	*
	1	0.25	**
	3	0.31	***
	6	0.30	***
	12	0.22	**

表 2-15 経済全体の格下げ強度モデル（基本モデル）の推定結果．タイムラグ 6 か月と 12 か月のモデルの AIC が小さい．各推定値の下の括弧内の数値はそれぞれパラメータ推定値の 95% 信頼区間上限と下限である．

タイムラグ	0	1	3	6	12
β_0	−2.96	−2.97	−3.04	−3.04	−3.09
	(−2.85)	(−2.86)	(−2.89)	(−2.93)	(−2.98)
	(−3.07)	(−3.08)	(−3.11)	(−3.14)	(−3.19)
β_1	−1.27	−1.55	−2.54	−2.54	−2.58
	(−0.78)	(−1.05)	(−1.68)	(−2.05)	(−2.10)
	(−1.76)	(−2.04)	(−2.67)	(−3.04)	(−3.07)
対数尤度	903.09	909.10	926.54	939.01	939.87
AIC	−1802.19	−1814.21	−1849.08	−1874.03	−1875.74

タイムラグ	−1	−3	−6	−12
β_0	−2.96	−2.96	−2.96	−2.98
	(−2.85)	(−2.85)	(−2.85)	(−2.87)
	(−3.07)	(−3.07)	(−3.07)	(−3.09)
β_1	−1.07	−0.58	−0.23	−0.41
	(−0.59)	(−0.10)	(0.24)	(0.03)
	(−1.56)	(−1.05)	(−0.69)	(−0.86)
対数尤度	899.36	892.43	889.95	891.13
AIC	−1802.71	−1788.86	−1783.91	−1786.26

が正の場合には共変量が格下げに対して先行し，負の場合には共変量が格下げに対して遅行することを意味する．各タイムラグ対して相関を計算した結果，最も相関が高かったのは日経平均リターンのタイムラグ 6 か月であった．この結果は，伝播モデルの AIC によるタイムラグ選択と一致しない．一方で，ジャンプ項をもたない基本モデルによるタイムラグ選択を行ったところ表 2-15 の結果となり，タイムラグ 6 か月と 12 か月が AIC の観点から選ばれており，クロス相関分析の結果と整合する．したがって，クロス相関分析によって選択されるタイムラグは共変量のみの基本モデルに対して有効であるが，伝播モデルに対しては有効ではないと考えられる．

---

14) 月次の日経平均株価は当該月最終営業日の日経平均株価（終値）で与えている．ヒストリカルボラティリティは 20 日間の log(株価前日比) の標準偏差を $\sqrt{250}$ 倍することで年率換算して算出した．

〔参考文献〕

尾形良彦（2007），「地震活動のモデルと解析」『総研大ジャーナル』，12，6-9.

尾形良彦（2008），「地震活動の統計科学」『21世紀の統計科学』，2，3-41.

金子拓也・中川秀敏（2010），「信用ポートフォリオのリスク計量：金利変化見通しと個別企業価値変動を考慮したトップダウン・アプローチ」*IMES Discussion Paper Series 2010-J-13*，日本銀行.

中川秀敏（2010），「相互作用型の格付変更強度モデルによる格付変更履歴データの分析」『日本応用数理学会論文誌』，20，183-202.

Azizpour, S., Giesecke K. and Schwenkler, G. (2012), "Exploring the Sources of Default Clustering," Working paper, Stanford University.

Delloye, M., Fermanian, J. D. and Sbai, M. (2006), "Dynamic frailties and credit portfolio modelling," *Risk*, **October**, 100-105.

Errais, E., Giesecke, K. and Goldberg, L. (2010), "Affine point processes and portfolio credit risk," *SIAM J. Econom. Dynam. Control*, **30**, 642-665.

Giesecke, K., and Kim, B. (2011), "Risk analysis of collateralized debt obligations," *Operations Research*, **59**, 32-49.

Hawkes, A. (1971), "Spectra of some self-exciting and mutually exciting process," *Biometorika*, **58**, 83-90.

Ogata, Y. (1981), "On Lewis' Simulation Method for Point Processes," *IEEE Trans. Inform. Theory*, **IT-27**, 23-31.

Ogata, Y. (1999), "Seismicity Analysis through Point-process Modeling : A Review," *Pure and Applied Geophysics*, **155**, 471-507.

Yamanaka, S., Sugihara, M. and Nakagawa, H. (2011), Analysis of credit event impact with self-exciting intensity model. *JSIAM Letters*, **3**, pp.49-52.

Yamanaka, S., Sugihara, M. and Nakagawa, H. (2011), "Analysis of downgrade risk in credit portfolios with self-exciting intensity model," *JSIAM Letters*, **3**, 93-96.

Yamanaka, S., Sugihara, M. and Nakagawa, H. (2012), "Modeling of Contagious Credit Events and Risk Analysis of Credit Portfolios," *Asia-Pacific Financial Markets*, **19**, 43-62.

（山中　卓：三菱UFJトラスト投資工学研究所）

3 本邦 CDS 市場における
リストラクチャリング・リスクの推定方法とその検証

江本麗行・谷村英俊・眞鍋陽子

概要 本論文は，信用リスクにおけるリストラクチャリング・リスクを題材に，その推定方法ならびにその結果に基づく本邦 CDS 市場を対象とした実証結果について考察を行っている．具体的には，先行研究である Berndt et al. (2007) の結果に基づいて，本邦 CDS 市場への具体的適用方法を示した．つづいて，本邦 CDS 市場のヒストリカルデータを対象としてモデルパラメータのキャリブレーションを行い，得られた結果について考察を行った．

キーワード：リストラクチャリング・リスク，CDS，信用リスク，派生証券価格評価

1 はじめに

本論文は，本邦 CDS 市場におけるリストラクチャリング・リスクの推定方法および実証分析結果について議論する．

CDS（credit default swap）とは，プロテクションの買い手から売り手へ，CDS スプレッドと呼ばれるプレミアムを支払うことを条件に，参照組織にクレジットイベントと呼ばれる信用事由が発生した時点において，プロテクションの売り手から買い手へ，元本相当金額から回収可能相当額を控除した金額の支払い（クレジットイベント決済）が行われる金融商品である．

市場慣行としては，北米の民間法人を参照組織とする CDS については，ISDA に規定される「破産」および「支払不履行」をクレジットイベントとす

担当エディターならびに査読者の方々には本稿への有益なコメントを数多くいただいた．この場を借りて深く感謝の意を表したい．もちろん，本稿のありうべき誤りはすべて筆者たち個人に属するものである．

なお，本稿の内容は筆者たちの個人的見解であり，筆者たちの属する新日本有限責任監査法人の公式見解を示すものではない．

る 2 CE (2 Credit Events), 北米以外の先進国の民間法人を参照組織とする CDS については, ISDA に規定される「破産」,「支払不履行」および「リストラクチャリング」をクレジットイベントとする 3 CE (3 Credit Events) が一般的なコンベンションである. なお, 特に本邦 CDS 市場においては, 3CE が市場慣行である (木田・糸田, 2010).

リストラクチャリングとは, CDS の参照組織が有する債務に対して, 金利の減免・支払期限延長など, 債権者に不利になる形での条件変更が行われることをいう. CDS 取引における契約条件を定めるにあたって, 市場で一般的に使用されている 2003 年 ISDA クレジットデリバティブ定義集におけるリストラクチャリングの定義は, 以下のとおりである (表 3-1).

リストラクチャリング・リスクは, リストラクチャリング・イベントの生起に対応する信用リスクである. 実務面からリストラクチャリング・リスクを評価するニーズとしては, リストラクチャリング・イベントを保有リスクとするクレジットリンク債などが見られる. しかしながら, 前述のように, 市場で標準的に取引されている CDS は 2 CE または 3 CE であり, 通常, リストラクチャリングのみをクレジットイベントとする CDS は取引されていない. したがって, 前述の商品などに内包されるリストラクチャリング・リスクを評価するに

表 3-1 リストラクチャリングの定義

下記のいずれかの事由が, 参照組織と債権者との間で, 最低デフォルト額以上のイベント対象債務につき, 当該債務のすべての債権者に拘束力を持つ形で, 発生, 合意または公表されたときに認定される.
  i 金利の減免
  ii 償還元本などの減額
  iii 利息または元本返済の繰述べ
  iv 債務支払順位の劣後化
  v 利息・元本または債務を構成する通過の許容通貨以外への変更
     (許容通貨:G7 通貨または OECD 加盟国で AAA 格の国の通貨)
ただし,
・EU 加盟国通貨のユーロへの変更による場合は該当しない.
・事務, 会計, 税務上のテクニカルな要因に基づく場合には該当しない.
・事由の発生が参照組織の信用, 財務状況の悪化に起因するものではない場合には該当しない.

(木田・糸田, 2010 による)

あたっては，市場価格を直接，引用することができず，何らかの評価モデルなどを通じてその評価を行う必要が生じる．われわれは，本論文を通じてリストラクチャリング・リスク評価モデルの理論的背景および実務を想定した本邦CDS市場への具体的適用手順，ヒストリカルデータを用いた実証分析の結果について考察を行う．

さて，CDSの評価においては，2 CE と 3 CE の CDS を独立したインストルメントであると見なし，別々にパラメータのキャリブレーションを行う手法が実務では主に見られる．しかしながら，理論面からは，リストラクチャリングが債務の条件変更を伴うクレジットイベントであることを考慮すると，3 CE におけるリストラクチャリングの生起が 2 CE のデフォルト確率に与える影響をモデル化することが考えられる．このような背景に基づき，2 CE と 3 CE を統合された枠組みで取り扱う以下のようなモデルが提案されている（O'Kane et al., 2003；Berndt et al., 2007）．

O'Kane et al.（2003）は，誘導型モデル（Duffie and Singleton, 1999；Jarrow and Turnbull, 1995）の枠組みの下で，リストラクチャリング・イベントが 2 CE の生起確率に与える影響を考慮して，2 CE のハザードプロセスがリストラクチャリングの生起前／生起後とで異なるデフォルト強度を持つようなモデルを提案している．さらに，O'Kane et al.（2003）ではバックワードインダクションによって，リストラクチャリングの種類（モディファイド・リストラクチャリング，モディファイド・モディファイド・リストラクチャリング，オールド・リストラクチャリング）ごとのプレミアムを計算するプロシージャーを考察している．

Berndt et al.（2007）は，O'Kane et al.（2003）と同様に誘導型モデルの枠組みの下で，リストラクチャリング・リスクを考慮したCDSの評価モデルを考察している．加えて，Berndt et al.（2007）では，リストラクチャリングの実行によって企業の財務状況が改善された場合，参照組織の 2 CE のデフォルト確率は低下すると考え，このようなケースを，企業にとって望ましいリストラクチャリングの生起と捉える（すなわち，successful debt restructuring）．一方，リストラクチャリングが起こることによって，参照組織のデフォルト確率が上昇するケースも考えられる．その理由としては，例えばリストラクチャリ

ングが参照企業の財務状況の悪化に関するシグナルを市場に送ることにより，さらなる財務状況の悪化などを招くケースなどである．このようなケースは，企業にとって望ましくないリストラクチャリング（unsuccessful debt restructuring）の生起と捉え，これを陽にモデル化している．

このように，Berndt et al.（2007）ではリストラクチャリング・イベントの生起が2CEのデフォルト確率に与える影響を陽に取り入れたモデルが構築されており，2CEと3CEのCDSの市場価格情報からリストラクチャリング・イベントの生起に対応するデフォルト強度を推定することが可能である．加えて，推定されたモデルパラメータを通じて，リストラクチャリング・イベントの生起が2CEのデフォルト確率に与える影響の評価・考察が可能である．われわれはこれらの利点を考慮して，本論文ではBerndt et al.（2007）モデルの本邦CDS市場への適用を考察することとした．

われわれが行う分析は以下のとおりである．第2節では，Berndt et al.（2007）の結果について，本邦CDS市場の実務的コンベンションを考慮した場合の具体的適用方法を確認する．第3節では，第2節の結果に対して実証分析のためのモデルパラメータの推定手順を示す．第4節では，前節までの議論に基づいて，本邦CDS市場のヒストリカルデータに基づく実証分析を行い，その結果について考察を行う．第5節は結語である．

2 リストラクチャリング・リスクの評価モデル

本節では，まず，実証分析に用いるBerndt et al.（2007）のフレームワークを紹介する．つづいて，Berndt et al.（2007）の結果について本邦CDS市場への具体的適用方法を確認する．

2.1 Berndt et al.（2007）モデル

Berndt et al.（2007）では，リストラクチャリング・イベント，リストラクチャリング生起以前の2CEおよびリストラクチャリング生起以後の2CEに対応するデフォルト過程をCox過程によってモデル化し，そのデフォルト強度をそれぞれ以下のように表記する．

λ_t^R：デフォルト時点 τ^R に対して，リストラクチャリングが生起するデフォルト強度．

λ_t^D：デフォルト時点 τ^D に対して，リストラクチャリングの生起以前に 2 CE が生起するデフォルト強度．

h_t^D：デフォルト時点 τ に対して，2 CE が生起するデフォルト強度．

ここに，h_t^D は，リストラクチャリング・イベントの生起が 2 CE のデフォルト確率に与える影響をモデル化するため，次のように定義される．

$$h_t^D = \lambda_t^D + (k_1 + k_2 \lambda_t^D) 1_{\{t \geq \tau^R\}} \tag{1}$$

ただし，$k_1, k_2 > -1$．

式(1)に現れる k_1, k_2 は，ともに企業にとって望ましいリストラクチャリングまたは企業にとって望ましくないリストラクチャリングの影響を表現する項である（Jarrow and Yu, 2001）．すなわち，いまだリストラクチャリングが生起していない状態では，2 CE が生起するデフォルト強度は λ_t^D であるが，リストラクチャリングが生起した場合，それ以後の 2 CE が生起するデフォルト強度は，$\lambda_t^D + k_1 + k_2 \lambda_t^D$ にジャンプすることを示している．リストラクチャリングが生起したとき，$k_1 + k_2 \lambda_t^D < 0$ であれば，リストラクチャリングの生起以後に 2 CE が生起するデフォルト強度は以前に比べ減少するので，これは企業にとって望ましいリストラクチャリングを表したものと解釈できる．一方，$k_1 + k_2 \lambda_t^D > 0$ であるなら，リストラクチャリングの生起以後に 2 CE が生起するデフォルト強度は以前に比べ増大するので，これは企業にとって望ましくないリストラクチャリングであると解釈できる．また，$k_1 + k_2 \lambda_t^D = 0$ の場合は，生起確率は変化しない．

時点 t までの履歴から得られる増大情報系 F_t をとる．時点 t において，F_t を所与として事象 A が生起する，リスク中立確率測度下での条件付確率を $\tilde{P}_t(A) \equiv \tilde{P}(A|F_t)$ と表記する．このとき，時点 t において時点 T（$t \leq T$）までに 3 CE が生起しない確率およびリストラクチャリングが生起しない確率，2 CE が生起しない確率をそれぞれ $S(t, T)$，$S^R(t, T)$，$S^D(t, T)$ と表記すると，$S(t, T)$，$S^R(t, T)$，$S^D(t, T)$ はそれぞれ式(2)，式(3)，式(4)のように表される．

$$S(t, T) = \tilde{P}_t(\tau > T) = \tilde{E}_t \left(e^{-\int_t^T (\lambda_s^D + \lambda_s^R) ds} \right) \tag{2}$$

$$S^R(t,T) = \tilde{P}_t(\tau^R > T) = \tilde{E}_t\left(e^{-\int_t^T \lambda_s^R ds}\right) \qquad (3)$$

$$\begin{aligned}
S^D(t,T) &= \tilde{P}_t(\tau^D > T) \\
&= \tilde{P}_t(\tau^D > T, \tau^R > T) + \tilde{P}_t(\tau^D > T, \tau^R \leq T) \\
&= \tilde{E}_t\left(e^{-\int_t^T (\lambda_s^D + \lambda_s^R) ds}\right) + \tilde{E}_t\left(e^{-\int_t^T h_s^D ds} 1_{\{\tau^R \leq T\}}\right) \\
&= \tilde{E}_t\left(e^{-\int_t^T (\lambda_s^D + \lambda_s^R) ds}\right) + \tilde{E}_t\left(e^{-\int_t^T \lambda_s^D + (k_1 + k_2 \lambda_s^D) 1_{\{s \geq \tau^R\}} ds} 1_{\{\tau^R \leq T\}}\right) \\
&= \tilde{E}_t\left[e^{-\int_t^T \lambda_s^D ds}\left(e^{-\int_t^T \lambda_s^R ds} + \int_t^T e^{-k_1(T-v) - k_2 \int_v^T \lambda_s^D ds} \lambda_v^R e^{-\int_t^v \lambda_s^R ds} dv\right)\right] \qquad (4)
\end{aligned}$$

ただし，オペレータ $\tilde{E}_t[\cdot]$ は，F_t における情報に基づくリスク中立確率測度下での条件付き期待値を表している．

以上の枠組みに基づき，Berndt et al.（2007）は以下の仮定を置くことで，3 CE を適用クレジットイベントとする CDS，2 CE を適用クレジットイベントとする CDS の評価式を導出している．

仮定1：λ_t^R が λ_t^D と正比例の関係で表現される．

$$\lambda_t^R = m\lambda_t^D$$

ただし，m はある正の定数である．

仮定2：同様に，n をある正の定数としてリストラクチャリングが生起した場合のリカバリーレート δ^R が，リストラクチャリング生起以前に 2 CE が生起した場合のリカバリーレート δ^D と正比例の関係で表現される．

$$\delta_t^R = n\delta_t^D$$

これらの仮定の下で，3 CE を適用クレジットイベントとする評価日 t，満期 T の CDS の CDS スプレッド $c_{t,T}^{CR}$，2 CE を適用クレジットイベントとする CDS スプレッド $c_{t,T}^{XR}$ をそれぞれ導出する（CDS の評価手法については，Duffie, 1999；Hull and White, 2000；Jarrow and Yildirim, 2002 などを参照のこと）．

なお，以降では，デフォルト時刻と金利は独立であると仮定して議論を行う．

3 CE を適用クレジットイベントとする CDS について，そのデフォルトサイドの価値は次式で表される．

3 本邦 CDS 市場におけるリストラクチャリング・リスクの推定方法とその検証

$$\tilde{E}_t\left[e^{-\int_t^\tau r_s ds}(1-\delta)d(\tau,T)1_{\{\tau \leq T\}}\right] = d(t,T)\tilde{E}_t\left[(1-\delta)1_{\{\tau \leq T\}}\right]$$
$$= d(t,T)\left\{(1-\delta^R)\tilde{E}_t\left[1_{\{\tau^D \leq T, \tau^D \leq \tau^R\}}\right]\right.$$
$$\left. + (1-\delta^D)\tilde{E}_t\left[1_{\{\tau^R \leq T, \tau^R \leq \tau^D\}}\right]\right\}$$

ただし，$d(t,s)$ は時点 s から t までのディスカウント・ファクターである．このとき，

$$\tilde{E}_t\left[1_{\{\tau^D \leq T, \tau^D \leq \tau^R\}}\right] = \tilde{E}_t\left[e^{-\int_t^{\tau^D} \lambda_s^R ds}1_{\{\tau^D \leq T\}}\right]$$
$$= \tilde{E}_t\left[\int_t^T e^{-\int_t^v \lambda_s^R ds}\lambda_v^D e^{-\int_t^v \lambda_s^D ds}dv\right]$$
$$= \frac{1}{1+m}\tilde{E}_t\left[\int_t^T (\lambda_v^D + \lambda_v^R)e^{-\int_t^v (\lambda_s^D + \lambda_s^R)ds}dv\right]$$
$$= \frac{1}{1+m}\tilde{E}_t\left[1_{\{\tau \leq T\}}\right]$$
$$= \frac{1}{1+m}(1-S(t,T))$$

同様に，

$$\tilde{E}_t\left[1_{\{\tau^R \leq T, \tau^R \leq \tau^D\}}\right] = \tilde{E}_t\left[e^{-\int_t^{\tau^R} \lambda_s^D ds}1_{\{\tau^R \leq T\}}\right]$$
$$= \tilde{E}_t\left[\int_t^T e^{-\int_t^v \lambda_s^D ds}\lambda_v^R e^{-\int_t^v \lambda_s^R ds}dv\right]$$
$$= \frac{m}{1+m}\tilde{E}_t\left[\int_t^T (\lambda_v^D + \lambda_v^R)e^{-\int_t^v (\lambda_s^D + \lambda_s^R)ds}dv\right]$$
$$= \frac{m}{1+m}\tilde{E}_t\left[1_{\{\tau \leq T\}}\right]$$
$$= \frac{m}{1+m}(1-S(t,T))$$

以上から，

$$\tilde{E}_t\left[e^{\int_t^\tau r_s ds}(1-\delta)d(\tau,T)1_{\{\tau \leq T\}}\right] = d(t,T)\left(1-\frac{1+mn}{1+m}\delta^D\right)(1-S(t,T)) \quad (5)$$

また，プレミアムサイドの価値は次式のとおりである．

$$c_{t,T}^{CR}\tilde{E}_t\left[\int_t^T e^{-\int_t^v r_s ds} 1_{\{\tau>v\}}dv\right] = c_{t,T}^{CR}\int_t^T d(t,v)\tilde{E}_t[1_{\{\tau>v\}}]dv$$
$$= c_{t,T}^{CR}\int_t^T d(t,v)S(t,v)dv \qquad (6)$$

CDS スプレッドは CDS のデフォルトサイドの現在価値とプレミアムサイドの現在価値とを等しくするスプレッドであることから，式(5)，式(6)より CDS の適用クレジットイベントが 3CE の場合，その CDS スプレッド $c_{t,T}^{CR}$ は次式によって評価される．

$$c_{t,T}^{CR} = \frac{d(t,T)\left(1-\frac{1+mn}{1+m}\delta^D\right)(1-S(t,T))}{\int_t^T d(t,v)S(t,v)dv} \qquad (7)$$

つづいて，2 CE を適用クレジットイベントとする CDS について導出を行う．当該 CDS についてそのデフォルトサイドの価値は次式で表される．

$$\tilde{E}_t\left[e^{-\int_t^{\tau^D} r_s ds}(1-\delta^D)d(\tau,T)1_{\{\tau^D\leq T\}}\right] = d(t,T)(1-\delta^D)\tilde{E}_t[1_{\{\tau^D\leq T\}}]$$
$$= d(t,T)(1-\delta^D)(1-S^D(t,T)) \qquad (8)$$

ただし，

$$S^D(t,T) = \tilde{E}_t\left[e^{-\int_t^T \lambda_s^D ds}\left(e^{-\int_t^T \lambda_s^R ds} + \int_t^T e^{-k_1(T-v)-k_2\int_v^T \lambda_s^D ds}\lambda_v^R e^{-\int_t^v \lambda_s^R ds}dv\right)\right]$$

また，プレミアムサイドの価値は次式のとおりである．

$$c_{t,T}^{XR}\tilde{E}_t\left[\int_t^T e^{-\int_t^v r_s ds} 1_{\{\tau^D>v\}}dv\right] = c_{t,T}^{XR}\int_t^T d(t,v)\tilde{E}_t[1_{\{\tau^D>v\}}]dv$$
$$= c_{t,T}^{XR}\int_t^T d(t,v)S^D(t,v)dv \qquad (9)$$

以上，式(8)，式(9)から CDS の適用クレジットイベントが 2 CE の場合，その CDS スプレッド $c_{t,T}^{XR}$ は次式によって評価される．

$$c_{t,T}^{XR} = \frac{d(t,T)(1-\delta^D)(1-S^D(t,T))}{\int_t^T d(t,v)S^D(t,v)dv} \qquad (10)$$

2.2 本邦 CDS 市場への具体的適用手順

ここでは，2.1 で紹介した Berndt et al. (2007) の結果（式(7)，式(10)）

を，本邦における市場慣行に合うように修正を行う．

本邦 CDS 市場への適用にあたっては，以下のような点について考慮が必要であると考えられる．

1. 式(7)，式(10)はプレミアムサイドの支払いが連続複利で表現されているが，本邦 CDS 市場における市場慣行は年 4 回払いである．
2. 式(7)，式(10)は経過利息の支払いを考慮していないが，本邦 CDS 市場における市場慣行では，デフォルト時点から直近利払い日までの期間の経過利息の支払いが行われる．
3. CDS 評価の実務においては，デフォルト強度は階段関数などの時間に依存する関数によって定式化されることが多い．

われわれは，以上で述べた実務的観点を考慮して，Berndt et al. (2007) の結果の修正および具体的な適用については以下の想定をした．

1. プレミアム支払のコンベンションを年 4 回払いとする．
2. 評価式に経過利息部分の評価項を加える．
3. λ^D, λ^R, k を階段関数（区間の区切りはキャリブレーションに用いる CDS インストルメントの満期グリッド）とする．

また，Berndt et al. (2007) の議論に従って，キャリブレーションの簡易化のためにさらに次の仮定を加えた．

$$k_1 = k, \quad k_2 = 0$$

さて，λ^D, λ^R, k は，階段関数によって以下のように定式化される．評価日 t において，キャリブレーションに用いる CDS インストルメントの満期を T_i ($i = 1, 2, ..., N$) とする．このとき，時点 v における λ^D, λ^R, k は，パラメータ α_i, β_i （定数）を用いて式(11)，式(12)，式(13)のように書ける．

$$\lambda_v^D = \alpha_1 1_{\{v=T_0\}} + \sum_{i=1}^{N} \alpha_i 1_{\{T_{i-1} < v \leq T_i\}} + \alpha_N 1_{\{v > T_N\}} \tag{11}$$

$$\lambda_v^R = m \lambda_v^D \tag{12}$$

$$\kappa_v = \beta_1 1_{\{v=T_0\}} + \sum_{i=1}^{N} \beta_i 1_{\{T_{i-1} < v \leq T_i\}} + \beta_N 1_{\{v > T_N\}} \tag{13}$$

ただし，$T_0 \equiv t$ である．

以上のように定義される λ^D, λ^R, k を用いて，3 CE を適用クレジットイベン

トとする評価日 t, 満期 T_i の CDS の CDS スプレッド c_{t,T_i}^{CR}, 2 CE を適用クレジットイベントとする CDS スプレッド c_{t,T_i}^{XR} は, それぞれ以下の式で評価される. ただし, δ は 3 CE のリカバリーレートである.

CDS の適用クレジットイベントが 3 CE の場合

$$c_{t,T_i}^{CR} = \frac{(1-\delta)(1+m)\int_t^{T_i} d(t,u)\lambda_u^D S(t,u)du}{\sum_{j=1}^{J_i}\left({}_{j-1}\Delta_j d(t,t_j)S(t,t_j) + (1+m)\int_{t_{j-1}}^{t_j}\frac{u-t_{j-1}}{t_j-t_{j-1}} {}_{j-1}\Delta_j d(t,u)\lambda_u^D S(t,u)du\right)} \quad (14)$$

CDS の適用クレジットイベントが 2 CE の場合:

$$c_{t,T_i}^{XR} = \frac{(1-\delta^D)\int_t^{T_i} d(t,v)dS_-^D(t,v)}{\sum_{j=1}^{J_i}\left({}_{j-1}\Delta_j d(t,t_j)S^D(t,t_j) + \int_{t_{j-1}}^{t_j}\frac{v-t_{j-1}}{t_j-t_{j-1}} {}_{j-1}\Delta_j d(t,v)dS_-^D(t,v)\right)} \quad (15)$$

ただし,

$$S(t,v) = e^{-(1+m)\int_t^v \lambda_s^D ds}$$

$$S^D(t,v) = e^{-(1+m)\int_t^v \lambda_s^D ds} + m e^{-\int_t^v \lambda_s^D ds} \int_t^v \lambda_u^D e^{-\int_u^v \kappa_s ds} e^{-m\int_u^v \lambda_s^D ds} du$$

$$dS_-^D(t,v) = \left(\lambda_v^D e^{-(1+m)\int_t^v \lambda_s^D ds} + m(\lambda_v^D + \kappa_v^D) e^{-\int_t^v \lambda_s^D ds} \int_t^v \lambda_u^D e^{-\int_u^v \kappa_s ds} e^{-m\int_u^v \lambda_s^D ds} du\right) dv$$

$d(t,s)$ は, 時点 s から t までのディスカウント・ファクター, ${}_{j-1}\Delta_j$ は, CDS インストルメント (満期 T_i) の利払時点 t_j ($j=0,1,...,J_i$) (ただし t_0 は評価日の直近の利払日) に対して利息計算期間 (t_{j-1}, t_j) に基づき計算される利息計算年数である.

なお, 式 (14), 式 (15) の導出については, 章末の付録を参照のこと.

3 本邦 CDS 市場データによる実証分析

本節では, 前節の結果 (式(14), 式(15)) に基づいて以下について分析を行う. (1) 本邦 CDS 市場がインプライするリストラクチャリング・イベントのデ

フォルト強度 λ^R を推定する．(2) k を推定し，その推定結果から，リストラクチャリングが 2 CE に与える影響を考察する．

3.1 分析対象データ

本論文では，本邦における代表的企業群として iTraxx Japan の採用銘柄を取り上げ，分析対象銘柄としては，iTraxx Japan 採用銘柄による仮想的なポートフォリオ（iTraxx Japan 採用銘柄の CDS スプレッドの均等ウェイトによる平均値を CDS スプレッドとする CDS）を想定する．なお，上記銘柄のヒストリカルデータには，上記銘柄の週次データ（出所：トムソン・ロイター・アイコン）を用いる．

分析対象のデータは以下のとおりである．

- シリーズ名：iTraxx Japan Series No.17（Roll Date: 2012/3/21），iTraxx Japan Series No.18（Roll Date：2012/9/20）．
  （出所：http://www.markit.com/en/products/data/indices/credit-and-loan-indices/index-annexes/annexes-archive.page）
- サンプル期間：2012/3/21〜2013/3/20 における週次データ（各週金曜日の Close Mid Price）．
- 対象インストルメント：上記シリーズの採用銘柄（52 社）のうち，3 CE，2 CE の双方のマーケットデータが存在する（ただし，1 か月以上の欠データがある 10 銘柄を除いた）銘柄（22 社）を採用銘柄とする．
- CDS の満期グリッド：6 M, 1 Y, 2 Y, 3 Y, 4 Y, 5 Y, 7 Y, 10 Y.

仮想ポートフォリオの構成企業（22 社）は，以下の業種に分散している．証券コード協議会による内訳は，電気機器：7 社，その他金融業：2 社，建設業：2 社，輸送用機器：2 社，卸売業：1 社，化学：1 社，海運業：1 社，空運業：1 社，小売業：1 社，鉄鋼：1 社，電気・ガス業：1 社，不動産業：1 社，陸運業：1 社である（図 3-1）．

まず，仮想ポートフォリオの CDS スプレッドの動きを見る．図 3-2, 図 3-3 は，それぞれ 3 CE, 2 CE を適用クレジットイベントとする CDS スプレッドの動きを示したものである．すべての満期グリッドについて，2012 年 11 月頃までは混乱する政治状況から将来の信用リスクの高まりが予想されてか，3 CE,

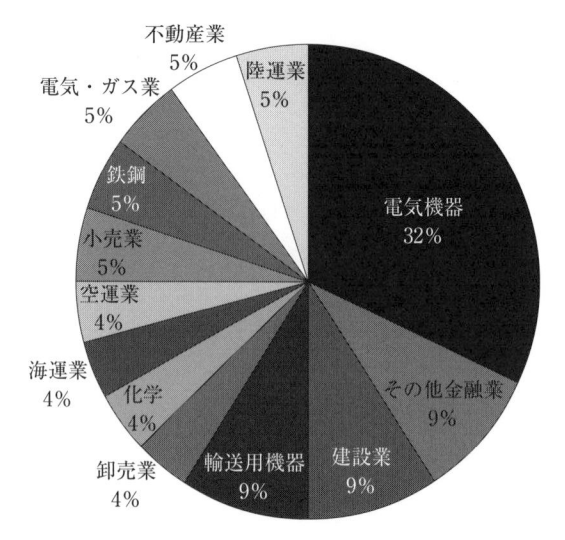

図 3-1 仮想ポートフォリオを構成する参照企業の業種

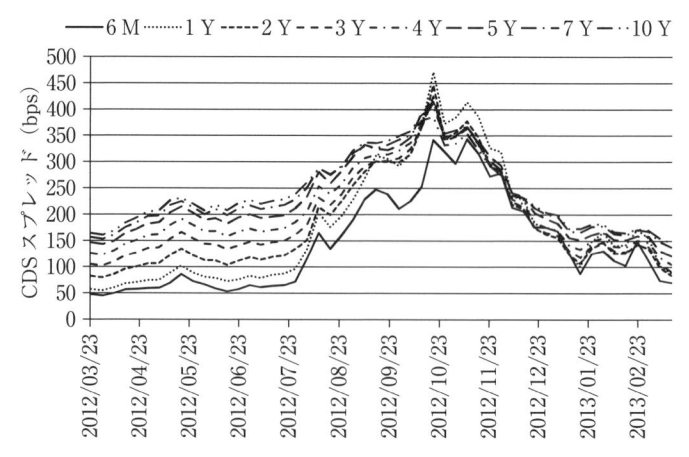

図 3-2 仮想ポートフォリオの 3 CE の CDS スプレッドの時系列（単位：bps）

2 CE とも CDS スプレッドの水準が増加傾向を示し，その後政権交代による政局の安定を見越してか，スプレッドの水準は減少傾向を示している．

次に，リストラクチャリングプレミアムに着目し，3 CE と 2 CE の CDS スプレッドの差（3 CE スプレッド − 2 CE スプレッド）をプロットしたものが図 3-4

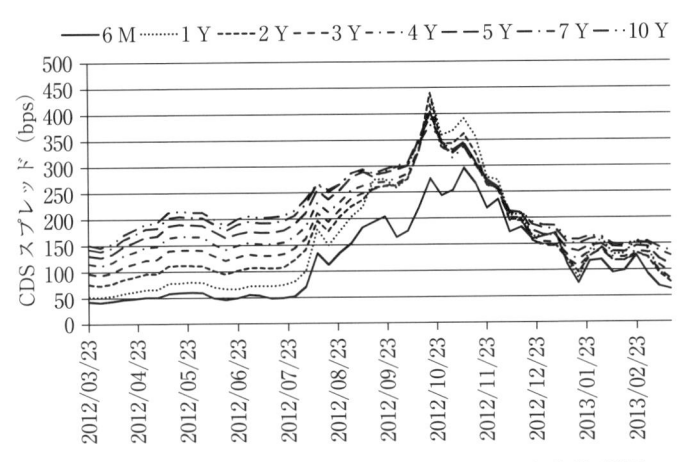

図 3-3 仮想ポートフォリオの 2 CE の CDS スプレッドの時系列（単位：bps）

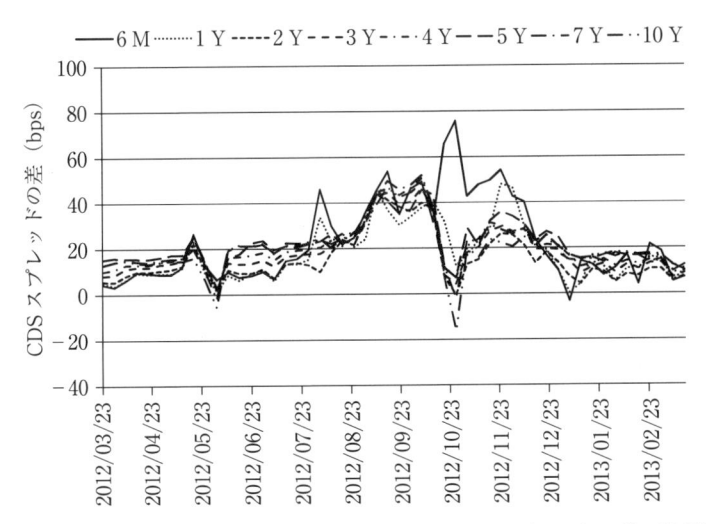

図 3-4 仮想ポートフォリオの 3 CE と 2 CE の CDS スプレッドの差の時系列（単位：bps）

である．図 3-4 からは，3 CE と 2 CE の CDS スプレッドの差がほとんどの銘柄・期間においてポジティブな値を示しており，おおむねリストラクチャリングプレミアムが存在していることがわかる．

3.2 リカバリーレートの設定

本論文では，過去データを考慮して以下のようにリカバリーレートを設定する．表3-2は本邦におけるCDSの入札決済の結果をまとめたものである (http://www.creditfixings.com/CreditEventAuctions/fixings.jsp)．その内訳は，クレジットイベントとしてリストラクチャリングが適用されたものが2件，破産／支払不履行が適用されたものが3件である．

つづいて表3-3は，表3-2に示した実績データからの δ, δ^D, m の設定値を示したものである．δ, δ^D はそれぞれ対応するクレジットイベントの実績リカバリーの平均値，m はリストラクチャリングと破産／支払不履行の生起比率の比（=2/3）を設定値としている．

表 3-2 入札決済結果

参照組織名	入札日	清算値	クレジットイベントの該当事由	クレジットイベントの認定日
アイフル	2010/3/25	33.875	リストラクチャリング	2009/12/30
日本航空	2010/4/22	20	破産	2010/1/21
武富士	2010/10/28	14.75	破産	2010/9/30
日本ビクター	2011/11/9	93.75	リストラクチャリング	2011/9/21
エルピーダメモリ	2012/3/22	21	破産	2012/2/29

表 3-3 δ, δ^D, m の設定値

δ	0.367
δ^D	0.186
m	0.667

3.3 キャリブレーションの手順

評価日を t，キャリブレーションに用いるCDSインストルメントの満期を T_i ($i=1, 2, ..., N$)，満期 T_i の3CEを適用クレジットイベントとするCDSスプレッドを，c_{t,T_i}^{CR}，2CEを適用クレジットイベントとするCDSスプレッドを c_{t,T_i}^{XR} と表記する．このとき，以下の手順により λ^D, λ^R, k のキャリブレーションを行う．

step.1 次式の制約付き非線形最適化問題を，満期の短いCDSインストルメ

ントの順に解く(ブートストラッピング)ことで,CDS 満期に対応する各区間 $[t, T_1], (T_1, T_2], ..., (T_{N-2}, T_{N-1}], (T_{N-1}, \infty)$ に対応する λ^D を式(11) より得る.階段関数の定義から λ^D は上記の区間内で一定であるため,上記区間に対応する N 個の λ^D を求めれば十分である.

$$\min_{\lambda_{T_i}^D}\{(PV_{T_i}^{3CE})^2\}$$

$$PV_{T_i}^{3CE} \equiv (1-\delta)(1+m)\int_t^{T_i} d(t,u)\lambda_u^D S(t,u)du$$

$$- c_{t,T_i}^{CR} \sum_{j=1}^n \left({}_{j-1}\Delta_j d(t,t_j)S(t,t_j) \right.$$

$$\left. + (1+m)\int_{t_{j-1}}^{t_j} \frac{u-t_{j-1}}{t_j-t_{j-1}} {}_{j-1}\Delta_j d(t,u)\lambda_u^D S(t,u)du \right)$$

s.t. $0 \leq \lambda_{T_i}^D$

ただし $PV_{T_i}^{3CE}$ は式(14)によって計算される,3 CE をクレジットイベントとする CDS(満期 T_i)の現在価値である.

step.2 式(12)より上記区間に対応する λ^R を得る.

step.3 次式の制約付き非線形最適化問題を,step.1 と同様にブートストラッピングすることで上記区間に対応する k を式(13)より得る.

$$\min_{k_{T_i}}\{(PV_{T_i}^{2CE})^2\}$$

$$PV_{T_i}^{2CE} \equiv (1-\delta^D)\int_t^{T_i} d(t,v)dS_-^D(t,v)$$

$$- c_{t,T_i}^{XR} \sum_{j=1}^n \left({}_{j-1}\Delta_j d(t,t_j)S^D(t,t_j) + \int_{t_{j-1}}^{t_j} \frac{v-t_{j-1}}{t_j-t_{j-1}} {}_{j-1}\Delta_j d(t,v)dS_-^D(t,v) \right)$$

s.t. $k_{T_i} \geq \lambda_{T_i}^D$

ただし,$PV_{T_i}^{2CE}$ は式(15)によって計算される,2 CE をクレジットイベントとする CDS(満期 T_i)の現在価値である.

3.4 キャリブレーションの結果

前節の手順に従い階段関数の区間を,6 M 以下,6 M 超 1 Y 以下,1 Y 超 2 Y 以下,2 Y 超 3 Y 以下,3 Y 超 4 Y 以下,4 Y 超 5 Y 以下,5 Y 超 7 Y 以下,7

Y 超（以降,「6 M 区間」「1 Y 区間」「2 Y 区間」「3 Y 区間」「4 Y 区間」「5 Y 区間」「7 Y 区間」「10 Y 区間」と表記する）の 8 つの区間に分割して λ^D, λ^R, k のキャリブレーションを行った結果は，以下のとおりである．なお，ディスカウント・ファクターについては LIBOR-Swap ベースのゼロ・レートカーブ（出所：トムソン・ロイター・アイコン）を用いた．

　図 3-5, 図 3-6 は，λ^D, λ^R のキャリブレーション結果を，上記の 8 区間について時系列で図示したものである．リストラクチャリングが生起する以前に 2 CE が生起するデフォルト強度である λ^D およびリストラクチャリングが生起する強度である λ^R の水準の増減は，仮想ポートフォリオの CDS スプレッドの水準の増減とおおむね対応していることがわかる．これは，CDS スプレッドの水準の増減が信用リスクのトレンドの増減と考えられること，リストラクチャリングと破産／支払不履行の生起比率の比である m を定数とおいたことから，期待していたとおりの結果といえる．

　つづいて，図 3-7 はリストラクチャリングが参照企業にとって企業にとって望ましいリストラクチャリング，または企業にとって望ましくないリストラクチャリングかを示唆するパラメータである k のキャリブレーション結果を，同様に上記の 8 区間について時系列で図示したものである．k については，λ^D, λ^R の動きとは異なる挙動を示していることがわかる．

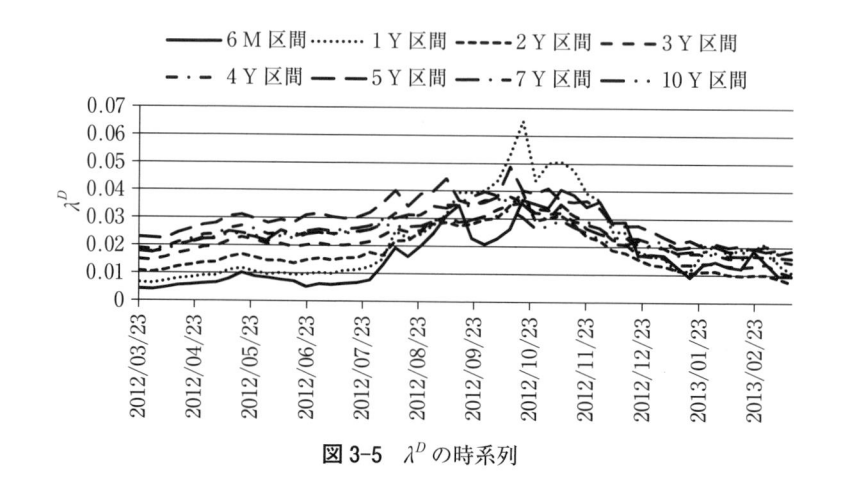

図 3-5 λ^D の時系列

図 3-6 λ^R の時系列

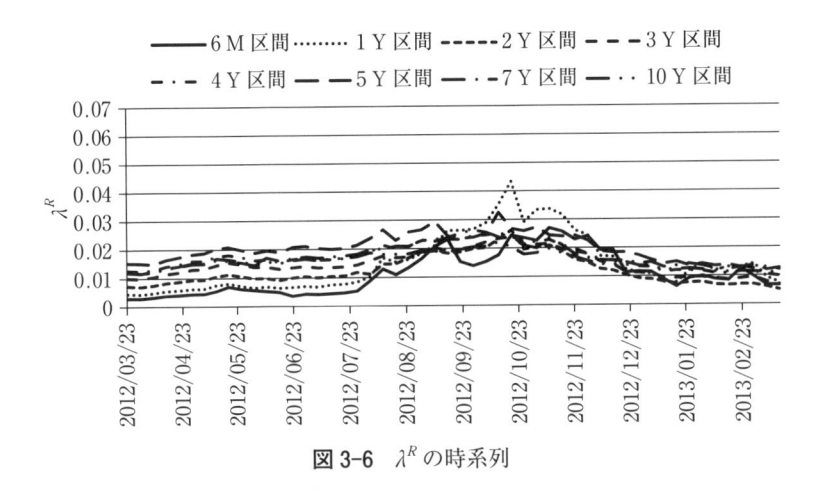

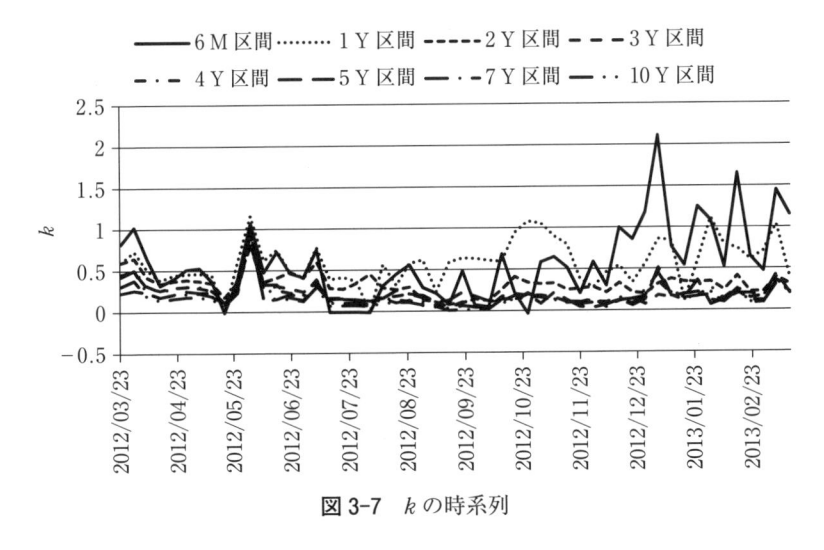

図 3-7 k の時系列

3.5 結果の考察

前節のキャリブレーション結果について考察を行う．

図 3-8〜図 3-10 は，それぞれ前述の 8 区間に対応する λ^D, λ^R, k のボックスプロットである．中心の印は中央値で，ボックスのエッジは第 1 四分位数と第 3 四分位数である．ひげの最大長は，$q_3 + 1.5(q_3 - q_1)$（ただし，q_1 と q_3 はそれぞれ第 1 四分位数と第 3 四分位数）であり，$q_3 + 1.5(q_3 - q_1)$ より大きいか $q_1 -$

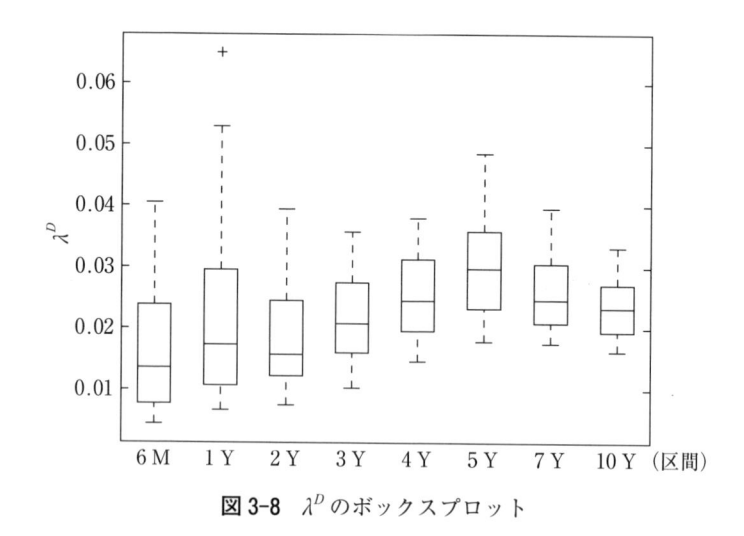

図 3-8 λ^D のボックスプロット

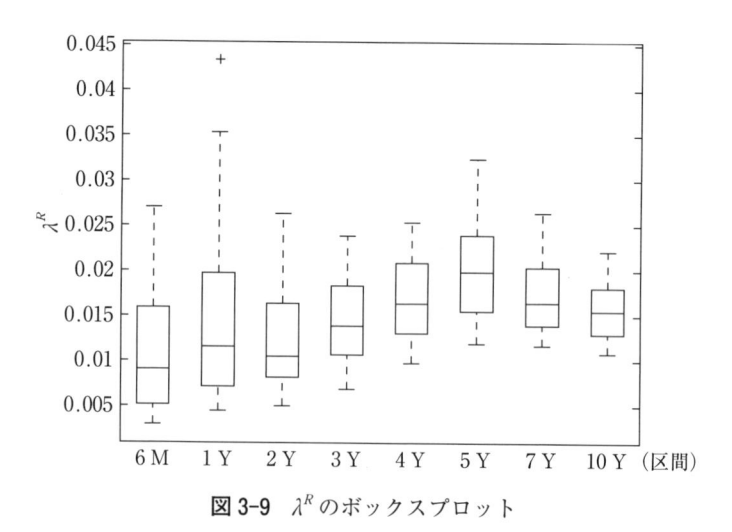

図 3-9 λ^R のボックスプロット

$1.5(q_3 - q_1)$ より小さい場合，点は外れ値として個別にプロット（図中の+）される．

　グラフからは，λ^D，λ^R についてはおおむね短期より長期のほうがデフォルト強度が大きい傾向にあることがわかる．続いて，k について考察する．まず符号については，全区間についてほぼポジティブな値を取っている．これは，市

図3-10 k のボックスプロット

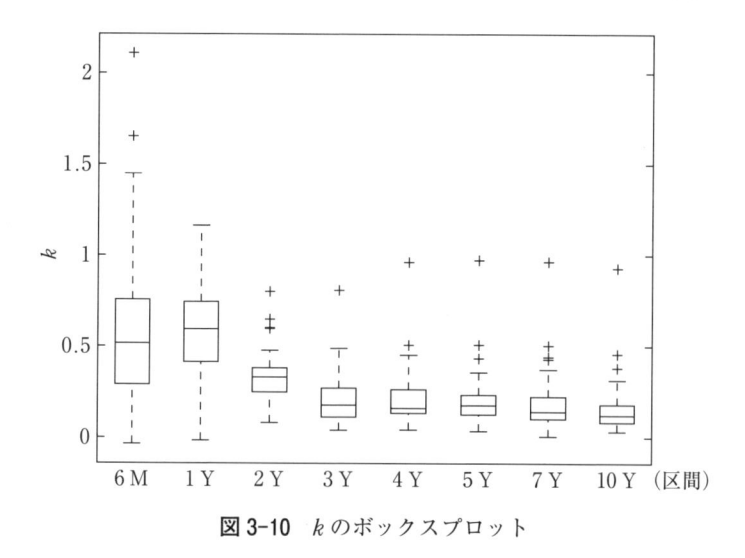

場参加者がリストラクチャリングを企業にとって望ましくないリストラクチャリング，すなわちリストラクチャリング後にさらに企業の信用状態が悪化し，破産や債務不履行が起こる確率が高まるとみなす傾向にあることを示唆する．次に，短期／長期での水準の比較については，短期における k の水準のほうが高い傾向にあることがわかる．これは，市場参加者がより近い将来におけるリストラクチャリングのほうが企業のデフォルトに与える影響が大きいと見なし，重視していることの現れと解釈できる．例えば，2012/3/23 時点においてリストラクチャリングがまだ生起していないとき 2 CE が生起するデフォルト強度は，6 M 区間では $\lambda^D = 0.0045$，10 Y 区間では $\lambda^D = 0.0181$ であり，10 Y 区間のほうが約 4 倍の強度を有する．ところが，もしリストラクチャリングが起こった場合，その後の 2 CE のデフォルト強度は，6 M 区間では $\lambda^D + k = 0.8250$，10 Y 区間では $\lambda^D + k = 0.3291$ となり，リストラクチャリング生起前とは逆に 6 M 区間のほうが約 2.5 倍の強度を有することになる．したがって，より近い将来にリストラクチャリングが行われるという可能性は，より遠い将来にリストラクチャリングが行われる可能性より，市場参加者にとってより明確な財務状況悪化のシグナルを送る傾向があるものと解釈できる．

4 おわりに

本論文で得られた結果をまとめる．まず，Berndt et al. (2007) モデルを本邦 CDS 市場に適用するための，本論文における具体的適用方法 (2.2) ならびにモデルパラメータの推定手順 (3.3) を示した．つづいて，上記の結果を用いて，本邦 CDS 市場において構成される仮想ポートフォリオ銘柄（構成銘柄は iTraxx Japan の採用銘柄）に対して，パラメータのキャリブレーションを行い，得られた結果について考察を行った．その結果，Berndt et al. (2007) モデルによってキャリブレーションされるデフォルト強度 λ^D, λ^R は，信用リスクのトレンドを期待どおりに捉えていることを確認した．つづいて，リストラクチャリングが参照企業にとって企業にとって望ましいリストラクチャリングか企業にとって望ましくないリストラクチャリングかを示唆するパラメータである κ について考察を行い，市場参加者が (1) リストラクチャリングを企業にとって望ましくないリストラクチャリングと見なす傾向にあること，(2) より直近の将来におけるリストラクチャリングについて，企業のデフォルト確率に与える影響をより大きく見積もる傾向があることを示唆する結論を得た．

最後に，今後の課題を述べる．

1. 本論文では，主にキャリブレーションの簡易化の観点から $k_2 = 0$ との仮定を置いて推定を行ったが，この仮定を緩め，リストラクチャリングの影響についてより精緻な分析を行いたい．
2. 本論文では，本邦 CDS 市場を題材として取り上げ，考察を行ったが，北米市場，欧州市場など，ほかの市場についても企業にとって望ましいリストラクチャリングまたは企業にとって望ましくないリストラクチャリングの影響はどうであるかなどについて実証分析を通じた考察を試みたい．
3. 本論文では，Berndt et al. (2007) に従い m をコンスタントとして評価を行ったが，この仮定を緩め，m が時間依存（すなわち，3 CE スプレッドと 2 CE スプレッドの差に期間構造を導入）の場合について分析を行うことは有用であると思われる．

付録 式(14), 式(15)の導出

評価日を t, 評価対象の CDS の満期を T_i ($t<T_i$), また時点 s ($t\leq s$) におけるスポットレートを r_s と書く. 適用クレジットイベントが 3 CE である CDS の CDS スプレッドを $c_{t,Ti}^{CR}$ とすると, 適用クレジットイベントが 3 CE である CDS のデフォルトサイド, プレミアムサイドの現在価値はそれぞれ以下のように導出される.

まず, デフォルトサイドについては, 次のように算出される.

$$\tilde{E}_t\left[e^{-\int_t^\tau r_s ds}(1-\delta)1_{\{\tau\leq T_i\}}\right] = (1-\delta)\tilde{E}_t\left[e^{-\int_t^\tau r_s ds}1_{\{\tau\leq T_i\}}\right]$$
$$= (1-\delta)(1+m)\int_t^{T_i} d(t,u)\lambda_u^D S(t,u)du$$

次に, プレミアムサイドについては, 次のように算出される.

$$c_{t,T_i}^{CR}\sum_{j=1}^{J_i}\tilde{E}_t\left[_{j-1}\Delta_j e^{-\int_0^{t_j}r_s ds}1_{\{\tau>t_j\}} + \frac{\tau-t_{j-1}}{t_j-t_{j-1}}{}_{j-1}\Delta_j e^{-\int_0^\tau r_s ds}1_{\{t_j<\tau\leq t_j\}}\right]$$
$$= c_{t,T_i}^{CR}\sum_{j=1}^{J_i}\left({}_{j-1}\Delta_j d(t,t_j)\tilde{E}_t[1_{\{\tau>t_j\}}] + \tilde{E}_t\left[\frac{\tau-t_{j-1}}{t_j-t_{j-1}}{}_{j-1}\Delta_j d(t,\tau)1_{\{t_j<\tau\leq t_j\}}\right]\right)$$
$$= c_{t,T_i}^{CR}\sum_{j=1}^{J_i}\left({}_{j-1}\Delta_j d(t,t_j)S(t,t_j) + (1+m)\int_{t_{j-1}}^{t_j}\frac{u-t_{j-1}}{t_j-t_{j-1}}{}_{j-1}\Delta_j d(t,u)\lambda_u^D S(t,u)du\right)$$

続いて, 適用クレジットイベントが 2 CE である CDS の CDS スプレッドを $c_{t,Ti}^{XR}$ とすると, 同様にまずデフォルトサイドについては次のように算出される.

$$\tilde{E}_t\left[e^{-\int_t^{\tau^D}r_s ds}(1-\delta^D)1_{\{\tau^D\leq T_i\}}\right] = (1-\delta^D)\tilde{E}_t\left[d(t,\tau^D)1_{\{\tau^D\leq T_i\}}\right]$$
$$= (1-\delta^D)\int_t^{T_i} d(t,v)dS_-^D(t,v)$$

ただし, 次のように置いた.

$$dS_-^D(t,v) \equiv \frac{-\partial S^D(t,v)}{\partial v}dv$$

次に, プレミアムサイドについては次のように算出される.

$$c_{t,T_i}^{XR} \sum_{j=1}^{J_i} \tilde{E}_t \left[{}_{j-1}\Delta_j e^{-\int_0^{t_j} r_s ds} 1_{\{\tau^D > t_j\}} + \frac{\tau^D - t_{j-1}}{t_j - t_{j-1}} {}_{j-1}\Delta_j e^{-\int_t^{\tau^D} r_s ds} 1_{\{t_j < \tau^D \le t_j\}} \right]$$

$$= c_{t,T_i}^{XR} \sum_{j=1}^{J_i} \left({}_{j-1}\Delta_j d(t,t_j) \tilde{E}_t [1_{\{\tau^D > t_j\}}] + \tilde{E}_t \left[\frac{\tau^D - t_{j-1}}{t_j - t_{j-1}} {}_{j-1}\Delta_j d(t,\tau^D) 1_{\{t_j < \tau^D \le t_j\}} \right] \right)$$

$$= c_{t,T_i}^{XR} \sum_{j=1}^{J_i} \left({}_{j-1}\Delta_j d(t,t_j) S^D(t,t_j) + \int_{t_{j-1}}^{t_j} \frac{v - t_{j-1}}{t_j - t_{j-1}} {}_{j-1}\Delta_j d(t,v) dS_-^D(t,v) \right)$$

このとき,

$$S^D(t,v) = \tilde{E}_t[1_{\{\tau^D > v\}}] = \tilde{E}_t \left[e^{-\int_t^{\tau_s^D} \lambda_s^D ds} \left(e^{-m \int_t^v \lambda_s^D ds} + m \int_t^v e^{-\int_u^v k_s ds} \lambda_u^D e^{-\int_t^u \lambda_s^R ds} du \right) \right]$$

$$= e^{-(1+m) \int_t^{\tau_s^D} \lambda_s^D ds} + m e^{-\int_t^{\tau_s^D} \lambda_s^D ds} \int_t^v \lambda_u^D e^{-\int_u^v k_s ds} e^{-m \int_t^u \lambda_s^D ds} du$$

$$dS_-^D(t,v) = - \left[-(1+m) \lambda_v^D e^{-(1+m) \int_t^{\tau_s^D} \lambda_s^D ds} - m \lambda_v^D e^{-\int_t^{\tau_s^D} \lambda_s^D ds} \int_t^v \lambda_u^D e^{-\int_u^v k_s ds} e^{-m \int_t^u \lambda_s^D ds} du + \right.$$
$$\left. + m e^{-\int_t^{\tau_s^D} \lambda_s^D ds} \left\{ \lambda_v^D e^{-m \int_t^v \lambda_s^D ds} \times \int_t^v \frac{\partial}{\partial v} \left(\lambda_u^D e^{-\int_u^v k_s ds} e^{-m \int_t^u \lambda_s^D ds} \right) du \right\} \right] dv$$

$$= \left(\lambda_v^D e^{-(1+m) \int_t^{\tau_s^D} \lambda_s^D ds} + m (\lambda_v^D + k_v^D) e^{-\int_t^{\tau_s^D} \lambda_s^D ds} \int_t^v \left(\lambda_u^D e^{-\int_u^v k_s ds} e^{-m \int_t^u \lambda_s^D ds} \right) du \right) dv$$

以上から,式(14),式(15)が成立することが確認された.

〔参考文献〕

木野勇人・糸田真吾 (2010),『ビッグバン後のクレジット・デリバティブ』,財経詳報社.

Berndt, A., Jarrow, R. A. and Kang, C. O. (2007), "Restructuring Risk in Credit Default Swaps: An Empirical Analysis," *Stochastic Processes and their Applications*, **117**, 1724-1749.

Duffie, D. (1999), "Credit Swap Valuation," *Financial Analysts Journal*, **55**(1), 73-87.

Duffie, D. and Singleton, K. (1999), "Modeling term structures of defaultable bonds," *Review of Financial Studies*, **12**(4), 687-720.

Hull, J. and White, A. (2000), "Valuing Credit Default Swaps I: No Counterparty Default Risk," *Journal of Derivatives*, **8**(1), 29-40.

Jarrow, R. A. and Turnbull, S. M. (1995), "Pricing derivatives on financial securities subject to credit risk," *Journal of Finance*, **50**, 53-86.

Jarrow, R. A. and Yuldirim, Y. (2002), "A Simple Model for Valuing Default Swaps When Both Market and Credit Risk Are Correlated," *Journal of Fixed Income*, **11**(4), 7-19.

Jarrow, R. A. and Yu, F. (2001), "Counterparty Risk and the Pricing of Defaultable Securities," *Journal of Finance*, **56**(5), 1765-1799.

O'Kane, D., Pedersen C. M. and S. M. Turnbull (2003), "The Restructuring Clause in Credit Default Swap Contracts," *Fixed Income Quantitative Credit Research*, **2003-Q1/Q2**.

(江本麗行：新日本有限責任監査法人)
(谷村英俊：新日本有限責任監査法人)
(眞鍋陽子：新日本有限責任監査法人)

4 カウンターパーティーリスク管理の高度化: CVA, FVA の評価と数値計算法について[*]

山田俊皓

概要 本稿では,後ろ向き確率微分方程式 (backward stochastic differential equations) を用いた CVA (credit valuation adjustments)・FVA (funding valuation adjustments) の評価法を紹介する.CVA・FVA を考慮したデリバティブ価格の計算においては大量の期待値計算を行う必要があるため,計算負荷が比較的小さい後ろ向き確率微分方程式に対する漸近展開を用いた解析的近似評価法を導入する.また,数値計算により本稿の方法が有効であることを確認する.

1 はじめに

2007〜2008 年に起きた金融危機では,OTC デリバティブ取引におけるカウンターパーティーリスクが顕在化し,発生した損失の大きな部分を占めていた.この影響を受けて,バーゼル銀行監督委員会ではカウンターパーティーリスク管理を金融機関が取り組むべき重要なテーマの一つとして掲げ,銀行を中心にカウンターパーティーリスク管理手法の高度化を行う動きが高まった.カウンターパーティーリスクは相対取引先の信用力に依存する保有デリバティブの時価損失リスクであり,そのリスクを管理する方法として CVA (credit valuation adjustments) によるデリバティブの時価調整がある[1].CVA とは,カウンターパーティーの将来のデフォルトによって被りうる期待損失額[2]のことであり,金融機関では CVA に加えて,さらに自社の信用リスクを考慮した調整額であ

---
[*] 本稿を執筆するにあたり高橋明彦教授(東京大学)に有益なコメント・アドバイスを多くいただいた.この場を借りて深く御礼申し上げたい.なお,本研究の内容は著者個人に属するものであり,著者の属する組織の公式見解を表すものではない.
[1] カウンターパーティーリスクを管理する方法の一つとしてクレジットエクスポージャーに対する担保の差し入れなどもある.
[2] この値を一方向 CVA と呼ぶことがある.

る DVA（debt valuation adjustments）を含めた双方向[3]のリスクやファンディングを行うコストを考慮した調整額である FVA（funding valuation adjustments）を含めて管理することが一般的になりつつある．適性な時価調整額を把握しリスクを管理を行うために，近年ではアカデミックの研究者や実務家によってプライシング法に関して理論面・応用面で様々な研究が行われている（Burgard and Kjaer（2011），Crépey（2012 a, b），Fujii and Takahashi（2010, 2011, 2012 a, b））．

本稿では，特に近年研究が進んでいる後ろ向き確率微分方程式（BSDEs；backward stochastic differential equations）を用いて定式化された CVA, FVA の評価と数値計算法について述べる．後ろ向き確率微分方程式とは粗くいえば[4]，ある終端時刻 $T>0$ の確率変数 ξ_T[5] の条件を所与としたときの後ろ向きの確率微分方程式の解 $(Y_t)_{0\le t\le T}$ のことである．典型的な型の後ろ向き確率微分方程式では，プロセス $(Y_t)_{0\le t\le T}$ は条件付期待値によって表され，一般に時点 $s\ge 0$ の値 Y_s は，将来の時点 u（$s<u\le T$）での自分自身の条件付期待値 Y_u の影響を受けることもある．どのような影響を受けるか，を表す関数を f とするとシンプルな後ろ向き確率微分方程式の 0 時点の解は以下のように与えられる．

$$Y_0 = E\left[\xi_T + \int_0^T f(Y_s)ds\right] \tag{1}$$

この f は後ろ向き確率微分方程式のドライバー（driver）と呼ばれるものであり，一般に非線形関数にもなりうる．Y_0 は将来の自分自身 Y_s とそのドライバーの影響を受けながら決定する．この意味において，一般のドライバーを持つ後ろ向き確率微分方程式は，非線形後ろ向き確率微分方程式（non-linear BSDEs）と呼ばれることもある．また，非線形後ろ向き確率微分方程式のファインマン・カッツ公式を経由した期待値，という意味で非線形期待値（non-linear expectation）ともいわれる．様々な数理モデルにおいて後ろ向き確率微分方程式が用いられるが，ファイナンスでは，$(Y_t)_{0\le t\le T}$ は条件付期待値として

---

3) CVA, DVA を考慮した場合の時価調整を双方向 CVA と呼ぶこともある．
4) 後ろ向き確率微分方程式の正確な定義については El Karoui et al.（1997）等の文献を参照されたい．また，後ろ向き確率微分方程式には様々な形があることにも注意されたい．
5) フィルトレーションを $\{\mathcal{F}_t\}_t$ としたとき，ξ_T は $\mathcal{F}_T$-可測な確率変数とする．

与えられるデリバティブの価格としてモデリングされることがある．後ろ向き確率微分方程式のファイナンスへの応用については，例えば El Karoui et al. (1997) を参照されたい．

以下では，CVA, FVA の定式化や評価になぜ後ろ向き確率微分方程式が必要か，について直感的な実務の観点から簡単に述べる．簡単のため，ここでは CVA のみを考える．CVA を考慮したデリバティブ評価の枠組みでは，

デリバティブ価格 (t)
$$= (\text{CVA を考慮しないデリバティブ価格} (t)) - \text{CVA}(t) \qquad (2)$$

をデリバティブ価格として定義し，T をデリバティブの満期とすると t 時点の $\text{CVA}(t)$ は，

$$\text{CVA}(t)$$
$$= (1-\text{回収率}) \times E\left[\int_t^T 瞬間デフォルト確率(s)\right.$$
$$\left. \times \max\{将来時点の「デリバティブ価格」(s), 0\} \times 割引率(s) ds\right] \qquad (3)$$

で与えられる．この式は，"将来時点の「デリバティブ価格」"が正値のとき，すなわち正のエクスポージャーがあるときのカウンターパーティーのデフォルトによって被りうる期待損失の現在価値を表している．期待値の中のファクターに相関を考慮しない場合，実務でしばしば用いられる最も単純な CVA の計算式は，

$$\text{CVA}(t)$$
$$\simeq (1-\text{回収率}) \sum_{i=1}^n (瞬間デフォルト確率(t_i) \times \qquad (4)$$
$$期待クレジットエクスポージャー(t_i) \times 割引率(t_i)) \Delta t_i$$

となる．ここで，$0 = t_0 < t_1 < t_2 < \cdots < t_N = T$ は満期までの時間グリッドであり，$\Delta t_i = t_i - t_{i-1}$ である．期待クレジットエクスポージャーは，

期待クレジットエクスポージャー (s)
$$= E[\max\{将来時点の「デリバティブ価格」(s), 0\}] \qquad (5)$$

によって計算される．ここで，"将来時点の「デリバティブ価格」"とは Mark-to-Market に対応するが，考え方として 2 通りある．

一つ目が，Mark-to-Market に CVA を織り込む方法である．つまり，"将来の「デリバティブ価格」もカウンターパーティーリスクを含むので CVA を織り込んで評価を行う，というものである．別の見方をすれば，Mark-to-Market に CVA を織り込む方法とは，式(2)で「デリバティブ価格」を定義したので将来時点の「デリバティブ価格」(s) に式(2)をそのまま用いて CVA を考慮するモデリングといえる．この枠組みでは式(2)を CVA の計算式(3)に代入すると，現在時点 t の CVA(t) を求めるため将来時点 s（$\geq t$）の CVA(s) が必要になる．この場合，$(V_t)_{0 \leq t \leq T}$ は CVA を考慮しないデリバティブ価格とすると，CVA を織り込んだデリバティブの価格を $V_0-\text{CVA}(0)$ は，満期 T 時刻の原資産を表す確率変数 X_T，g をペイオフとしたとき（簡単のため割引率は 1 と想定する），

$$V_0-\text{CVA}(0)$$
$$=E\Big[g(X_T)$$
$$-(1-\text{回収率})\int_0^T 瞬間デフォルト確率(s) \times \max\{V_s-\text{CVA}(s),0\}ds\Big] \tag{6}$$

となる．この枠組みでは，現在の CVA(0) を評価するために将来の CVA(s) の非線形効果 $\max\{V_s-\text{CVA}(s),0\}$ を計算する必要があるため，CVA は入れ子あるいは再帰的（recursive）構造を持っている．これは非線形後ろ向き確率微分方程式の枠組みである．

二つ目が，Mark-to-Market には CVA を織り込まない方法であり，将来時点のデリバティブ価格（s）として式(2)の右辺第 1 項のみを用いた CVA を考慮しないモデリングである．この場合は，CVA を織り込んだデリバティブの価格を V_0 は，

$$V_0-\text{CVA}(0)$$
$$=E\Big[g(X_T)$$
$$-(1-\text{回収率})\int_0^T 瞬間デフォルト確率(s) \times \max\{V_s,0\}ds\Big] \tag{7}$$

となる．ここで，$(V_s)_s$ は，各 s 時点（の情報 $\mathcal{F}_s$ のもとで）の条件付期待値

$$V_s = E[g(X_T)|\mathcal{F}_s] \tag{8}$$

で与えられることに注意する．この場合，現在時点 0 での CVA を考慮したデリバティブ価格 $V_0 - \mathrm{CVA}(0)$ は先の時点の CVA を考慮しないデリバティブ価格のみに依存し，将来時点の CVA には依存しない．これは線形後ろ向き確率微分方程式の枠組みである．

　以上は，非常に大雑把な後ろ向き確率微分方程式による CVA の評価の説明であるが，Mark-to-Market に CVA を織り込む場合，織り込まない場合でモデリングが変わり，したがって計算対象の CVA も変わることを確認した．2 通りのモデリングのどちらが用いるべきか，については実務家の間でも意見が分かれるところである．Brigo and Morini (2011) や Gregory and German (2013) では，後ろ向き確率微分方程式について言及しているわけではないが，実務の観点からこの問題について述べており，Mark-to-Market に CVA を織り込むプライシングの重要性・デリバティブ価格に与える影響度について説いている．Mark-to-Market はデリバティブ取引の将来の解約時の清算金額 (closeout) と見なすことができるが，ISDA (International Swaps and Derivatives Association：国際スワップ・デリバティブ協会) のドキュメント ISDA (2010) では，清算金額に関して "will take into account the creditworthiness of the determining party" という記述があり，将来のデリバティブ価値にもカウンターパーティーリスク（CVA）を含めることについて言及している．ただ，現段階では ISDA のドキュメントに具体的なプライシング等に関して明記されているわけではないため，清算金額のモデリングが固まっているわけではないが，今後の ISDA の動向によって Mark-to-Market に CVA を織り込むプライシングの方法が本格的に実務で使用される可能性もある．

　Mark-to-Market に CVA 等の時価調整を織り込む場合を risky closeout，織り込まない場合を risk free closeout と呼ぶことがあるが，risky closeout，risk free closeout のいずれにせよ，CVA，FVA の計算は一般に複雑になる．CVA・FVA などの時価調整は，通常の（CVA，FVA を考慮しない）デリバティブ価格の評価と比べて，大量の期待値計算を実行する必要があるため，計算負荷の少ない方法で評価を行い管理することが金融機関にとって急務となっている．特に金融実務の現場においては，CVA 等を計算する際には原資産のサ

ンプルパスをシミュレーションを用いて計算することが多いが,モデルや対象商品が複雑になる場合にはクレジットエクスポージャーの計算についてもさらに何らかの数値計算に頼らざるを得ないため,二重に数値計算が必要になる.しかし,金融機関が保有している全てのデリバティブ商品に対して時価調整をこのような方法で行うのは計算負荷が高くなりすぎるため,現実的とはいえない[6]. 特に, Mark-to-Market に CVA, FVA を織り込む場合にはさらに非線形後ろ向き確率微分方程式の入れ子構造の期待値を解く必要があるため,数値計算の難易度が高くなる.

本稿では,まず Mark-to-Market に CVA, FVA を織り込む場合,織り込まない場合の定式化の分類を行い,評価を行う対象を明確にする.そして,前述のような数値計算に関する問題を解決するための方法として,前者に対しては Takahashi and Yamada (2013 a) の後ろ向き確率微分方程式に対する近似法,後者に対しては Takahashi and Yamada (2012) の近似法を直接用いて CVA・FVA を解析的に評価を行う.2節でモデルの設定について述べた後,3,4節で Mark-to-Market に CVA, FVA を織り込む場合,織り込まない場合の具体的な CVA, FVA の計算法を紹介する.5節で数値結果を紹介し,6節でまとめと今後の展望について記す.

2 モデルの設定

OTC デリバティブ取引において,カウンターパーティーと自社のデフォルトリスク,デリバティブ取引のファンディングコストを考慮したデリバティブの時価評価のフレームワークについて述べる.すなわち,デリバティブ価格に CVA・FVA の時価調整を織り込んで評価を行う.今,$(\Omega, \mathcal{F}, Q)$ を確率空間

---

[6] これらの問題を解消すべく,最小二乗モンテカルロ法 (least square Monte Carlo method) を活用する金融機関もある.最小二乗モンテカルロ法とは,満期時刻までの各時点の条件付期待値を回帰によって推定する方法であり,アメリカンオプション(あるいはバミューダンオプション)の計算法として知られている.最小二乗モンテカルロ法では,シミュレーションの実行は一度でよいが,一方で条件付期待値の評価の際の回帰に用いる基底関数 (basis function) の取り方によって推定値の精度は変わりうるため,計算を行う際には基底関数の選択に対する安定性を確認する必要がある.

として,確率測度 Q は同値マルチンゲール測度とする.デリバティブの価格評価は Q のもとで行う.$(W_t)_t$ をブラウン運動とし,$(\mathcal{F}_t)_t$ を $(W_t)_t$ により生成されるフィルトレーションとする.デリバティブの原資産を以下の確率微分方程式の解 $(X_t)_t$ とする.簡単のため,1次元の過程を考える.

$$dX_t = \mu(t, X_t)dt + \sigma(t, X_t)dW_t, \quad X_0 = x_0 > 0. \tag{9}$$

ここで,係数 μ, σ は有界かつ滑らかとし,任意の $(t, x) \in [0, T] \times [0, \infty)$ で $\sigma(t, x) > 0$ とする.デリバティブ契約のペイオフは,満期 T に $g(X_T)$ が発生するとものとする(g はペイオフを表す関数とする).$\mathcal{L}$ を以下の2階の微分作用素とする.

$$\mathcal{L} = \mu(t, x)\frac{\partial}{\partial x} + \frac{1}{2}\sigma^2(t, x)\frac{\partial^2}{\partial x^2}. \tag{10}$$

$\mathcal{L}$ は生成作用素である.t 時点の原資産の値が x のときの(CVA・FVA を含まない)デリバティブの価値を $v(t, x)$,$t \in [0, T]$,$x > 0$ とすると,v は以下の線形偏微分方程式を満たす.

$$(\partial_t + \mathcal{L} - r)v(t, x) = 0, \tag{11}$$
$$v(T, x) = g(x). \tag{12}$$

v は以下の期待値で表現される.

$$v(t, x) = E\left[e^{-\int_t^T r(s)ds}g(X_T^{t,x})\right]. \tag{13}$$

式(13)は,CVA・FVA を含まない,という意味でクリーン・プライス(古典的なデリバティブ価格)と呼ばれるものであり,Black-Scholes-Merton から始まる時価調整を考慮しない枠組み・デリバティブ評価モデルで数値計算の対象になってきた量である.

以下では,Mark-to-Market に CVA,FVA を織り込む場合,織り込まない場合の式(13)に対する時価調整の評価・計算法を紹介する.まず,デリバティブ取引を行う自社を B,カウンターパーティーを C とする.このとき,B と C はデリバティブの満期までにデフォルトが起きることを許容する.r を無リスク金利,R_C をカウンターパーティーがデフォルトしたときの自社の回収率,R_B を自社がデフォルトしたときのカウンターパーティーの回収率とする.$0 \leq R_B$,$R_C \leq 1$ とする.B が発行する回収率0の割引債の利回りを r_B,C が発行する回

収率 0 の割引債の利回りを r_C とする．$\lambda_B = r_B - r$，$\lambda_C = r_C - r$ と定義する．λ_B，λ_C はそれぞれ B と C のデフォルト強度と見なすことができる．また，自社が資金を調達するファンディングレートを r_F とし，$s_F = r_F - r$ をファンディングスプレッドとする．r_B，r_C，r_F，r は時間に依存する関数とする．以下では，この設定のもとでデリバティブ価格のプライシングを行う．

3 Mark-to-Market に CVA, FVA を考慮する場合の CVA, FVA の評価

Burgard and Kjaer (2011) では，t 時点の原資産の値が x のときの Mark-to-Market に CVA, FVA を織り込んだデリバティブの価値を $V(t, x)$，$t \in [0, T]$，$x > 0$ とすると，V は以下の非線形偏微分方程式を満たすことを示した．

$$(\partial_t + \mathcal{L} - r) V(t, x) = (1 - R_C) \lambda_C \max\{V(t, x), 0\}$$
$$+ (1 - R_B) \lambda_B \min\{V(t, x), 0\}$$
$$+ s_F \max\{V(t, x), 0\}$$
$$V(T, x) = g(x).$$

この非線形偏微分方程式を解くことと以下の非線形後ろ向き確率微分方程式を解くことは同値である．

$$Y_t = g(X_T) + \int_t^T r(s) Y_s ds - \int_t^T (1 - R_C) \lambda_C(s) \max\{Y_s, 0\} ds$$
$$- \int_t^T (1 - R_B) \lambda_B(s) \min\{Y_s, 0\} ds - \int_t^T s_F(s) \max\{Y_s, 0\} ds$$
$$- \int_t^T Z_s dW_s.$$

すなわち，$Y_t = V(t, X_t)$ である．ファインマン・カッツの公式により，デリバティブの現在 t 時点の価値は以下で与えられる．

$$V(t, x) = E \bigg[e^{-\int_t^T r(u) du} g(X_T^{t, x})$$
$$- (1 - R_C) \int_t^T \lambda_C(s) e^{-\int_t^s r(u) du} \max\{V(s, X_s^{t, x}), 0\} ds$$

$$-(1-R_B)\int_t^T \lambda_B(s)e^{-\int_t^s r(u)du}\min\{V(s, X_s^{t,x}), 0\}ds$$

$$-\int_t^T s_F(s)e^{-\int_t^s r(u)du}\max\{V(s, X_s^{t,x}), 0\}ds\bigg]. \quad (14)$$

したがって，

$$U(t, x) = V(t, x) - v(t, x) \quad (15)$$

とすると，$U(t, x)$ は CVA，FVA の各時価調整の総和であり，以下のように表される．

$$U(t, x)$$
$$=(1-R_C)E\bigg[\int_t^T \lambda_C(s)e^{-\int_t^s r(u)du}\max\{v(s, X_s^{t,x})-U(s, X_s^{t,x}), 0\}ds\bigg]$$
$$+(1-R_B)E\bigg[\int_t^T \lambda_B(s)e^{-\int_t^s r(u)du}\min\{v(s, X_s^{t,x})-U(s, X_s^{t,x}), 0\}ds\bigg]$$
$$+E\bigg[\int_t^T s_F(s)e^{-\int_t^s r(u)du}\max\{v(s, X_s^{t,x})-U(s, X_s^{t,x}), 0\}ds\bigg]. \quad (16)$$

ここで，CVA・FVA の各時価調整を考慮しない場合のデリバティブの価格が $v(t, x)$ であることに注意する．一般のモデル（9）のもとでは $v(t, x)$ は解析解を持たないが，$v(t, x)$ は従来のプライシングにおいて非常に多くの数値計算法が研究されてきた対象であり，$v(t, x)$ の評価には様々な方法が存在する．しかし，上記の各時価調整を考慮した枠組みでは，後ろ向き確率微分方程式の入れ子構造の期待値の評価が必要となるため，既存の方法ではこの計算は容易ではない．

後ろ向き確率微分方程式の数値計算は，現在の確率論，確率解析学の主要テーマの一つであり，数値計算法としてモンテカルロ・シミュレーションなど様々な方法が提案されている．しかし，一般に後ろ向き確率微分方程式の数値解析は複雑であり，計算手法自体が簡単とはいいがたい．そこで，以下ではモンテカルロ・シミュレーションに頼らない Takahashi and Yamada（2013 a）の後ろ向き確率微分方程式の数値近似法をベースとした CVA，FVA の評価法について述べる．粗くいうと Takahashi and Yamada（2013 a）の後ろ向き確率微分方程式の数値近似法は，確率微分方程式（Forward SDE）の密度関数の漸近展開法と後ろ向き確率微分方程式に対するピカール反復法を合わせて，複

雑な後ろ向き確率微分方程式を解く方法である．後ろ向き確率微分方程式に対するピカール反復法は後ろ向き確率微分方程式の解の構成に用いられる方法であり，反復を増やしていくことで解に収束する[7]．

まず，式(16)のCVA，FVAを計算するために以下のピカール反復法を用いる．まず最初のピカール反復を行う．CVA，FVA U の1回目のピカール反復 U^1，デリバティブ価格 V の1回目のピカール反復 V^1 は以下で与えられる．

$$U^1(t,x)$$
$$=(1-R_C)E\left[\int_t^T \lambda_C(s)e^{-\int_t^s r(u)du}\max\{v(s,X_s^{t,x}),0\}ds\right]$$
$$+(1-R_B)E\left[\int_t^T \lambda_B(s)e^{-\int_t^s r(u)du}\min\{v(s,X_s^{t,x}),0\}ds\right]$$
$$+E\left[\int_t^T s_F(s)e^{-\int_t^s r(u)du}\max\{v(s,X_s^{t,x}),0\}ds\right],$$
$$V^1(t,x)=v(t,x)-U^1(t,x).$$

ここで，U^1 の期待値の中のクレジットエクスポージャー（$\max\{v(s,X_s^{t,x}),0\}$，$\min\{v(s,X_s^{t,x}),0\}$）の中にはクリーン・プライスが入っており，v がピカール反復の出発となっていることに注意する．続いて，U^1 を用いて2回目の反復を行う．CVA，FVA U の2回目のピカール反復 U^2，デリバティブ価格 V の2回目のピカール反復 V^2 は以下で与えられる．

$$U^2(t,x)$$
$$=(1-R_C)E\left[\int_t^T \lambda_C(s)e^{-\int_t^s r(u)du}\max\{v(s,X_s^{t,x})-U^1(s,X_s^{t,x}),0\}ds\right]$$
$$+(1-R_B)E\left[\int_t^T \lambda_B(s)e^{-\int_t^s r(u)du}\min\{v(s,X_s^{t,x})-U^1(s,X_s^{t,x}),0\}ds\right]$$
$$+E\left[\int_t^T s_F(s)e^{-\int_t^s r(u)du}\max\{v(s,X_s^{t,x})-U^1(s,X_s^{t,x},0)\}ds\right],$$
$$V^2(t,x)=v(t,x)-U^2(t,x).$$

以下，同様に $(k+1)$ 回目のピカール反復を行う．CVA，FVA U の $(k+1)$

---

[7] 後ろ向き確率微分方程式に対するピカール反復法については El Karoui et al.（1997）に詳細が述べられている．また，数値計算に応用したものに，例えば Bender and Denk（2007）などがある．

回目のピカール反復 U^{k+1},デリバティブ価格 V の $(k+1)$ 回目のピカール反復 V^{k+1} は以下で与えられる.

$$U^{k+1}(t,x)$$
$$=(1-R_C)E\left[\int_t^T \lambda_C(s)e^{-\int_t^s r(u)du}\max\{v(s,X_s^{t,x})-U^k(s,X_s^{t,x}),0\}ds\right]$$
$$+(1-R_B)E\left[\int_t^T \lambda_B(s)e^{-\int_t^s r(u)du}\min\{v(s,X_s^{t,x})-U^k(s,X_s^{t,x}),0\}ds\right]$$
$$+E\left[\int_t^T s_F(s)e^{-\int_t^s r(u)du}\max\{v(s,X_s^{t,x})-U^k(s,X_s^{t,x}),0\}ds\right],$$
$$V^{k+1}(t,x)=v(t,x)-U^{k+1}(t,x).$$

このピカール反復法の数値計算としてのポイントは,式(16)は求めたい期待値の中に求めたい期待値が入っている入れ子構造であったのに対して,上記のピカール近似列は各 $k≥1$ で U^k がそれぞれ入れ子構造のない(線形の)期待値である,という点である.求めたい CVA,FVA を考慮したデリバティブの価格 V を計算するために,CVA,FVA を考慮しないデリバティブの価格 v をピカール反復法の出発点として,U^k, $k=1, 2, ...$ を逐次計算する.ピカール反復法を用いることにより,比較的容易に解ける期待値の列を逐次解く問題に帰着させることができる.しかし,モデルが式(9)やあるいはより一般の設定になった場合の期待値の評価は,やはり何らかの数値計算法に頼らざるを得ない.シミュレーションのように真値への収束に時間のかかる方法を適用すると,この期待値の列の評価の計算負荷が大きくなってしまう.そこで,以下では解析解が得られている場合の計算とほぼ同じ計算負荷で期待値の近似を行うことができる漸近展開法を用いる.まず,確率微分方程式の解 X_t の密度関数の漸近展開公式を導出する.今,摂動パラメータ ε を導入し,スケーリングした確率微分方程式を考える.確率微分方程式の解がパラメータ ε に依存するので以下のように X_t^ε と書くことにする.

$$dX_t^\varepsilon = \mu(t,X_t^\varepsilon)dt + \varepsilon\sigma(t,X_t^\varepsilon)dW_t, \tag{17}$$
$$X_0^\varepsilon = x_0 > 0. \tag{18}$$

ここで,形式的に $\varepsilon=0$ とすると,X_t^0 は以下の常微分方程式の解になることに注意する.

$$dX_t^0 = \mu(t, X_t^0)dt, \tag{19}$$
$$X_0^0 = x_0 > 0. \tag{20}$$

時刻 t 時点で x から出発する時刻 s ($>t$) 時点の確率微分方程式の解 $X_s^{\varepsilon,t,x}$ の密度関数 $y \mapsto p^{X^\varepsilon}(t,s,x,y)$ を漸近展開を用いて近似する．まず，$X_{i,s}^{t,x} := \frac{1}{i!}\frac{\partial^i}{\partial \varepsilon^i}X_s^{\varepsilon,t,x}\bigg|_{\varepsilon=0}$ とすると，$X_s^{\varepsilon,t,x}$ はマリアバンの意味で滑らかな関数の空間 $\mathbf{D}^\infty$ において以下の漸近展開を持つ（記号や展開の意味は Ikeda and Watanabe (1989) を参照）．

$$X_s^{\varepsilon,t,x} \sim X_s^{0,t,x} + \varepsilon X_{1,s}^{t,x} + \varepsilon^2 X_{2,s}^{t,x} + \cdots \quad in\ \mathbf{D}^\infty \tag{21}$$

上述のとおり $\varepsilon \downarrow 0$ のとき，確率微分方程式の解 $X_s^{\varepsilon,t,x}$ は（ウィーナー汎関数として）退化してしまうので，以下を定義する．

$$F_s^{\varepsilon,t,x} = \frac{X_s^{\varepsilon,t,x} - X_s^{0,t,x}}{\varepsilon} \tag{22}$$

このとき，$F_s^{\varepsilon,t,x}$ は以下の展開を持つ．

$$F_s^{\varepsilon,t,x} \sim F_s^{0,t,x} + \varepsilon F_{1,s}^{t,x} + \varepsilon^2 F_{2,s}^{t,x} + \cdots \quad in\ \mathbf{D}^\infty \tag{23}$$

ここで，$F_s^{0,t,x} = X_{1,s}^{t,x}$，$F_{i,s}^{t,x} = X_{i+1,s}^{t,x}$，$i \geq 1$ である．この $F_s^{\varepsilon,t,x}$ の展開を用いて，$F_s^{\varepsilon,t,x}$ の密度関数は $F_s^{0,t,x}$ の周りで以下のように漸近展開できる．

$$p^{F^\varepsilon}(t,s,0,y)$$
$$= p^{F^0}(t,s,0,y) + \sum_{j=1}^N \varepsilon^j E\left[\sum_k^{(j)} H_k\left(F_s^{0,t,x}, \prod_{l=1}^k F_{\beta_l,s}^{t,x}\right)\bigg|F_s^{0,t,x} = y\right]p^{F^0}(t,s,0,y)$$
$$+ O(\varepsilon^{N+1})$$

ただし，$p^{F^0}(t,s,0,y)$ は $F_s^{0,t,x}$ の密度関数であり，$\Sigma_k^{(j)}$ は以下で定義される．

$$\sum_k^{(j)} = \sum_{k=1}^j \sum_{\beta_1 + \cdots + \beta_k = j, \beta_i \geq 1} \frac{1}{k!}.$$

H_k は以下の高階のマリアバンの部分積分により定義される．

$$H_k(F,G) = H_1(F, H_{k-1}(F,G)),$$
$$H_1(F,G) = D^*(G\gamma^F DF).$$

D は（マリアバン解析の意味の）H-微分，γ^F は F のマリアバン共分散の逆行列である．D^* は D の共役作用素である．ここでは（簡単のため）1 次元のモデルを扱っているので，上の記号は 1 次元のウィーナー汎関数に対するもので

あるが，一般の次元では記号や和の計算が多少複雑になる．展開や近似法の詳細は Takahashi and Yamada（2012）を参照されたい．

$p^{F^\varepsilon}(t, s, 0, y)$ の N 次までの展開を $p_N^{F^\varepsilon}(t, s, 0, y)$ とする．

$$p_N^{F^\varepsilon}(t, s, 0, y) = p^{F^0}(t, s, 0, y) + \sum_{j=1}^{N} \varepsilon^j E\left[\sum_{k}^{(j)} H_k\left(F_s^{0,t,x}, \prod_{l=1}^{k} F_{\beta_l, s}^{0,t,x}\right) \middle| F_s^{0,t,x} = y\right] p^{F^0}(t, s, 0, y).$$

$F_s^{\varepsilon, t, x} = \dfrac{X_s^{\varepsilon, t, x} - X_s^{0, t, x}}{\varepsilon}$ の密度関数 $p^{F^\varepsilon}(t, s, 0, y)$ を変換することで $X_s^{\varepsilon, t, x}$ の密度関数 $p^{X^\varepsilon}(t, s, x, y)$ の近似 $p_N^{X^\varepsilon}(t, s, x, y)$ が得られる．

$$p^{X^\varepsilon}(t, s, x, y) \simeq p_N^{X^\varepsilon}(t, s, x, y) = p_N^{F^\varepsilon}\left(t, s, 0, \frac{y - X_s^{0,t,x}}{\varepsilon}\right)\frac{1}{\varepsilon}. \tag{24}$$

近似 $p_N^{X^\varepsilon}(t, s, x, y)$ を用いれば，CVA，FVA を考慮しないデリバティブの時点 t での価格 $v(t, x)$ は以下のように近似される．

$$v(t, x) = E\left[e^{-\int_t^T r(u)du} g\left(X_T^{t,x,\varepsilon}\right)\right] \tag{25}$$

$$\simeq v^N(t, x) = \int_{-\infty}^{\infty} e^{-\int_t^T r(u)du} g(y) p_N^{X^\varepsilon}(t, T, x, y) dy. \tag{26}$$

そして，この $v(t, x)$ の近似 $v^N(t, x)$ を用いて，ピカール反復法を逐次近似していく．まず，最初のピカール反復の近似計算について述べる．$v^N(t, x)$ を用いて，さらに各 $s > t$ の期待値が $p_N^{X^\varepsilon}(t, s, x, y)$ によって近似できることを用いると，CVA，FVA U とデリバティブ価格 V の 1 回目のピカール反復の近似 $U^{1, N}$，$V^{1, N}$ は以下の計算によって求まる．

$$U^{1, N}(t, x)$$
$$= (1 - R_C)\int_t^T\int_{\mathbf{R}} \lambda_C(s) e^{-\int_t^s r(u)du} \max\{v^N(s, y), 0\} p_N^{X^\varepsilon}(t, s, x, y) dyds$$
$$+ (1 - R_B)\int_t^T\int_{\mathbf{R}} \lambda_B(s) e^{-\int_t^s r(u)du} \min\{v^N(s, y), 0\} p_N^{X^\varepsilon}(t, s, x, y) dyds$$
$$+ \int_t^T\int_{\mathbf{R}} s_F(s) e^{-\int_t^s r(u)du} \max\{v^N(s, y), 0\} p^{X^\varepsilon}(t, s, x, y) dyds,$$
$$V^{1, N}(t, x) = v^N(t, x) - U^{1, N}(t, x).$$

この近似を用いて，CVA，FVA U とデリバティブ価格 V の 2 回目のピカール反復の漸近展開近似 $U^{2, N}$，$V^{2, N}$ を計算する．

$$U^{2,N}(t,x)$$
$$=(1-R_C)\int_t^T\int_{\mathbf{R}}\lambda_C(s)e^{-\int_t^s r(u)du}$$
$$\max\{v^N(s,y)-U^{1,N}(s,y),0\}p_N^{X^\varepsilon}(t,s,x,y)dyds$$
$$+(1-R_B)\int_t^T\int_{\mathbf{R}}\lambda_B(s)e^{-\int_t^s r(u)du}$$
$$\min\{v^N(s,y)-U^{1,N}(s,y),0\}p_N^{X^\varepsilon}(t,s,x,y)dyds$$
$$+\int_t^T\int_{\mathbf{R}}s_F(s)e^{-\int_t^s r(u)du}\max\{v^N(s,y)-U^{1,N}(s,y),0\}p^{X^\varepsilon}(t,s,x,y)dyds,$$
$$V^{2,N}(t,x)=v^N(t,x)-U^{2,N}(t,x).$$

同様にして，CVA，FVA U とデリバティブ価格 V の $(k+1)$ 回目のピカール反復の漸近展開近似 $U^{k+1,N}$，$V^{k+1,N}$ を計算する．

$$U^{k+1,N}(t,x)$$
$$=(1-R_C)\int_t^T\int_{\mathbf{R}}\lambda_C(s)e^{-\int_t^s r(u)du}$$
$$\max\{v^N(s,y)-U^{k,N}(s,y),0\}p_N^{X^\varepsilon}(t,s,x,y)dyds$$
$$+(1-R_B)\int_t^T\int_{\mathbf{R}}\lambda_B(s)e^{-\int_t^s r(u)du}$$
$$\min\{v^N(s,y)-U^{k,N}(s,y),0\}p_N^{X^\varepsilon}(t,s,x,y)dyds$$
$$+\int_t^T\int_{\mathbf{R}}s_F(s)e^{-\int_t^s r(u)du}\max\{v^N(s,y)-U^{k,N}(s,y),0\}p^{X^\varepsilon}(t,s,x,y)dyds,$$
$$V^{k+1,N}(t,x)=v^N(t,x)-U^{k+1,N}(t,x).$$

このようにピカール反復法を増やしていき，期待値の漸近展開法による近似の精度を高めると真値 $V(t,x)$ に対する精度の良い近似値が得られる．後ろ向き確率微分方程式の再帰構造あるいは入れ子構造をピカール反復法ごとの漸近展開によって解くため，1 回目のピカール反復に時価調整なしのデリバティブ価格に対する漸近展開近似と 1 回目自身の漸近展開の誤差，2 回目のピカール反復には 1 回目のピカール反復に対する漸近展開近似と 2 回目自身の漸近展開の誤差，$(k+1)$ 回目のピカール反復には k 回目のピカール反復に対する漸近展開近似と $(k+1)$ 回目自身の漸近展開の誤差が現れる．CVA，FVA は時価調整の

項なので，反復部分で現れる漸近展開近似誤差の影響は微小ではあるが，後ろ向き確率微分方程式の再帰構造によって誤差が積み上がる点が通常の確率微分方程式の解の期待値に対する漸近展開による近似と異なる．

　Takahashi and Yamada（2013 a）では，より一般的な枠組みでこの近似法の理論的な正当化を行った．すなわち，Takahashi and Yamada（2013 a）では，後ろ向き確率微分方程式の終端条件関数（満期時刻のペイオフ関数の条件）とドライバーがともにリプシッツ連続，かつドライバーが時間 t，後ろ向き確率微分方程式 (X, Y, Z) に依存する枠組みのもとで，小分散過程（small diffusion）$(X_t)_t$ の密度関数の漸近展開を用いた後ろ向き確率微分方程式の近似法を整備し，その近似誤差評価の理論解析を行った．以下，簡単に Takahashi and Yamada（2013 a）の後ろ向き確率微分方程式の数値近似法を紹介する．d-次元ブラウン運動が備わっている確率空間上で，摂動 $\varepsilon \in (0,1]$ の入った一般の後ろ向き確率微分方程式 $(X^\varepsilon, Y^\varepsilon, Z^\varepsilon)$

$$X_t^\varepsilon = x_0 + \int_0^t b(s, X_s^\varepsilon) ds + \varepsilon \int_0^t \sigma(s, X_s^\varepsilon) dW_s \tag{27}$$

$$Y_t^\varepsilon = g(X_T^\varepsilon) + \int_t^T f(s, X_s^\varepsilon, Y_s^\varepsilon, Z_s^\varepsilon) ds - \int_0^t Z_s^\varepsilon dW_s \tag{28}$$

を考える．$(X_t^\varepsilon)_t$ は d 次元，$(Y_t^\varepsilon)_t$ は 1 次元，$(Z_t^\varepsilon)_t$ は d 次元である．$b(t, x)$，$\sigma(t, x)$ は有界，t に関して連続，x に関して滑らかかつ各微分も有界とし，f, g はリプシッツ連続とする．また，σ は一様楕円とする．デリバティブのプライシングにおいては，しばしば $(X_t^\varepsilon)_t$ が原資産，$(Y_t^\varepsilon)_t$ がデリバティブ価値，$(Z_t^\varepsilon)_t$ がいわゆるデルタヘッジ過程（「デルタ」×「ボラティリティ」）に相当する．$u^\varepsilon(t, X_t^\varepsilon) = Y_t^\varepsilon$, $\nabla_x u^\varepsilon(t, X_t^\varepsilon) \varepsilon \sigma(t, X_t^\varepsilon) = Z_t^\varepsilon$ という関係から，後ろ向き確率微分方程式 $(Y^\varepsilon, Z^\varepsilon)$ を評価することは，$(u^\varepsilon, \nabla_x u^\varepsilon \sigma)$ を評価することと同値である．$u^\varepsilon(t, x)$ は以下の式

$$u^\varepsilon(t, x) = E\left[g(X_T^{\varepsilon, t, x}) + \int_t^T f(s, X_s^{\varepsilon, t, x}, u^\varepsilon(s, X_s^{\varepsilon, t, x}), \nabla_x u^E \sigma(t, X_s^{\varepsilon, t, x}))\right]$$

で与えられる．$\nabla_x u^\varepsilon \sigma(t, x)$ は $\nabla_x u^\varepsilon(t, x) \varepsilon \sigma(t, x)$ で定義される．$\nabla_x u^\varepsilon \sigma(t, x)$ は前述の通り，デルタヘッジに相当する項なので $u^\varepsilon(t, x)$ の初期値 x に関する微分の評

価が必要であるが，f, g がリプシッツ連続のとき $\nabla_x u^\varepsilon \sigma(t, x)$ に対して以下の表現が得られる．

$$\nabla_x u^\varepsilon \sigma(t, x)$$
$$= E\left[g(X_T^{\varepsilon,t,x}) N_T^{\varepsilon,t,x} \right.$$
$$\left. + \int_s^T f(s, X_s^{\varepsilon,t,x}, u^\varepsilon(s, X_s^{\varepsilon,t,x}), \nabla_x u^\varepsilon \sigma(t, X_s^{\varepsilon,t,x})) N_s^{\varepsilon,t,x} ds\right] \varepsilon \sigma(t, x) \quad (29)$$

ここで，f, g の微分が現れないことに注意する．$(N_s^\varepsilon)_s$ はマリアバンの部分積分により計算される．後ろ向き確率微分方程式を評価するために，$\beta, \mu > 0$ に対して，

$$\|\nu\|_{H_{\beta,\mu}}^2 = \int_0^T \int_{\mathbf{R}^d} e^{\beta s} |\nu(s, x)|^2 e^{-\mu|x|} dx ds < \infty \quad (30)$$

となる $[0, T] \times \mathbf{R}^d$ 上の関数の空間 $H_{\beta,\mu}$ を定義する．

$(u^\varepsilon, \nabla_x u^\varepsilon \sigma)$ をピカール反復と漸近展開を用いて近似する．まず，

$$u^{\varepsilon,0}(t, x)$$
$$= E\left[g(X_T^{\varepsilon,t,x}) + \int_t^T f(s, X_s^{\varepsilon,t,x}, 0, 0) ds\right] \quad (31)$$

とその初期値に関する微分にボラティリティをかけた $\nabla_x u^{\varepsilon,0}(t, x) \varepsilon \sigma(t, x)$ の組 $(u^{\varepsilon,0}, \nabla_x u^{\varepsilon,0} \sigma)$ をピカール反復の出発とする．$\nabla_x u^{\varepsilon,0}(t, x) \varepsilon \sigma(t, x)$ は以下で与えられる．

$$\nabla_x u^{\varepsilon,0} \sigma(t, x)$$
$$= E\left[g(X_T^{\varepsilon,t,x}) N_T^{\varepsilon,t,x} + \int_t^T f(s, X_s^{\varepsilon,t,x}, 0, 0) N_s^{\varepsilon,t,x} ds\right] \varepsilon \sigma(t, x). \quad (32)$$

$(u^{\varepsilon,0}, \nabla_x u^{\varepsilon,0} \sigma)$ に対して，高階のマリアバンの部分積分公式を用いて構成した N 次の漸近展開近似を $(u^{\varepsilon,0,N}, \nabla_x u^{\varepsilon,0,N} \sigma)$ とする ($N \geq 1$). また，$(u^{\varepsilon,k+1}, \nabla_x u^{\varepsilon,k+1} \sigma)$ を $(k+1)$ 回目の後ろ向き確率微分方程式のピカール反復とし，$(u^{\varepsilon,k+1,N}, \nabla_x u^{\varepsilon,k+1,N} \sigma)$ をその N 次の漸近展開近似とする ($k \geq 0, N \geq 1$). このとき，$\delta = \dfrac{2CC_L^2(T+1)}{\beta} < 1$ (C は定数，C_L はドライバー f のリプシッツ定数) ととると，$(u^\varepsilon, \nabla_x u^\varepsilon \sigma)$ と $(k+1)$ 回目の後ろ向き確率微分方程式のピカール反復 $(u^{\varepsilon,k+1}, \nabla_x u^{\varepsilon,k+1} \sigma)$ の誤差は，

$$\left\| u^{\varepsilon} - u^{\varepsilon, k+1} \right\|_{H_{\beta,\mu}}^{2} + \left\| (\nabla_{x} u^{\varepsilon} \sigma) - (\nabla_{x} u^{\varepsilon, k+1} \sigma) \right\|_{H_{\beta,\mu}}^{2}$$
$$\leq \delta \left\{ \left\| u^{\varepsilon} - u^{\varepsilon, k} \right\|_{H_{\beta,\mu}}^{2} + \left\| (\nabla_{x} u^{\varepsilon} \sigma) - (\nabla_{x} u^{\varepsilon, k} \sigma) \right\|_{H_{\beta,\mu}}^{2} \right\} \tag{33}$$

というピカール反復ごとの評価から得られる．δ は縮小写像定数であり，この縮小写像のもとでピカール反復 $(u^{\varepsilon, k+1}, \nabla_{x} u^{\varepsilon, k+1} \sigma)$ は $(u^{\varepsilon}, \nabla_{x} u^{\varepsilon} \sigma)$ に収束する．また，マリアバン解析を用いると以下の各ピカール反復ごとの漸近展開誤差の評価を得ることができる．

$$\left\| u^{\varepsilon, k+1} - u^{\varepsilon, k+1, N} \right\|_{H_{\beta,\mu}}^{2} + \left\| (\nabla_{x} u^{\varepsilon, k+1} \sigma) - (\nabla_{x} u^{\varepsilon, k+1, N} \sigma) \right\|_{H_{\beta,\mu}}^{2}$$
$$\leq \varepsilon^{2(N+1)} C(T, N)$$
$$+ \delta \left\{ \left\| u^{\varepsilon, k} - u^{\varepsilon, k, N} \right\|_{H_{\beta,\mu}}^{2} + \left\| (\nabla_{x} u^{\varepsilon, k} \sigma) - (\nabla_{x} u^{\varepsilon, k, N} \sigma) \right\|_{H_{\beta,\mu}}^{2} \right\}. \tag{34}$$

$C(T, N)$ は T と N に依存する定数である．この評価が，前述の「$(k+1)$ 回目のピカール反復には k 回目のピカール反復に対する漸近展開近似と $(k+1)$ 回目自身の漸近展開の誤差が現れる」と書いたものに相当する．これらの誤差 (local error) の積み上げると，トータルの近似誤差 (global error) は以下で与えられる．

$$\left\| u^{\varepsilon} - u^{\varepsilon, k, N} \right\|_{H_{\beta,\mu}}^{2} + \left\| (\nabla_{x} u^{\varepsilon} \sigma) - (\nabla_{x} u^{\varepsilon, k, N} \sigma) \right\|_{H_{\beta,\mu}}^{2}$$
$$\leq \left\{ C_{0}(T) \cdot \delta^{k} + \varepsilon^{2(N+1)} C_{1}(T, N) \cdot \left(\frac{1 - \delta^{k}}{1 - \delta} \right) \right\}. \tag{35}$$

ここで，$C_{0}(T)$ は T に依存する定数，$C(T, N)$ は T と N に依存する定数である．詳細は Takahashi and Yamada (2013 a) を参照されたい．この方法によって，u^{ε} の近似 $u^{\varepsilon, k, N}$ と $\nabla_{x} u^{\varepsilon} \sigma$ の近似 $\nabla_{x} u^{\varepsilon, k, N} \sigma$ の両方が得られ，また式(35)から k 回のピカール反復に対する N 次の漸近展開近似の誤差が明らかになる．すなわち，漸近展開の精度が良い場合にピカール反復を行うと $(u^{\varepsilon}, \nabla_{x} u^{\varepsilon} \sigma)$ に対して精度が良い近似を与えられることが分かる．この稿で述べた方法の数値例は5節に記す．

4　Mark-to-Market に CVA，FVA を考慮しない場合の CVA，FVA の評価

Burgard and Kjaer (2011) では，Mark-to-Market に CVA，FVA を含まない場合のデリバティブ価格 $\overline{V}$ は以下の線形偏微分方程式を満たすことを示した．

$$(\partial_t + \mathcal{L} - (r + \lambda_B + \lambda_C))\overline{V}(t, x) = -(\lambda_B + R_C\lambda_C)\max\{v(t, x), 0\}$$
$$-(\lambda_C + R_B\lambda_B)\min\{v(t, x), 0\}$$
$$+ s_F\max\{v(t, x), 0\},$$
$$\overline{V}(T, x) = g(x)$$

ここで，v は 2 の式(13)である．ファインマン・カッツの公式により，デリバティブの現在 t 時点の価値は以下で与えられる．

$$\overline{V}(t, x)$$
$$= E\bigg[e^{-\int_t^T r(u)du} g(X_T^{t,x})$$
$$-(1-R_C)\int_t^T \lambda_C(s)e^{-\int_t^s (r(u)+\lambda_B(u)+\lambda_C(u))du} \max\{v(s, X_s^{t,x}), 0\}ds$$
$$-(1-R_B)\int_t^T \lambda_B(s)e^{-\int_t^s (r(u)+\lambda_B(u)+\lambda_C(u))du} \min\{v(s, X_s^{t,x}), 0\}ds$$
$$-\int_t^T s_F(s)e^{-\int_t^s (r(u)+\lambda_B(u)+\lambda_C(u))du} \max\{v(s, X_s^{t,x}), 0\}ds\bigg]. \qquad (36)$$

したがって，

$$u(t, x) = \overline{V}(t, x) - v(t, x) \qquad (37)$$

とすると，u は CVA，FVA の各時価調整の総和であり，以下のように表される．

$$u(t, x)$$
$$= (1-R_C)E\bigg[\int_t^T \lambda_C(s)e^{-\int_t^s (r(u)+\lambda_B(u)+\lambda_C(u))du} \max\{v(s, X_s^{t,x}), 0\}ds$$

$$+ (1-R_B) E\left[\int_t^T \lambda_B(s) e^{-\int_t^s (r(u)+\lambda_B(u)+\lambda_C(u))du} \min\{v(s, X_s^{t,x}), 0\} ds\right]$$

$$+ E\left[\int_t^T s_B(s) e^{-\int_t^s (r(u)+\lambda_B(u)+\lambda_C(u))du} \max\{v(s, X_s^{t,x}), 0\} ds\right]. \quad (38)$$

この枠組みでは，式(38)の中に，$\lambda_C(s) e^{-\int_t^s (\lambda_B(u)+\lambda_C(u))du}$ のような first-to-default に相当する項，また両者がデフォルトしないときのファンディングコストに相当する項が現れることに注意する．また，この枠組みのもとでは，CVA，FVA を考慮したデリバティブ価格 $\bar{V}$ を解くことは線形後ろ向き確率微分方程式の解を解くことに帰着するため，再帰構造の期待値を解く必要はない．したがって，ここでは3のようにピカール反復法を用いる必要はなく，Takahashi and Yamada（2012）の方法を直接応用できる．式(9)のモデルのもとでは v は解析解を持たないので，3節と同様に $p^{X^\varepsilon}(t, s, x, y)$ の近似 $p_N^{X^\varepsilon}(t, s, x, y)$ を用いて，V を近似する．

$$u^N(t, x)$$

$$= (1-R_C) \int_t^T \int_{\mathbf{R}} \lambda_C(s) e^{-\int_t^s (r(u)+\lambda_B(u)+\lambda_C(u))du}$$

$$\max\{v^N(s, y), 0\} p_N^{X^\varepsilon}(t, s, x, y) dyds$$

$$+ (1-R_B) \int_t^T \int_{\mathbf{R}} \lambda_B(s) e^{-\int_t^s (r(u)+\lambda_B(u)+\lambda_C(u))du}$$

$$\min\{v^N(s, y), 0\} p_N^{X^\varepsilon}(t, s, x, y) dyds$$

$$+ \int_t^T \int_{\mathbf{R}} s_F(s) e^{-\int_t^s (r(u)+\lambda_B(u)+\lambda_C(u))du}$$

$$\max\{v^N(s, y), 0\} p^{X^\varepsilon}(t, s, x, y) dyds,$$

$$\bar{V}^N(t, x) = v^N(t, x) - u^N(t, x).$$

この近似は時間の積分を含むが，漸近展開の誤差がそのまま CVA，FVA の時価調整の誤差に反映されるケースであり，3節で述べた Takahashi and Yamada（2013 a）のような非線形後ろ向き確率微分方程式に対する再帰的な評価でなく，Kunitomo and Takahashi（2003）や Takahashi and Yamada（2012）の誤差評価の方法を適用できる．この4節で述べた方法の数値例は5に記す．

5 数　値　例

ここでは，3, 4節の近似計算法の有効性を確認する．以下では，デリバティブとしてヨーロピアンコールオプションを用いる．したがって，ペイオフの条件は$g(x) = \max\{x - K, 0\}$（Kは行使価格）である．また，（解析解のないモデルに対して評価を行い，漸近展開の有効性を確かめるため）ボラティリティ関数σはCEVボラティリティ$\sigma(t, x) = \sigma x^\beta$を仮定する．以下では，自社$B$とカウンターパーティー$C$のそれぞれのデフォルト強度$\lambda_B$, λ_Cは定数とする．自社のファンディング・スプレッドs_Fは自社の資金調達を行うレートと無リスク金利の差であるが，これは自社のクレジット・スプレッドとの関係より

$$s_F = (1 - R_B)\lambda_B \tag{39}$$

とする．簡単のため無リスク金利rは$r=0$とする．このとき，2, 3, 4節の議論を整理すると，クリーン・プライスvは，

$$v(t, x) = E[\max\{X_T^{t,x} - K, 0\}] \tag{40}$$

であり，Mark-to-MarketにCVA，FVAの時価調整を織り込んだ場合のデリバティブ価格Vは，

$$V(t, x) = v(t, x) - U(t, x)$$
$$U(t, x) = (1 - R_C)E\left[\int_t^T \lambda_C \max\{v(s, X_s^{t,x}) - U(s, X_s^{t,x}), 0\} ds\right]$$
$$+ (1 - R_B)E\left[\int_t^T \lambda_B \{v(s, X_s^{t,x}) - U(s, X_s^{t,x})\} ds\right]$$

で与えられ，Mark-to-MarketにCVA，FVAの時価調整を織り込まない場合のデリバティブ価格$\overline{V}$は，

$$\overline{V}(t, x) = v(t, x) - u(t, x)$$
$$u(t, x) = (1 - R_C)E\left[\int_t^T \lambda_C e^{-(\lambda_B + \lambda_C)(t-s)} \max\{v(s, X_s^{t,x}), 0\} ds\right]$$
$$+ (1 - R_B)E\left[\int_t^T \lambda_B e^{-(\lambda_B + \lambda_C)(t-s)} v(s, X_s^{t,x}) ds\right]$$

で与えられる．VとUを3節の漸近展開を用いた$V^{k,N}$と$U^{k,N}$（$k \leq 2$, $N=1$），$\overline{V}$とuを4節の漸近展開を用いた$\overline{V}^N$とu^N（$N=1$）を用いて近似する．また，

近似の有効性を確かめるために V と U をモンテカルロ・シミュレーション（離散化：750，シミュレーション：1000000 回）により計算を行い，これをベンチマークとする[8]．

表 4-1～4-4，表 4-6～4-9 はモンテカルロ・シミュレーションによる v, U, u の数値計算結果「モンテカルロ」と 1 次の漸近展開による $v^N, U^{2,N}, u^N$ の数値計算結果「漸近展開」を比較したものである．クリーン・プライス v とその近似 v^N を「Clean price」，Mark-to-Market に CVA，FVA の時価調整を織り込んだ場合の CVA，FVA U とその近似 $U^{2,N}$ を「Risky CVA+FVA」，Mark-to-Market に CVA，FVA の時価調整を織り込まない場合の CVA，FVA u とその近似 u^N を「Risk free CVA+FVA」のカラムに表記した．「（誤差率（%））」は「漸近展開」の「モンテカルロ」に対する誤差率をパーセント表示したものである．

また，表 4-5 と表 4-10 はピカール反復に対する漸近展開 $U^{k,N}(k≤2, N=1)$ の数値計算結果である．$U^{k,N}$ の近似状況を確認するため，モンテカルロ・シミュレーションによって計算された U の値も参考として記した．

数値計算に用いたパラメータは以下のように設定した．

$x=10000, K=10000, \sigma_{BS}=0.1, \beta=0.5, \sigma=\sigma_{BS}x^{1-\beta}$，

表 4-1　$T=2, \lambda_B=0.01, \lambda_C=0.03$

Method	Clean price	Risky CVA+FVA	Risk free CVA+FVA
モンテカルロ	563.129	26.392	25.977
漸近展開	564.190	26.423	26.018
（誤差率（%））	0.1883%	0.1169%	0.1558%

表 4-2　$T=3, \lambda_B=0.01, \lambda_C=0.03$

Method	Clean price	Risky CVA+FVA	Risk free CVA+FVA
モンテカルロ	689.462	47.896	46.778
漸近展開	690.988	47.942	46.864
（誤差率（%））	0.2214%	0.0944%	0.1825%

---

[8] （プレインバニラ）ヨーロピアンコールオプションの場合は v の真値が分かれば，V の真値も計算可能である．ここでは，ベンチマークとして v と V の計算をモンテカルロ・シミュレーションにより行った．

表 4-3　$T=4$, $\lambda_B=0.01$, $\lambda_C=0.03$

Method	Clean price	Risky CVA + FVA	Risk free CVA + FVA
モンテカルロ	795.861	72.850	70.604
漸近展開	797.885	72.887	70.751
(誤差率 (%))	0.2543%	0.0515%	0.2091%

表 4-4　$T=5$, $\lambda_B=0.01$, $\lambda_C=0.03$

Method	Clean price	Risky CVA + FVA	Risk free CVA + FVA
モンテカルロ	889.508	100.585	96.744
漸近展開	892.062	100.573	96.972
(誤差率 (%))	0.2871%	−0.0122%	0.2356%

表 4-5　Risky closeout CVA + FVA ($\lambda_B=0.01$, $\lambda_C=0.03$)

満期 T	U (モンテカルロ)	$U^{1,N}$ (漸近展開)	$U^{2,N}$ (漸近展開)
2	26.392	27.072	26.423
3	47.896	49.732	47.942
4	72.850	76.562	72.887
5	100.593	106.993	100.573

表 4-6　$T=2$, $\lambda_B=0.01$, $\lambda_C=0.05$

Method	Clean price	Risky CVA + FVA	Risk free CVA + FVA
モンテカルロ	563.129	39.120	38.207
漸近展開	564.190	39.147	38.267
(誤差率 (%))	0.1883%	0.0677%	0.1559%

表 4-7　$T=3$, $\lambda_B=0.01$, $\lambda_C=0.05$

Method	Clean price	Risky CVA + FVA	Risk free CVA + FVA
モンテカルロ	689.462	70.582	68.145
漸近展開	690.988	70.570	68.269
(誤差率 (%))	0.2214%	−0.0175%	0.1825%

表 4-8　$T=4$, $\lambda_B=0.01$, $\lambda_C=0.05$

Method	Clean price	Risky CVA + FVA	Risk free CVA + FVA
モンテカルロ	795.861	106.735	101.889
漸近展開	797.885	106.575	102.102
(誤差率 (%))	0.2543%	−0.1497%	0.2090%

表 4-9　$T=5$, $\lambda_B=0.01$, $\lambda_C=0.05$

Method	Clean price	Risky CVA+FVA	Risk free CVA+FVA
モンテカルロ	889.508	146.529	138.327
漸近展開	892.062	146.045	138.652
(誤差率(%))	0.2871%	−0.3302%	0.2356%

表 4-10　Risky closeout CVA+FVA ($\lambda_B=0.01$, $\lambda_C=0.05$)

満期 T	U (モンテカルロ)	$U^{1,N}$ (漸近展開)	$U^{2,N}$ (漸近展開)
2	39.120	40.608	39.147
3	70.582	74.598	70.570
4	106.735	114.844	106.575
5	146.567	160.489	146.045

$$R_B=R_C=0.4 \tag{41}$$

満期までの時間 T と自社 B とカウンターパーティー C のデフォルト強度は表中に記した.

表 4-1〜4-4, 表 4-6〜4-9 の数値計算の結果から, 「(誤差率(%))」は全体的に小さく, クリーン・プライス, CVA, FVA に対する漸近展開の計算が有効であることが確認できる. また, 満期 T が長いケース, デリバティブ取引の当事者のデフォルト強度が高いケースでは, Mark-to-Market に CVA, FVA の時価調整を織り込んだ場合「Risky CVA+FVA」と織り込まない場合「Risk free CVA+FVA」で CVA, FVA の値の乖離が大きくなることが見られる. これは, 後ろ向き確率微分方程式の入れ子構造の計算が効いており, Mark-to-Market に CVA, FVA の時価調整を織り込んだ場合と織り込まない場合の影響度が大きくなることを表している.

また, 表 4-5 と表 4-10 のピカール反復に対する漸近展開の計算結果から, ピカール反復の回数を $k=1,2$ と増やすと U に対する近似が良くなることが確認できる. 表 4-5 と表 4-10 に記した $U^{1,N}$ (とその近似対象である U^1) は, 実務で多くの場合計算される CVA, FVA である. すなわち, 実務では 1 回目のピカール反復を CVA, FVA として計算している, ともいえる. 3 節の U, $U^{1,N}$ の計算式からも分かるように 1 回目のピカール反復には入れ子構造の計算の中に CVA, FVA は入っておらず, クレジットエクスポージャーの中にはクリー

ンプライスのみが入っている．2回目以降のピカール反復では，クレジットエクスポージャーの中には，CVA，FVAが入ってくるため，将来のMark-to-Marketにカウンターパーティーリスクが反映される．3節の枠組みでは，$U^{1,N}$，すなわち1回目のピカール反復によるCVA，FVA（の近似）が正の値の場合，クレジットエクスポージャーが削減される傾向にあるので$U^{2,N}$は$U^{1,N}$より低い値になる傾向にある．したがって，漸近展開の精度が良いときには，多くの場合$U^{2,N}$がUの良い近似になっているので，$U^{1,N}$が正の値の場合はCVA，FVA Uは実務で計算されるCVA，FVA U^1より小さくなる傾向にある．

このような点を踏まえても，清算金額（closeout）のモデリングや計算法の違いが与えるインパクトを把握しておくことは，プライシングやリスク管理の観点から重要であろう．

また，ここでは3，4節の近似計算法をベースとして，まず$N=1$の漸近展開を用いてクリーン・プライスvの数値近似を行った後，その漸近展開近似を用いてCVA，FVAの数値計算を行ったが，3，4節で述べたようにこれらの近似では（クリーン・プライスvの）漸近展開の精度が良いことが重要である．一般に，Mark-to-MarketにCVA，FVAの時価調整を織り込んだ場合の計算では，3節の後半で述べたとおり，漸近展開の精度が良い場合に，ピカール反復を行うと後ろ向き確率微分方程式の解に対して精度が良い近似を与える．この方法ではピカール反復ごとに漸近展開の近似誤差が積み上がるため，vの真値と漸近展開による近似v^Nに乖離がある程度生じると，Vと$V^{k,N}$にも乖離が生じてしまう．数値例ではボラティリティが比較的小さいケースで計算を行ったが，一般に低次の漸近展開ではモデルのパラメータによっては漸近展開の誤差が生じることがある[9]ので，その場合にはより高次のNに対する漸近展開やTanakashi and Yamada（2013 b）の漸近展開を用いた確率微分方程式の弱近似法を用いるなど，期待値の評価を高精度に行う必要があることに注意する．

---

[9] ボラティリティが大きくなる場合や満期が長くなる場合などに起こりうる．ただし，その他のモデルパラメータとの関係によって誤差の出方は変わることに注意する．

6 おわりに

本稿では，Mark-to-Market に CVA，FVA の時価調整を織り込んだ場合，織り込まない場合のデリバティブの価格評価法を論じた．一般に，両者とも複雑な数値計算を要するため，比較的計算負荷の小さい漸近展開による解析的近似法を用いて評価を行った．特に，Mark-to-Market に CVA，FVA の時価調整を織り込んだ場合は，一般に非線形後ろ向き確率微分方程式を解く問題に帰着するため，Takahashi and Yamada (2013 a) の後ろ向き確率微分方程式に対する漸近展開法を用いた．数値計算により，Mark-to-Market に CVA，FVA の時価調整を織り込んだ場合，織り込まない場合の CVA，FVA に対する漸近展開近似が有効であることを確認した．本稿で述べた解析的近似法は，多次元の設定，モデルでも有効であり，実務で主流となっているシミュレーション法を代替しうる一つの方法になるものと思料する．今後の解決すべき実務的な課題としては，担保契約を考慮した場合や同一カウンターパーティーに対するデリバティブ取引のネッティングを行った場合の効率的な CVA，FVA の近似法を構築することが挙げられる．また，対象とするデリバティブ商品やモデルを拡充・拡張して，実務で耐えうるロバストな方法を探ることも重要であろう．

[参考文献]

国友直人・高橋明彦 (2003)，『数理ファイナンスの基礎―マリアバン解析と漸近展開展開の応用―』，東洋経済新報社．

Bender, C. and Denk, R. (2007), "A forward scheme for backward SDEs," *Stochastic Processes and their Applications*, 117(12), 1793-1823.

Brigo, D. and Morini, M. (2001), "Close-out Convention Tensions," *Risk Magazine*, 74-78.

Burgard, C. and Kjaer, M. (2011), "Partial Differential Equation Representations of Derivatives with Bilaterak Counterparty Risk and Funding Costs," *Journal of Credit Risk*, 75-93.

Crépey, S. (2012 a), "Bilateral Counterparty Risk under Funding Constraints -

Part I : Pricing," Forthcoming in *Mathematical Finance*.
Crépey, S. (2012 b), "Bilateral Counterparty Risk under Funding Constraints - Part II : CVA," Forthcoming in *Mathematical Finance*.
El Karoui, N., Peng, S. and Quenez M. C. (1997), "Backward Stochastic Differential Equations in Finance," *Mathematical Finance*.
Fujii, M. and Takahashi, A. (2010), "Derivative pricing under Asymmetric and Imperfect Collateralization and CVA," forthcoming in *Quantitative Finance*.
Fujii, M. and Takahashi, A. (2011), "Collateralized CDS and Default Dependence -Implications for the Central Clearing-," forthcoming in *Journal of Credit Risk*.
Fujii, M. and Takahashi, A. (2012 a), "Analytical Approximation for Non-Linear FBSDEs with Perturbation Scheme," *International Journal of Theoretical and Applied Finance*, **15**(5).
Fujii, M. and Takahashi, A. (2012 b), "Perturbative Expansion Technique for Non-linear FBSDEs with Interacting Particle Method," working paper, CARF-F-278, the University of Tokyo.
Gregory, J. and German, I. (2013), "Closing out DVA," *Risk Magazine*, 96-100.
Ikeda, N. and Watanabe, S. (1989), "Stochastic Differential Equations and Diffusion Process, 2nd edition," North-Holland/Kodansha.
International Swaps and Derivatives Association (ISDA) (2010), Inc. Market Review of OTC Derivative Bilateral Collateralization Practices, March 1.
Kunitomo, N. and Takahashi, A. (2001), "The Asymptotic Expansion Approach to the Valuation of Interest Rate Contingent Claims," *Mathematical Finance*, **11**, 117-151.
Kunitomo, N. and Takahashi, A. (2003), "On Validity of the Asymptotic Expansion Approach in Contingent Claim Analysis," *The Annals of Applied Probability*, **13**(3), 914-952.
Takahashi, A. and Yamada, T. (2012), "An Asymptotic Expansion with Push-Down of Malliavin Weights," *SIAM Journal on Financial Mathematics*, **3**, 95-136.
Takahashi, A. and Yamada, T. (2013), "An Asymptotic Expansion for Forward-Backward SDEs : A Malliavin Calculus Approach," preprint.
Takahashi, A. and Yamada, T. (2013), "A Weak Approximation of SDEs with Asymptotic Expansion," preprint.

(山田俊皓：三菱UFJトラスト投資工学研究所，東京大学大学院経済学研究科)

5 切断安定分布を用いた VaR, ES の計測精度に関する数値的分析*

磯貝　孝

概要　本稿では，一般的な計測手法による VaR（バリュー・アット・リスク），ES（期待ショートフォール）の計算精度について，ファットテイルな母分布からのサンプリングデータを用いて分析・評価することを試みた．

　具体的には，日次の日経平均株価データを用いて収益率変動のファットテイル性を切断安定分布によってモデル化し，ベンチマークとしての VaR, ES を計算した．次に，推定した母分布からのサンプリングにより大小複数のデータセットを作成し，各データセットに対し正規分布近似，一般化パレート分布近似，ヒストリカル法，カーネル平滑化の各手法により VaR, ES を信頼水準別に計算した．手法ごとの VaR, ES の推定値について，ベンチマークからの乖離やばらつき，ES/VaR 比率（VaR では捉えきれないテイルリスクを ES がどの程度捉えているかを示す尺度）などを分析した．分析の結果，ファットテイルなデータに対しては，正規分布近似によるリスク量計測は精度が低いことが確認され，特に ES の過小推定が目立った．その他の手法では，おおむねベンチマークに近い結果が得られたが，小サンプル，高信頼水準では安定的なリスク量計算が難しくなるケースがみられた．

　バーゼル自己資本比率規制の見直しにおける ES の新規採用の検討を契機に，リスク指標の比較分析の重要性が増している．本稿の分析を通じて，確率分布の想定，信頼水準，データサイズ，計算の容易さなどの観点に立ったリスク量の計測手法に関する多角的な比較分析の重要性が改めて確認された．

---

*　本稿の作成の過程で，中川秀敏准教授（一橋大学大学院国際企業戦略研究科），室町幸雄教授（首都大学東京大学院社会科学研究科），森本祐司氏（キャピタスコンサルティング）から多くの有益なコメントを頂戴した．また，匿名の査読者から頂いたコメントは，本稿の改訂に際し非常に有益であった．この場をお借りして深く感謝の意を表したい．ただし，あり得べき誤りは全て筆者に属する．本稿の内容と意見は，筆者個人に属するものであり，筆者の所属する日本銀行および金融機構局の公式見解を示すものではない．

1 はじめに

資産価格変動に関する定量的なリスク指標としては，VaR（value at risk，バリュー・アット・リスク）が一般的に用いられているが，リーマンショック以後，テイルリスクの把握の観点から ES（expected shortfall，期待ショートフォール）への関心が高まっている．バーゼル銀行監督委員会でも，自己資本比率規制の見直しの中で，トレーディング勘定における新たなリスク指標として ES の採用を検討している．

本稿では，実務で使われている一般的な VaR，ES の計測手法の精度について，ファットテイル[1]な母分布からのサンプリングデータを用いて分析・評価することを試みる．実務では，バックテスト[2]によってリスク計量モデルの精度を評価・確認することが多いが，本稿で用いる手法は，バックテストとは基本的に異なるアプローチによるものであり，バックテストを補完する機能も期待できる．

分析の視点としては，リスク指標としての確からしさに加え，推定値の安定性に関する評価を重視しており，サンプルサイズ・信頼水準の違いがリスク量計算にどのように影響するのかにも注目している．また，リスク量計算の数値シミュレーションを通じて，各手法に内在する「モデル・リスク」（損失発生の可能性を誤って評価してしまうリスク）につながり得る問題点についても言及している．ただし，本稿では，単純化のため，単変量の1期間のリスク量に分析を限定しており，ポートフォリオのリスク量計算に必要な複数資産の収益率の相関[3]，リスク量の積算・保有期間の調整などについては扱っていない．また，VaR，ES はリスク指標として異なる性格を有するが，両者のリスク指標としての優劣の比較を論じてはいない．

以下では，まず，2節で本稿における VaR，ES の計算精度に関する分析の枠

---

[1] 本稿では，「ファットテイル」を「正規分布との対比で分布の裾が厚い」という趣旨の一般的な用語として使用している．
[2] バックテストでは，ある時点までの情報で計算した VaR，ES とその後の現実の損失発生状況を一定期間ごとに比較することで，一定以上の大きさの損失発生に関するリスク計量モデルの事前の予測力が検証される．

組みについてベンチマーク法の概要を中心に整理する．3節では，ベンチマークのVaR，ESの計算に必要な母分布の選択・パラメータ推定の方法，母分布からのサンプリング方法について説明する．また，分析対象とした正規分布近似，一般化パレート分布近似，ヒストリカル法，カーネル平滑化の4つのVaR，ESの計算方法の概要およびシミュレーションにおける各種設定について説明する．4節では，3節の数値シミュレーションの結果について，ベンチマークからの乖離や推定値のばらつき，信頼水準別のES/VaR比率などについて整理する．5節は，本稿の分析のまとめである．

2　VaR，ESの計算精度に関する分析の枠組み

2.1　収益率変動のモデル化とリスク量計測
2.1.1　リスク量指標の定義

VaR，ESは，金融資産の価格変動のリスク量を単一の数値（損失額）[4]として表すリスク指標であり，Xを金融資産の収益率，pを信頼水準[5]とすると，

$$VaR_p[X] = -\inf\{x|P[X\leq x]>1-p\},\ 0<p<1$$
$$ES_p[X] = E[-X|-X\geq VaR_p[X]],\ 0<p<1 \quad (1)$$

と定義される．信頼水準の設定は，どの程度低い発生確率の損失までをリスクとして意識するかという側面を持つ．

ESは，一般にはVaRが満たさないこともある劣加法性を含めて，リスク指標として望ましいとされるいくつかの性質[6]について，その多くを満たすとも

---

3) リスク量計算においては，相関構造の非線形性，特にストレス時における相関の変化は重要な論点の1つである．この点については，コピュラを用いて相関構造を表現する手法がある．例えば，吉羽 (2013) では，ストレス状況を勘案した相関構造とポートフォリオのリスク量の合算について，相関構造の裾依存性や正負の相関を勘案できる様々なコピュラを応用した手法の概念整理およびそれらを用いた実証分析を行っている．

4) VaR，ESなどのリスク量は，実務では一般的に金額で表示されるが，本稿ではポートフォリオの損失額の計算を行わないため，便宜的に対数収益率のまま表示している．また，リスク量の符号については，損失額を示すので負の数値で示す場合もあるが，本稿では符号を変更して正の値で表示している．

5) 一般に，最大損失がVaR以内に収まる確率を信頼水準と呼ぶ（例：95％の信頼水準）．この場合，VaRを超える損失の発生確率は「1－信頼水準」（例：100－95＝5％）となる．

いわれている．バーゼル銀行監督委員会が 2012 年 5 月に公表した市中協議文書「トレーディング勘定の抜本的見直し」[7] の中でも，VaR を代替するトレーディング勘定のリスク指標として ES を用いることが提案されている．

2.1.2 無条件モデルによるリスク量計算

VaR，ES を計算するには，収益率変動を何らかのかたちでモデル化（特徴付け）する必要がある．モデル化のアプローチには，「条件付きモデル」と「無条件モデル」の2つがある．条件付きモデルでは，条件付きの分布（収益率変動に影響を及ぼす要因に関する現在までの情報〈履歴〉を前提にして予想される翌期の収益率変動の分布）を用いてリスク量を計測する．無条件モデルでは，無条件の損失分布（収益率変動の要因が定常分布に従い，時間のシフトに影響されないという前提のもとでの分布）が用いられる．2つのモデルの根本的な違いは，資産収益率の変動に関係する「環境変化」の捉え方にある．条件付きモデルでは，時間経過に伴う環境変化を明示的に扱うが，無条件モデルでは環境変化はないものとして扱う．このモデル化における前提の違いは，リスク量の計算方法および計算結果に大きな差をもたらし得るため，リスク量の計算手法の比較分析においては，条件付きモデル，無条件モデルのいずれを対象とするかによって分析の観点は大きく異なる．

条件付きのモデルについては，例えば GARCH[8] モデルで株価変動のリスク量を計測する際には，収益率変動に影響する要因としてボラティリティの変動履歴が考慮される．これに対して無条件モデルでは，収益率変動を単一の確率分布でモデル化するため，GARCH モデルでは可能なボラティリティ・クラスタリングなどの収益率変動に関する時系列的な特徴を表現することは困難である．

---

6) 望ましいリスク指標の概念には複数の考え方が存在するが，その一つに，「コヒーレントなリスク指標」がある．これは，単調性，劣加法性，正の同次性，平行移動不変性の4つの性質を満たすリスク指標を指す（Artzner et al., 1999）．劣加法性は，リスク量が $\rho(X+Y) \leq \rho(X) + \rho(Y)$ を満たすことを指し，分散投資によるリスク量削減効果の存在を意味する．VaR は，必ずしも劣加法性を満たさないため，コヒーレントなリスク指標ではない（(Daníelsson and Jorgensen, 2013) は，実際には VaR でも劣加法性が成立する場合も少なくないとしている）．一方，ES は，コヒーレントなリスク指標である．

7) Basel Committee on Banking Supervision (2012)

8) GARCH : Generalized Autoregressive Conditional Heteroskedasticity

条件付き，無条件のどちらのアプローチをとるべきかについては，必ずしも明確な基準はないが，リスク量計算の目的との関連でどちらがより適しているかが1つの判断基準となり得る．例えば，条件付きモデルで短期のボラティリティ変動をリスク量計測に反映できれば，短期のより弾力的なリスク管理に応用しやすい．一方，自己資本比率の計算の前提になるリスク資産の計算やストレステストなど中長期的なタイムスパンでリスクを捉える必要がある場合には，無条件モデルのアプローチを応用しやすい．

本稿では，金融機関における分散共分散法やヒストリカル法などによる一般的なリスク量計算が無条件モデルを前提としていることが比較的多いとみられる点などを考慮し，無条件モデルを用いたリスク量計算について分析する．無条件モデルによるリスク量計算では，ファットテイル性の特徴付けが可能な確率分布を選択することが重要になる．ファットテイル性を適切に特徴付けられない確率分布を用いた場合は，リスク量の過小推定をもたらすなど，深刻な問題が発生することが予想される．

2.2 母分布を想定したリスク量計算の数値シミュレーション

シミュレーション分析の大まかな流れを図5-1に示した．無条件モデルを前提としたリスク量計算のシミュレーションでは，母分布からのランダム・サンプリングによりファットテイル性の強い大小複数のサンプルデータセットを生成する．この母分布は，現実の資産価格変動において観察されるファットテイル性を特徴付けられるパラメトリックな確率分布であることが望ましい．本稿では，安定分布（α-stable distribution[9]）の裾を切断した切断安定分布を用いる．安定分布は，Mandelbrot（1963）以来，多くの研究[10]がなされており，特にファットテイルな価格変動のモデル化に用いられることが多い．本稿では，無条件モデルの考え方に沿って，収益率変動がなぜファットテイルになるのかという問題は明示的に扱わず，データで示された損益の発生頻度のみから将来の損益の発生状況を予想するシミュレーションを行う．サンプリングの準備と

---

[9] Lévy alpha stable, Pareto Lévy stable などと表記されることもある．
[10] 国内における金融分野の先行研究としては，Kunitomo and Owada（2006），山井・吉羽（2001）などがある．

5 切断安定分布を用いた VaR, ES の計測精度に関する数値的分析　　*125*

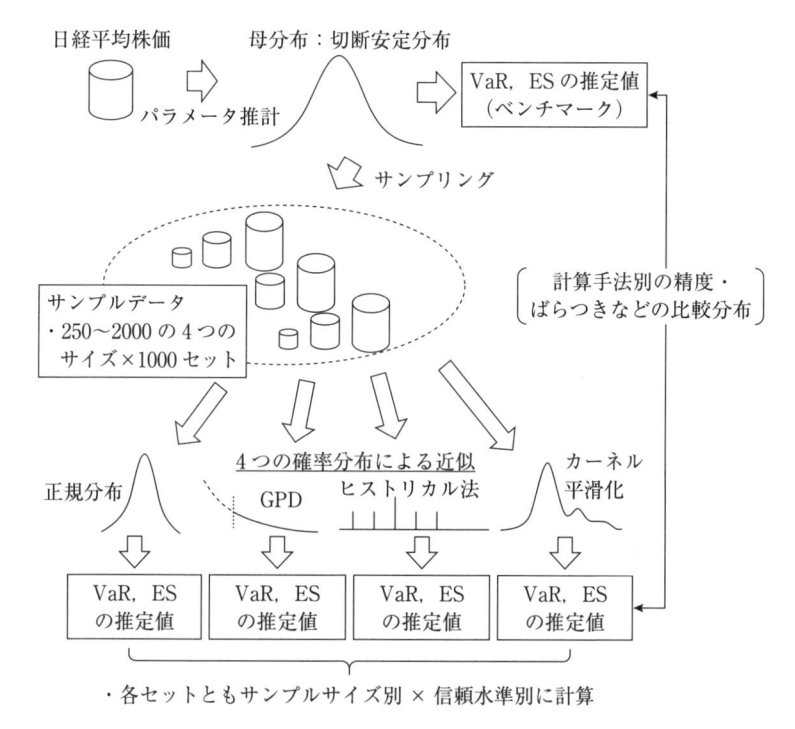

図 5-1　数値シミュレーションの概要

して，この切断安定分布を日経平均株価[11]の日次収益率データにフィットさせ，パラメータを特定する．推定した切断安定分布を「真の分布」とみなして，切断安定分布の VaR, ES をベンチマーク（正しいリスク量）と位置付ける[12]．

サンプリングでは，実際に観測された損失を上回る規模の損失（ストレスロス）が含まれる．このストレスレベルは，切断安定分布の推定時に設定する分

---

11) 為替レートなど株価以外の資産価格変動データを用いることも可能である．また，株価指数ではなく，個別銘柄のリスク量計算も基本的に同じ手法を用いることができる．日経平均株価や TOPIX には，市場ポートフォリオとしての株価という側面もあるが，本稿では代表的な銘柄の価格という意味で日経平均株価を用いた．

12) 切断安定分布のパラメータ推定における誤差の存在を含めて，株価変動のモデル化が必ずしも正確でない可能性は存在する．シミュレーションでは，推定した分布が真の分布であるとしてベンチマークの VaR, ES を計算し，そこから各手法による計測値までの距離に注目するため，切断安定分布の推定に関する問題は分析結果には直接影響しない．

布の切断点に依存するが，基本的に切断点以下の任意のストレスレベルを設定することができる．このように，ファットテイルな分布を母分布に用いることでシミュレーションの自由度を高めることができ，ストレス状況下でのリスク計量モデルの精度評価も可能になる．

母分布からのサンプリングデータは損失発生の頻度に関する条件が揃えられたデータであるため，計算されたリスク量のベンチマークからの乖離やばらつきを観察するのに適している．4つのリスク計測手法によりサンプルサイズ・信頼水準別にVaR，ESおよびES/VaR比率を計算し，計算結果を比較分析するとともに計算上の留意点などを明らかにする．

本稿では，無条件モデルを前提としたリスク計測手法の精度評価を目的にシミュレーション分析を行うが，実務では無条件モデルに対しても現実のヒストリカルデータを用いたバックテストによる評価がなされることが少なくない．現実の資産収益率データを用いる場合，無条件モデルの前提である分布の定常性，独立同一分布（i.i.d.[13]）の条件などが必ずしも成立していない可能性がある．このため，バックテストで一定水準以上の超過が生じても，それがリスク計測手法の問題であるのか，これらの前提が満たされないことが影響しているのか明確に判別しにくい．また，現実データを用いる場合には，観測期間の制約から十分な数のストレスイベントを確保できず，ファットテイル性を十分に再現できないことも多い．本稿のシミュレーションでは，既に述べたように現実データを直接使うのではなく，データから抽出したファットテイル性を母分布に適切に反映させることで，現実性を保ったまま（さらにストレスを加えて）上記の諸制約を回避し，無条件モデルの正確な評価に必要な環境を確保できる点に特徴がある．また，サンプル数を自由に変更することで，VaR，ESの推定値のバイアスやばらつきの漸近的な特性を調べることも可能である．これらの特性については，リスク量の計測手法ごとに既に理論的に明らかとなっているものも多いが，実際に推定値が信頼水準やサンプルサイズの違いによってどのような挙動を示すのか，理論上の予想どおりの結果となるのかについて，現実的な設定のもとで数値的に確認することには実務的にも十分な意味がある．特

---

13) i.i.d.：independent and identically distributed

に通常のバックテストでは，そもそも正解となる分布自体が必ずしも特定されない状態で超過事例の数のみからリスク量のバイアスの存在等の評価を行うことになるため，漸近的にどの程度のバイアスが存在するかなどの分析を行うことは容易でない．また，現実データは金融資産1つに対して各時点に1つしか存在しないため，全く同じ条件で繰り返し実験を行うことができない．母分布を用いたシミュレーションでは，これが可能であり，リスク量の推定値のばらつきも具体的に測定できる点が異なる．

2.3 安定分布の特徴と裾の切断
2.3.1 金融資産の収益率変動と安定分布

金融資産の収益率変動をモデル化する場合，モデル化が容易などの理由から正規分布が用いられることも多いが，現実のデータの動きをうまく説明できないことが少なくない．無条件モデルの考え方に従って，収益率をi.i.d.な確率変数とすると，データ数が無限大に近づくにつれて収益率の平均は正規分布に収束する（中心極限定理）．ただし，正規分布への収束が成り立つには，「有限の分散の存在」という条件が必要であり，この条件が成立しない場合，収益率の平均は正規分布を含む安定分布に収束する（一般化中心極限定理）ことが知られている．

こうした理論的背景に加えて，安定分布が正規分布に比べて裾が厚く，非対称な分布も容易に表現できるという柔軟性，さらには収益率のスケーリング（期間調整）が容易であることなどから，ファットテイル性を有する金融資産の収益率のモデル化に安定分布が選ばれることも少なくない．

2.3.2 安定分布の定義，特徴

ある自然数 n が存在して，独立同一分布に従う n 個の確率変数 $X_1, ..., X_n$ の和を S_n とする．S_n に関し以下の条件を満たす定数 $C_n(C_n>0)$，D_n が存在するとき，X は安定な確率変数であるといい，安定分布に従う（α-stable laws）．

$$S_n = X_1 + X_2 + \cdots + X_n, \quad S_n \stackrel{d}{=} C_n X + D_n \tag{2}$$

$X_1, ..., X_n$ はi.i.d.な確率変数，$\stackrel{d}{=}$ は確率分布が同一であることを示す．

これは，例えば X を収益率とすると，日次データを合計して週次データにす

るなどの保有期間調整を行った場合，位置と尺度は異なるが，元の分布と安定指数 α が同一の安定分布に従うことを意味する．

一般に，安定分布の密度関数を具体的な関数形を与えて表現することはできないが，特性関数の一般形は知られている．安定分布の特性関数[14]は，

$$C_X(u) = E[\exp(iuX)]$$
$$= \begin{cases} \exp\left(-\gamma^\alpha |u|^\alpha \left[1 + i\beta\left(\tan\frac{\pi\alpha}{2}\right)(\text{sign}(u))(|\gamma u|^{1-\alpha} - 1)\right] + i\delta u\right), & \alpha \neq 1 \\ \exp\left(-\gamma |u| \left[1 + i\beta\frac{2}{\pi}(\text{sign}(u))\log(\gamma|u|)\right] + i\delta u\right), & \alpha = 1 \end{cases} \quad (3)$$

$$\text{sign}(u) = \begin{cases} -1, & u < 0 \\ 0, & u = 0 \\ 1, & u > 0 \end{cases}$$

と表され，安定分布の密度関数 $f(x)$ は，この特性関数の逆フーリエ変換によって以下のように表される．

$$f(x) = \frac{1}{2\pi} \int_{-\infty}^{\infty} \exp(-iux) C_X(u) du \quad (4)$$

特性関数を用いて表される安定分布の密度関数 $f(x ; \alpha, \beta, \gamma, \delta)$ は，α（安定指数），β（歪度パラメータ），γ（尺度パラメータ），δ（位置パラメータ）の4つのパラメータを持つ．このうち，α と β が安定分布の形を決めるパラメータであり，特に安定指数 α は分布の裾の形状を左右する重要なパラメータである．α, β, γ は，以下のような値の範囲をとる．

$$0 < \alpha \leq 2, \quad -1 \leq \beta \leq 1, \quad \gamma \geq 0 \quad (5)$$

安定分布の密度関数の形状は，α が小さいほど裾が厚く（ファットテイル），β がゼロで左右対称（マイナスで左に，プラスで右に歪む）となり，尺度・位置パラメータで拡大縮小・移動が可能である．その他の安定分布の特徴を簡単にまとめておく．

---

[14] 安定分布のパラメータ表記には複数の表示方法が存在する．本稿では，数値計算時に便利とされる形式 $S(\alpha, \beta, \gamma, \delta ; k=0)$，略して $S(0)$ 形式で記載している．詳細は Nolan (2013)，Misiorek and Rafael (2012) を参照されたい．α を除く3つのパラメータは，表示形式ごとに値が異なるので，実証分析における安定分布の推定パラメータを比較する際には，どの形式で表記されているかについて注意が必要である．

平均：$\alpha>1$ の場合は δ，それ以外では存在しない．
分散：$\alpha=2$（正規分布）では $2\gamma^2$．$0<\alpha<2$ では分散は存在しない．
尖度・歪度：$\alpha=2$ で 0，2 次以上のモーメントは存在しない．
裾での減衰：裾部分での密度の減衰はべき乗則に従うため，発生頻度の低い事象を捉えやすい．

$$x\to\infty \Rightarrow P(X>x)\propto C\cdot x^{-\alpha},\ f(x)=\alpha C\cdot x^{-(\alpha+1)},\ C\text{ は定数} \qquad (6)$$

スケーリング：$0<\alpha\leq 2$ の場合，式(2)における尺度定数 C_n は，

$$C_n = n^{1/\alpha} \qquad (7)$$

また，安定分布は，α などのパラメータが特定の値をとる場合，特定の分布に一致することが知られている．具体的には，$\alpha=2$，$\beta=0$ のとき正規分布，$\alpha=1$，$\beta=0$ のときコーシー分布，$\alpha=0.5$，$\beta=1$ のときレヴィ分布にそれぞれ一致する．

2.3.3 安定分布の裾の加工（切断安定分布）

安定指数の値によっては，収益率の分散が存在しないという安定分布の特性は，現実のデータや市場参加者の認識などと必ずしも整合的でない面がある．また，分散が存在しない場合，リスク量の計算が複雑化し，実務的な応用が難しくなってしまう．特に，ES のように分布の裾の形状に強く依存するリスク量指標を裾を加工していない安定分布について数値計算すると，極端に大きな値となるなど安定した結果が得られないことも少なくない．こうした事情から，金融資産の収益率を安定分布で近似する場合，分布の裾に対して何らかの加工を施すことが少なくない．本稿でも，主にベンチマークおよびランダム・サンプルの ES の計算を安定させる目的で，安定分布の裾を加工することとした．

安定分布の裾を加工する方法については，「密度の減衰の程度をコントロールする」という考え方がある．具体的には，分布の裾部分の形状に関するパラメータ（切断係数）を安定分布の特性関数に追加し，裾部分の減衰を柔軟にコントロールするというアプローチである．この分布は，「緩和安定分布（tempered stable distribution）」[15] と呼ばれ，追加パラメータが必要となる分，

---

15) 「正規分布の裾と入れ替える」方法も存在するが，正規分布は安定分布の一形態と捉えられるので，この方法も緩和安定分布の1つと見なせる．緩和安定分布の詳細は，Borak et al. (2011)，Koponen (1995)，Rachev et al. (2011) を参照されたい．

一般に安定分布よりも扱いが難しい．緩和安定分布よりも柔軟性は劣るが，分布の分散が無限大となるのを回避するには，ある点で裾を切断した「切断安定分布」(truncated stable distribution, Mantegna and Stanley, 2000) を用いるのも有効である．裾の切断により切断安定分布は有限の分散を持つことになり，ファットテイルな事象を捉えやすいという性質を維持したまま，リスク量の計算処理を容易にすることができる．本稿でも，この数値計算上のメリットを考慮して切断安定分布を用いることとした．

分布の裾を切断する場合，確率変数が一定の範囲にある場合に安定分布の密度関数を使い，範囲外では密度をゼロとするアプローチがとられることが多い．この場合，切断安定分布の密度関数 $f_{tr}(x)$ は以下のように定義される．

$$f_{tr}(x) = \begin{cases} 0, & x > l_b \\ c_l \cdot f(x), & l_a \leq x \leq l_b \\ 0, & x > l_a \end{cases} \tag{8}$$

$f(x)$ は式(4)の安定分布の密度関数，$l_a < 0$，$l_b > 0$，$l_a = -l_b$ なら左右対称な切断点，c_l は $\int_{l_a}^{l_b} c_l \cdot f(x) dx = 1$ を満たす定数

切断安定分布のパラメータ推定は，基本的に安定分布と同様の最尤法を用いることができるので，切断点を決める根拠となる何らかの事前知識（制度的な要因や金融商品の特性など）が得られていれば，リスク量の計算に応用しやすい．すなわち，切断安定分布を用いる場合，「切断点をどこにするか」が重要な要素となる．例えば，日次の個別銘柄の株価の場合，分布の切断をストップ高・安というサーキットブレーカーの発動に対応させれば，一定水準以上の変動が生じる確率をゼロとする合理的な根拠と考えることもできる[16]．この場合，取引制限が発動されるような極端な水準に切断点が設定される．

取引制限のような明確な基準がない場合，切断点の設定は少なくとも観測された最大変動率を上回る水準である必要があるが，上限についての制約がない

---

16) 取引制限が発動されるケースを想定した分布の切断方法としては，式(8)の密度関数のように切断点の外側の密度の合計を切断点の内側の領域に比例配分するのではなく，切断点の密度に集中配分することも考えられる（例：ストップ安以上の下落率が生じる確率をストップ安の確率密度に上乗せする）．

ため恣意的にならざるを得ない[17]．切断点を任意の水準に設定する場合，リスク量の値が切断点に影響されてしまう点には注意が必要である．特に，ESは切断点の位置に大きく左右されてしまう可能性が高い[18]．この点は，切断安定分布を母分布としてランダム・サンプリングを行ううえで大きな制約とはならないが，切断安定分布を実務でVaR，ESの計測手法として用いる場合には，解決が難しい問題となる．

3 母分布の推定とVaR・ESの計算シミュレーション

3.1 切断安定分布の推定とベンチマークのリスク量計算

切断安定分布のパラメータを現実的な値に設定するため，本稿では，代表的な金融資産である株式に注目した．2008年以降の日経平均株価[19]の日次の動き（図5-2，データ期間2008年1月初〜2012年8月末）をみると，リーマンショック（2008年）や東日本大震災（2011年）時に特に大きな変動が生じた一方で，その他の時期では相対的に変動の幅が小さかったことがわかる．図5-3は，日経平均株価の日次の対数収益率[20]に関するヒストグラムと正規分布に対するQQ（quantile-quantile）プロットである．図5-3（左）に示した株価収益率データの確率密度の分布（カーネル平滑化により推定した経験分布）は，正規分布よりも中心部分が尖っており，裾の部分はより厚いファットテイルな分布となっている．図5-3（右）のQQプロットでも，両端の部分で正規分布との乖離がみられる．表5-1に示した正規性に関する検定結果でも非正規性が示唆されている．

---

17) 日経平均株価のようなインデックスの場合は，切断を受ける株価の加重平均値となるので，本来は単純な切断とは異なる面がある．本稿では，日経平均株価を代表的な株式銘柄という位置付けで捉えている．
18) 安定分布の裾の切断がどの程度リスク量の大きさに影響するかは，切断点の設定や安定分布の形状に依存する．具体的な影響に関する数値計算例については，表5-6を参照されたい．
19) 出所：日経電子版「日経平均プロフィル」©日本経済新聞社
20) 金融資産の収益率変動は，対数収益率（自然対数の前日差）で示されるのが一般的であり，本稿でも株価変動を日次の対数収益率で表している．

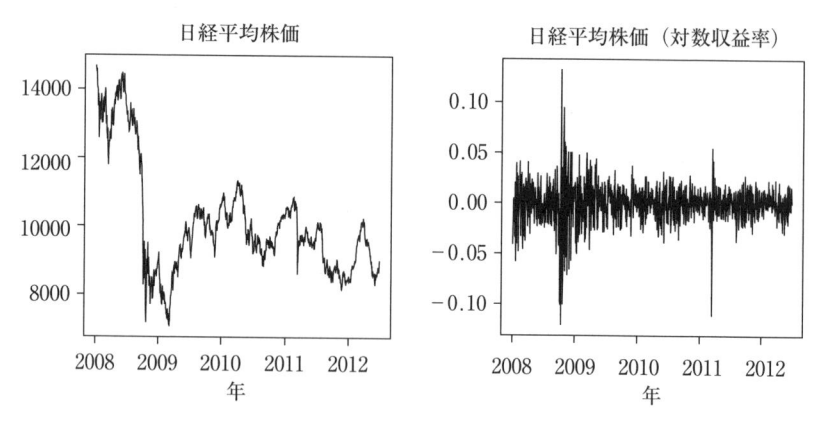

図 5-2　日経平均株価の推移

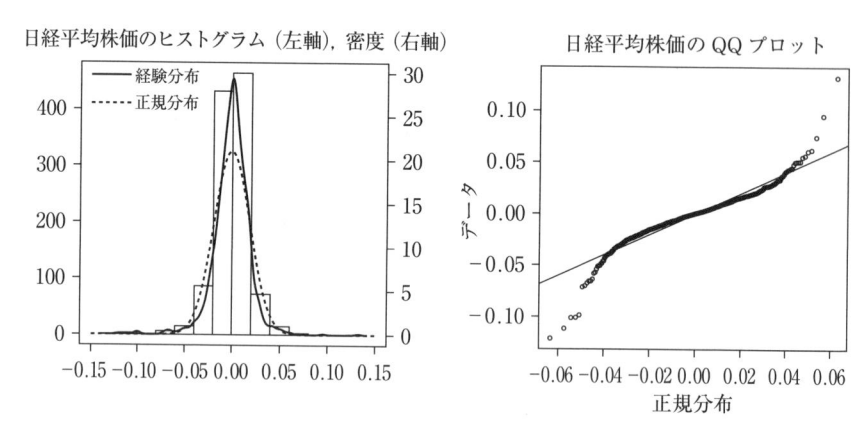

図 5-3　日経平均株価の密度関数と QQ プロット

表 5-1　正規性に関する検定結果

Kolmogorov-Smirnov	Anderson-Darling	Jarque Bera	Shapiro-Wilk
D = 0.074	AD = 14.07	$\chi^2 = 2713$, df = 2	W = 0.915
p 値 = 9.12×10^{-6}	p 値 = 5.45×10^{-7}	p 値 < 2.2×10^{-16}	p 値 < 2.2×10^{-16}

(注) 帰無仮説 H_0 は「正規分布に従う」. p 値が低い場合, 帰無仮説を棄却できる (正規分布ではない).

3.1.1 切断安定分布のパラメータ推定

リーマンショック,東日本大震災という2つの大きなショックを含む期間 (2008年1月初〜2012年8月末) の日経平均株価 (日次,終値) の対数収益率を用いて切断安定分布のパラメータを推定した.切断点は,個別銘柄における値幅制限なども参考にして,前日比±20%に対応する対数収益率[21]に設定した (左右対称の切断点).この切断点は,データ期間中の対数収益率の最大値・最小値を大幅に超える点に位置する[22].切断安定分布のパラメータ $\theta = (\alpha, \beta, \gamma, \delta)$ の推定は,式(3),式(4)を基に構成した式(8)の切断安定分布の密度関数を用いて,式(5)のパラメータ制約のもとで最尤法により推定値 $\hat{\theta} = \arg\max \sum_{i=1}^{N} \log f_{tr}(x_i; \theta)$ を得た[23].

最尤法によるパラメータ推定においては,無条件モデルの前提としてi.i.d.を仮定しているが,実際には対数収益率の時系列には,ボラティリティ・クラスタリングの現象に象徴されるようにボラティリティに対するショックの持続性が存在することが多い.観測値に時系列的な依存性が存在する場合[24],本来,尤度の最大化問題をi.i.d.を前提にした個別の尤度の和の最大化問題として解くことはできない.このため,i.i.d.を前提にしたパラメータの最尤推定値は一致性を持たない (標本を増やしても真の値に近づかない) などの問題が生じることが予想される.こうした問題を回避するには,時系列の依存関係を特定した上でそれに合わせて尤度関数を再構成する必要がある[25].本稿では損失の

---

21) これは,日経平均株価の最大変動率を前日比±20%に制限したことを意味する.このストレスレベルの設定は便宜的なものに過ぎないが,日経平均株価を構成する全銘柄で20%の価格変動が同時に生じる可能性は極めて小さいと考えられるため,この切断点の設定はかなりの程度保守的なものと思われる.なお,切断した裾部分の確率は切断しない安定分布の確率で1%程度に相当した.

22) 2.3で述べたように,切断安定分布から計算されるリスク量の大きさは切断点の設定に影響され,特にESの値は切断点の位置によってかなり異なる数値となり得る.

23) 最尤法の数値計算に際しては,R (http://cran.r-project.org/) のstabledistパッケージ (https://www.rmetrics.org/) に含まれる安定分布の密度計算モジュールを元に切断安定分布の密度計算を行うモジュールを作成した.密度関数の導関数が得られないため,解析的な手法ではなく,数値的な最適化により尤度最大化を行った.推定値の初期値依存性については,複数の初期値のもとでの収束の一致を確かめた.

24) 切断安定分布の推定に用いた日経平均株価の日次収益率についてLjung-Box検定を行ったところ,時系列の独立性の仮定は困難との結果であった (結果省略).

表 5-2　切断安定分布のパラメータの推定結果

	α 安定指数	β 歪度	γ 尺度	δ 位置
推定値 (標準誤差)	1.6555 (0.0460)	−0.2005 (0.1218)	0.0100 (0.0302)	0.0006 (0.0005)

(注) 左切断点：−0.2，右切断点：+0.2，データ期間：2008 年 1 月初〜2012 年 8 月末

　発生頻度のみに着目した無条件モデルを前提にしたシミュレーションを行うことを目的としているため，i.i.d. を想定した最尤推定値をそのまま採用した．

　推定結果（表 5-2）をみると，安定指数は正規分布を示す 2 を下回っており，ファットテイルな分布であることがわかる[26]．歪度については，マイナス方向の歪みとなっており，リーマンショック，東日本大震災に伴う株価下落が影響しているとみられる．

3.1.2　切断安定分布のデータへの当てはまり

　推定した切断安定分布のデータへの当てはまりについては，表 5-4 における K-S 検定，A-D 検定とも正規性が棄却された一方，表 5-3 で示されたように切断安定分布に従うという仮説は棄却されないという結果であった．図 5-4 は，日経平均株価の対数収益率の経験分布と推定した切断安定分布および正規分布の分布関数を表示したものである．正規分布は全体的にデータ（経験累積分布関数，ECDF[27]）とのずれが目立つのに対し，切断安定分布は裾部分も含めて

表 5-3　切断安定分布に対する当てはまり

Kolmogorov-Smirnov 検定	D 値 0.016	p 値 0.924
Anderson-Darling 検定	A-D 値 0.230	p 値 0.979

(注) 帰無仮説 H_0 はいずれも「データが切断安定分布に従う」

---

25) 例えば，GARCH モデルを用いた条件付きモデルでは，パラメータ推定の際にボラティリティの時系列依存関係を特定したうえで，残差に関して i.i.d. の仮定が成立するような工夫が施されることが多い．

26) この推定結果は，Kunitomo and Owada (2006)（TOPIX の安定指数を推定）に近い．なお，表 5-2 に示したパラメータの推定値の標準誤差は，安定指数 α 以外は大きな値となっている．推定値の信頼性という面では，必ずしも良好な結果とはいえないが，分布の形状に影響する安定指数には大きな問題はないとみて，この推定値を採用した．

27) ECDF：empirical cumulative distribution function

5 切断安定分布を用いた VaR，ES の計測精度に関する数値的分析　　*135*

表 5-4　正規分布に対する当てはまり

Kolmogorov-Smirnov 検定	D 値 0.0748	p 値 9.129×10^{-9}
Anderson-Darling 検定	A-D 値 14.076	p 値 5.455×10^{-7}

(注) 帰無仮説 H_0 はいずれも「データが正規分布に従う」

表 5-5　先行研究における安定分布の安定指数の推定例

	α	推定対象のデータ	推定期間
Kunitomo and Owada（2006）	1.6747	TOPIX・日次	1990 年 3 月～2005 年 8 月
Borak et al.（2005）	1.6411	NY ダウ（DJIA）・日次	1987 年 2 月～1994 年 12 月
Donalti（2010）	1.51	S&P 500・日次	1928 年 3 月～2010 年 10 月
	1.56	Nasdaq100・日次	1985 年 10 月～2010 年 8 月

(注) 安定指数については，パラメータの表記法による差異はないので直接比較が可能．

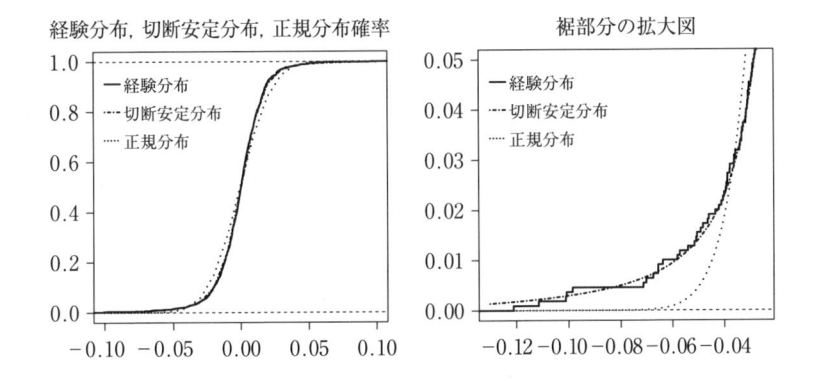

図 5-4　切断安定分布による日経平均株価（日次収益率）の分布関数の近似

全体的に当てはまりがよい．裾部分を拡大した図 5-4（右上）をみると，裾部分で正規分布が ECDF を大きく下回っているのに対し，切断安定分布はほぼ ECDF に沿ったものとなっている．

同様に，図 5-4（下）の QQ プロットでみても，切断安定分布の裾部分における当てはまりは図 5-3（右）の正規分布よりも改善している．

3.1.3　ベンチマークのリスク量の計算

切断安定分布で収益率を近似した場合，VaR，ES の解析的な計算式を示すことは困難なため，ベンチマークのリスク量は，いずれも数値計算により算出した．具体的には，推定した式(8)の切断安定分布の密度関数を用いて，式(1)の定義に基づいてまず VaR を計算し，次に計算した VaR の値を用いて数値積分により ES を計算した．VaR，ES の計算における信頼水準については，実務では VaR の信頼水準は 99% など比較的高い水準に設定されることが多い．一方，ES の場合は，必ずしも一般的な信頼水準の設定は明らかではない．このため，信頼水準は，95%～99%について 1%毎，99%を超える水準について，99.5%，99.7%，99.9%の 3 水準（合計 8 水準）に設定した．図 5-5 は，切断安定分布の VaR，ES および ES/VaR 比率を複数の信頼水準に関して計算した結果である．

式(1)の定義により ES は同一の信頼水準において常に VaR よりも大きい値を取る（図 5-5 左）．信頼水準が上がるほど，VaR，ES ともに値が大きくなり，

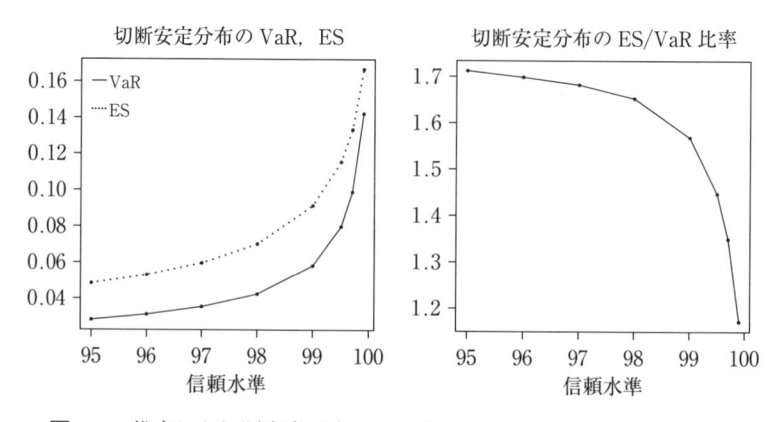

図 5-5　推定した切断安定分布から計算した VaR・ES，ES/VaR 比率

推定した切断安定分布の場合は，特に信頼水準が99％を超えるとVaR，ESとも急激に大きくなっている．一方，図5-5（右）で示したように，ES/VaR比率は信頼水準が上がるほど小さくなり，1に近づく．

VaRは，「VaRを超えるテイルリスクの情報が含まれない」点が短所の1つとされ，ESはその点をカバーするリスク指標とされることが多い．ES/VaR比率は，その値が大きいほどVaRでは表せないテイルリスクが存在し，それがESによって捉えられていると解釈できる．反対にその比率が1に近いほど，VaRとESが持つ情報には差がないことになる（VaRでは表せないテイルリスクは小さい）．

図5-5に示した切断安定分布のリスク量は，切断点の設定に大きく影響される性質を持つ．本稿では，前日比±20％の価格変動に対応する切断点を選んだが，切断点の設定は恣意的にならざるを得ないことも少なくない．そこで，実際に切断点を変えた場合に，VaR，ESがどの程度変化するかについて試算した．表5-6に示した試算結果からは，切断点が低いほど（価格下落幅の最大値が小さい），また，信頼水準が高いほど（分布の裾の位置が異なる），VaR，ESともリスク量の減少度合いが大きいことが明らかである．また，VaRとESの

表5-6　安定分布と切断安定分布のリスク量の比較

			信頼水準			
			95	99	99.5	99.9
切断点	20%	VaR	99	96	91	68
		ES	83	67	58	34
	40%	VaR	100	99	98	89
		ES	90	80	74	54
	60%	VaR	100	100	99	95
		ES	93	86	82	67
	80%	VaR	100	100	100	100
		ES	95	91	88	78

（注1）数字は安定分布の裾の切断によるリスク量の変化（切断前＝100とした切断後のリスク量の相対水準）を表す．
（注2）リスク量の計算は，まず日経平均株価（日次収益率）にフィットして得た安定分布のパラメータを用いてVaR，ESを計算し，次に前日比±20％，±40％，±60％，±80％に対応した切断点（左右対称，対数収益率）を設定して切断安定分布のVaR，ESを計算した．

比較では，VaRよりもESのほうが切断によるリスク量の減少度合いが相対的により大きい（裾の切断はVaRよりもESにより大きく影響する）．切断安定分布の切断点を設定する際にはこうした点も考慮に入れる必要がある．

3.2 ストレスロスを想定したランダム・サンプリング

日経平均株価データから推定した切断安定分布を用いてi.i.d.なデータのサンプリングを行うことで，損失の発生頻度が現実に近いサンプルデータを生成することができる．時系列データを用いたヒストリカルシミュレーションでは，重複せずにデータ数を増やすには過去へ遡って観測期間を延ばすしかないが，この方法では比較的最近のデータをもとに推定した確率分布から異なるサイズのサンプルデータを自由に生成することができる．

パラメータ推定の際に設定した安定分布の切断点は，図5-6に示したように観測されたデータの最大損失を大幅に超える位置にある．シミュレーションにおけるサンプリングでも，推定時と同じ切断点を用いるため，実際に観測された最大損失を超える損失が発生し得る．安定分布の裾部分での損失の発生頻度は，べき乗則に従い正規分布よりもずっと高いため，相対的にストレスロスのイベントを発生させやすい．

このように，シミュレーションでは，観測期間中の最大損失を超えるストレスロスが含まれ，その発生頻度は推定した確率分布（切断安定分布）を根拠に

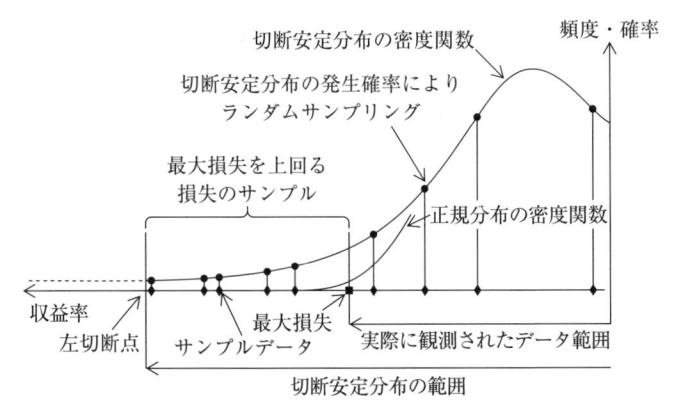

図5-6 切断安定分布からのサンプリングのイメージ

一定の合理性を持って設定されている．これは，現実の時系列データを用いたヒストリカルシミュレーションでは実現困難な設定である．

シミュレーションに使用するサンプルデータとして，推定した切断安定分布から棄却法（rejection sampling）によるランダム・サンプリングで，250，500，1000，2000のサイズのサンプルを各1000セット作成した．サンプルサイズは，250が1年程度の時系列データに相当し，サイズの差は観測期間の差に対応すると想定した．

なお，現実の日経平均株価（日次収益率）の時系列データと母分布からのサンプリングで得たデータの関係については，次のように考えることができる．現実の収益率の時系列データは，図5-2（右）で示したようにボラティリティの高い時期が連続するという時系列的な特徴を示すことが多く，統計的検定によって独立性が成立しないとされることも少なくない．特に株価のような日々の変動の激しい資産の短期のリスク量を計測するには，本来，条件付きモデルのほうが実態を反映させやすい[28]．

一方，無条件モデルは，損益の発生頻度のみに注目し，発生時間を考慮しない静的なモデルであるため，リスク量計測には現実の時系列データから時間情報を外したデータが用いられることになる．例えば，図5-7（左）は，切断安定分布の推定に用いた日経平均株価の収益率の発生順序をランダムに入れ替えたものであり，無条件モデルではこの状態のデータが使われていると考えてよい．また，無条件アプローチでは必然的に時系列の定常性を仮定することになることを意味する点にも注意が必要である．

図5-7（右）は推定した切断安定分布からi.i.d.なサンプリングによって得た同じサイズのデータである．このデータは独立性が確保されているため，無条件モデルを前提としたリスク量計測のシミュレーションにそのまま用いることができる．

---

[28] McNeil and Frey（2000）では，先進国の株価，為替などのデータを用いて，条件付きモデル（GARCH＋正規分布やEVTなど），無条件モデルによるリスク量計測を行い，バックテスト性能の比較から，これら市場リスクのリスク量計測には無条件モデルよりも条件付きモデルによる計測の方がより精度が高いとの結果を示した．

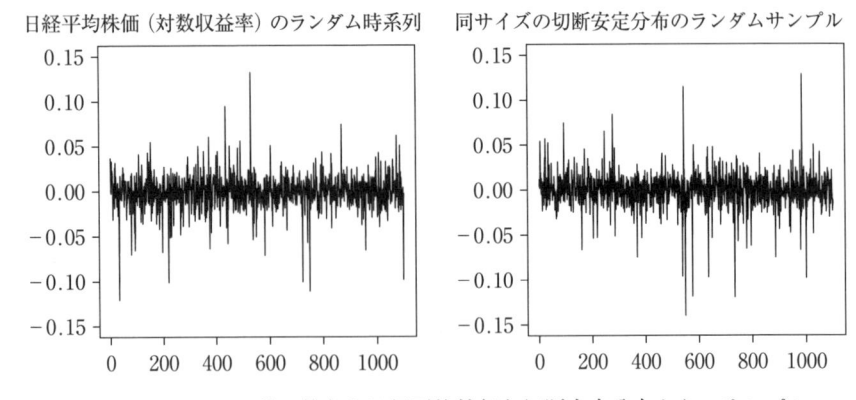

図5-7 ランダムに並べ替えた日経平均株価と切断安定分布からのサンプル

3.3 リスク量計測手法の概要と推定時の条件設定

本稿では，分析対象のリスク量計量手法として，実務における使用頻度などを考慮し，パラメトリック[29]な手法として正規分布近似，一般化パレート分布近似，ノンパラメトリックな手法としてヒストリカル法，カーネル平滑化の計4つを選んだ．シミュレーションにおけるリスク量計測の前提となる信頼水準については，3.1のベンチマークのリスク量の計算と同様に，VaR, ES ともに95～99%までは1%ごと，99%以上では99.5, 99.7, 99.9%とした．

シミュレーションでは，ランダム・サンプリングにより生成した各サイズの個別データに対して，4つの手法を適用してそれぞれ確率分布を特定する．こうして特定された確率分布の密度関数・分布関数を用いてサンプルセットに含まれるデータごとにVaR, ES を計算する．この結果に基づき，サンプルセットにおけるVaR, ES の平均値を求め，切断安定分布から計算したベンチマークのVaR, ES と比較する．また，推定値のばらつきをみるため，各信頼水準において，サンプルセット内のVaR, ES の推定値の標準偏差，95%区間を計算した[30]．

---

29) 本稿では，分布のパラメータ（母集団の特性を規定する母数）を推定し，そのパラメータを用いてVaR, ES を計算する方法をパラメトリックな手法，母集団の分布型について一切の仮定を設けずにVaR, ES を計算する方法をノンパラメトリックな手法としている．

以下では，各計測手法の概要とリスク量の計算時に必要となる各種設定などについて説明する．

3.3.1 正規分布近似

正規分布近似では，VaR，ESは正規分布$N(\mu, \sigma)$のパラメータを用いて解析的に計算できる．

$$VaR_p = -\mu - \sigma z_{1-p}$$
$$ES_p = -\mu + \sigma \frac{\varphi(z_{1-p})}{1-p} \qquad (9)$$

μ，σは収益率の平均・標準偏差，pは信頼水準，z_{1-p}は標準正規分布の$100 \times (1-p)$パーセンタイル，$\varphi( )$は標準正規分布の密度関数

例えば，信頼水準95％のVaR，ESは，$z_{0.05} \approx -1.65$，$\frac{\varphi(z_{0.05})}{0.05} \approx 2.06$より

$$VaR = -\mu + 1.65 \cdot \sigma$$
$$ES = -\mu + 2.06 \cdot \sigma \qquad (10)$$

となる．

正規分布は，安定分布の安定指数が2に等しい場合に相当する．これは，正規分布近似によるVaR，ESの計測では，実際のテイル事象の発生状況に関係なく，分布の裾の形状は常に固定されていることを意味する．したがって，データの正規性が成り立たない状況では，正規分布近似によるリスク量の推定値はバイアスを持ち，漸近的にも不偏とならないことが予想される．また，サンプルデータから計算した平均μ，標準偏差σの推定値は信頼水準に依存しないので，信頼水準の違いによるリスク量のばらつきの差は限定的であると予想される．

3.3.2 GPD近似

極値理論（extreme value theory, EVT）を応用し，確率分布の全体ではなく，裾部分のみを推定することで，VaR，ESの推定値を得ることができる．具

---

30) 正規分布など，VaR，ESの推定値のばらつきを解析的に計算できる場合もあるが（Dowd, 2000），本稿では，シミュレーション結果から直接，推定値の標準偏差などを計算した．なお，95％区間は，データセットごとに計算される1000個のリスク量の集合を昇順に並べ，その2.5％および97.5％点（経験分布）で囲まれる区間とした．

体的には，X を分布関数が $F(\ )$ である確率変数とする．一定の閾値 u に対する超過 $X-u$ に関する条件付き分布を[31]，

$$F_u(y) = \Pr\{X-u \leq y | X > u\} = \frac{F(u+y)-F(u)}{1-F(u)} \tag{11}$$

とすると，この $F_u(y)$ は GPD で近似して応用される[32] ことが少なくない．GPD の分布関数 $G_{\xi,\sigma}(y)$ は，形状パラメータ ξ と尺度パラメータ σ を用いて

$$G_{\xi,\sigma}(y) = \begin{cases} 1-\left(1+\xi\dfrac{y}{\sigma}\right)^{-\frac{1}{\xi}}, & \xi \neq 0 \\ 1-e^{-\frac{y}{\sigma}}, & \xi \neq 0 \end{cases} \tag{12}$$

と表される．ここで，σ の符号は正，y の値の範囲は ξ の値に依存する．

$$\sigma > 0, \quad \begin{cases} y \geq 0, & \xi \geq 0 \\ 0 \leq y \leq -\left(\dfrac{\sigma}{\xi}\right), & \xi < 0 \end{cases} \tag{13}$$

GPD 近似によって VaR，ES を求めるには，式(11)で収益率を $x = u + y$ と変数変換し，$F_u(y)$ を $G_{\xi,\sigma}(x-u)$ で置き換えると，元の確率変数 X の分布関数 $F(x)$ は，

$$F(x) = (1-F(u))G_{\xi,\sigma}(x-u) + F(u) \tag{14}$$

となることから計算できる．

GPD のパラメータ推定に際しては，分布の裾部分を特定する閾値 u を決める必要がある．分布の裾を定義するうえで閾値 u の水準は十分に高くなければならないが，高すぎる場合には閾値 u を超えるデータが少なくなり，パラメータが安定的に推定できなくなる．反対に閾値が低過ぎれば，分布の裾の GPD による近似が難しくなる．閾値の決定方法は複数存在する[33] が，本稿では，単純に下位 10% のデータを閾値超のデータとした．GPD のパラメータ推定には最尤法を用いた．本稿では試していないが，PWM（probability-weighted moments）法など最尤法以外の推定方法が用いられることもある[34]．GPD 近

---

31) 本稿の GPD 近似では，分布の右（プラス）側を対象として表記している．実際の推定では，対数収益率に全て -1 を乗じて VaR，ES を計算した後，符号を元に戻した．
32) Balkema and DeHaan（1974），Pickands（1975）．
33) 例えば，Gilli and Këllezi（2006）では，QQ プロットを用いた方法を含めて実務にも応用可能な複数の方法が比較対比されている．

似による VaR, ES, ES/VaR 比率の計算式は，以下の通り[35]．

$$VaR_p = u + \frac{\sigma}{\xi}\left(\left(\frac{n}{n_u}(1-p)\right)^{-\xi} - 1\right)$$

$$ES_p = \frac{VaR_p}{1-\xi} + \frac{\sigma - \xi u}{1-\xi}, \quad \xi < 1 \qquad (15)$$

$$\frac{ES_p}{VaR_p} = \frac{1}{1-\xi} + \frac{\sigma - \xi u}{(1-\xi)VaR_p}$$

n はサンプルサイズ，n_u は閾値を超えるデータの数（本稿では $n_u = n \times 0.1$）．
最尤法によるパラメータ推定に基づく GPD 近似による VaR, ES の計測では，形状パラメータ ξ の数値によって，計算されるリスク量が極端に大きく（あるいは小さく）なる，リスク量に関する前提条件が満たされなくなる，などの問題が生じることがある[36]．シミュレーションでも，主に小サンプルの場合において，実際にそうした問題が生じた例がみられた．また，推定された GPD の裾は，切断前の安定分布の裾を近似していると考えられるため，GPD の ES は特に高い信頼水準では切断安定分布の ES を上回ることも予想される．VaR, ES のばらつきについては，GPD の各パラメータの推定値のばらつきに依存するが，式(15)の定義式から，信頼水準が高いほど VaR, ES のばらつきが大き

---

34) 状況によっては PWM による推定の方が安定した推定値が得られる場合もあり，最尤法が唯一かつ最善の推定方法という訳ではない．その他，Cai et al. (2012) では，複数の中間的な閾値を設定したうえでパラメータを推定する方法も紹介されている．本稿で示した GPD 近似によるリスク量推定は，閾値の設定方法とともに，最尤法によるパラメータ推定の精度にも依存するため，別の推定方法を用いた場合には異なる結果が得られる可能性もある．

35) 計算式の導出については，McNeil et al. (2005)，McNeil and Frey (2000) を参照されたい．閾値の設定やパラメータの安定的な推定に必要なデータ数などについては，ダニエルソン・森本 (2000) に説明がある．また，GPD 近似による分位点，平均値に関するより厳密な収束条件については，Makarov (2006) の p.53 を参照されたい．

36) ES/VaR 比率については，図5-5（右）に示したように信頼水準が上がるにつれて低下することが予想される．GPD のパラメータ推定においても，信頼水準が上がるにつれて ES/VaR 比率が低下することを前提とした（GPD 近似の場合，信頼水準を100%に近づけた場合の ES/VaR 比率の収束値は厳密には ξ の符号に依存し，$\xi<0$ なら 1，$\xi \geq 0$ なら $(1-\xi)^{-1}$ となる〈McNeil et al. (2005) の 7.20 式を参照されたい〉）．推定されたパラメータによっては，式(15)および ES/VaR 比率の想定における制約が満たされない場合が一部生じた．その場合，閾値の水準を初期値の10%から変更し再推定することで対応した（条件を満たすまで閾値超のデータの比率を1%ずつ引き上げた〈上限最大20%〉）．

くなること，ES のばらつきのほうが VaR よりも大きくなる（$\xi<1$）ことが予想される．

図5-8 では，GPD の形状パラメータ ξ の推定値をサンプルサイズ別に示している．250 の小サンプルでは，ξ の推定値は符号反転を伴って広い範囲にばらついている．サンプルサイズの増大に伴ってこうした状況は緩和している．形状パラメータ ξ の推定値の上限と下限の周辺をサンプルサイズ別に比較すると，下限値付近でのばらつきが大きい．形状パラメータ ξ の推定値の符号が負の場合，裾の短い分布が想定され，収益率の値には式(13)で示した範囲制約が生じる．このように，特に小サンプルの場合において，形状パラメータ ξ の推定値は相対的にばらつきが大きくなっており，リスク量の推定値のばらつきの大きさをもたらす要因となった．

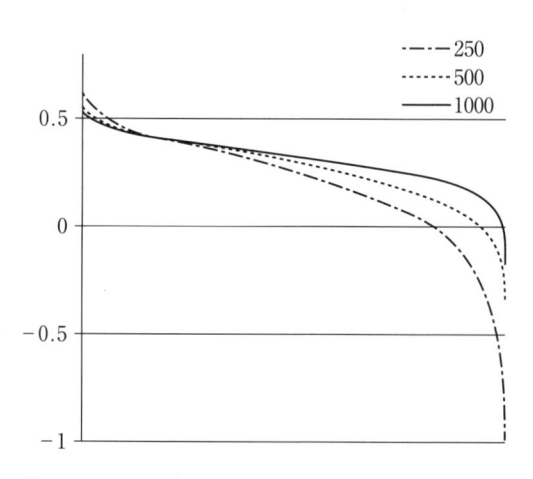

図 5-8 GPD の形状パラメータ ξ の推定値（サンプルサイズ別）

(注) サンプルサイズごとの推定値を降順に並べ替えてプロットした（サンプルセット数の合計は全てのサイズについて1000）．

3.3.3 ヒストリカル法（ヒストリカルシミュレーション）

ヒストリカル法[37]は，データの経験累積分布関数（ECDF）から指定された信頼水準に対応する分位点として VaR を求める手法であり，分布に関するパラメトリックな前提は何ら必要としない．

表 5-7 分布の裾の閾値を超えるデータ比率（n_u/n）の設定状況

サンプルサイズ	閾値の水準設定別のサンプルセット数			セット数計
	10%（初期設定）	10〜15%	15〜20%	
250	779	177	44	1000
500	831	154	15	1000
1000	873	124	3	1000

（注）GPD のパラメータ推定時にコントロール可能なのは，分布の裾を特定する閾値の設定のみ．本稿では，閾値を n_u/n の比率により設定したが，式(15)および脚注36）に示したパラメータ制約を満たすために必要に応じて n_u/n の比率を引き上げた．

n 個の i.i.d. な確率変数 $X_1, X_2, ..., X_n$ について共通の分布関数が $F(x)$ であるとする．このとき，ECDF は以下のように定義される．

$$F_n(x) = \frac{x 以下のサンプルの数}{n} = \frac{1}{n}\sum_{i=1}^{n} 1_{\{X_i \leq x\}} \tag{16}$$

1_A は状態 A が成立する場合に 1，それ以外は 0 の値をとる関数

ECDF は，n 個のサンプルの各点において $1/n$ ずつ確率の値が増えていく階段関数である．一般的なヒストリカル法では，信頼水準 p についてこの ECDF の一般化逆関数 $F_n^{-1}( )$ [38] により実際に発生したデータの中から VaR の値（標本分位点）が選ばれる [39]．ES は，VaR を超えるデータの単純平均として計算される．

$$VaR_p[X] = F_n^{-1}(1-p), \quad 0 < p < 1$$
$$ES_p[X] = \frac{1}{1-p}\sum_i \{-X_i | -X_i \geq VaR_p[X]\}, \quad 0 < p < 1 \tag{17}$$

---

37) 本稿におけるヒストリカル法は，ランダム・サンプルを対象としており，「時系列データ」を扱っている訳ではない．その意味で，本来は，「経験分布による近似」と表記するほうが適切と思われるが，一般的な呼び名として便宜的に「ヒストリカル法」という用語を用いた．

38) ECDF には逆関数が存在しない場合もあるため，一般化逆関数（McNeil et al., 2005: 2.12）を用いた定義とした．

39) ヒストリカル法の VaR の前提となる階段状の ECDF の $1-p$ 分位点には区間 $[q_{1-p}^-, q_{1-p}^+)$ が対応する．

$VaR_p^+[X] = q_{1-p}^+ = -\inf\{x|P[X \leq x] > 1-p\}, \quad 0 < p < 1$
$VaR_p^-[X] = q_{1-p}^- = -\inf\{x|P[X \leq x] \geq 1-p\}, \quad 0 < p < 1$

本稿では，ヒストリカル法の VaR を q_{1-p}^- として計算した．より厳密な VaR と分位点の関係については，Artzner et al. (1999) の Definition 3.2 を参照されたい．

ヒストリカル法は，i.i.d. な確率変数 X の真の分布関数を $F(x)$，その経験分布関数を $F_n(x)$ とすると，

$$\lim_{n \to \infty} \sup_x |F_n(x) - F(x)| = 0 \qquad (18)$$

n はサンプルサイズ

となること（Glivenko-Cantelli の定理）に理論的根拠を置いている．

ヒストリカル法のメリットは，分布に特定の仮定を置くことなくサンプルデータに内在するファットテイル性を直接リスク量に反映できる点にあるが，十分な数のサンプルを確保しないと良い推定量は得られない．すなわち，サンプルサイズが十分大きければ式(18)から標本による母集団の近似が可能となるが，サンプルサイズが小さいときには必ずしも近似がうまくいかない場合もある．その場合，分布の裾におけるサンプル数の不足[40]から，高い信頼水準におけるVaR，ES が信頼水準の変化に反応しなくなることも式(17)の定義式から予想される．一方，十分な数のサンプル確保のために観測期間を長くすれば，i.i.d. の仮定に反する可能性が高くなるという問題がある．また，リスク量計算にECDF を用いる際，観察されたデータの最大値・最小値を超える収益率変動が生じる確率は定義によりすべてゼロとされる．しかし，実際には，そうした確率はゼロではないため，特にサンプルサイズが少ない場合にはリスク量の過小推定などの問題が生じる可能性がある．

実務では，これらの問題を考慮した様々なヒストリカル法[41]が用いられており，GARCH モデルなどと組み合わせてボラティリティの変動を調整したうえでヒストリカル法を適用する Filtered historical simulation[42] なども使われている．本稿では，一般的なヒストリカル法を想定して，VaR の定義式に従って単純に ECDF から VaR を求め，そこから VaR を超える損失の単純平均としてES を計算した．また，リスク量のばらつきもシミュレーションの結果から直接

---

[40] こうした裾におけるサンプルの不足が分位点の不確実性をもたらす状況は，tail coarseness problem と呼ばれている（Daníelsson and Jorgensen, 2013）．

[41] 分布の裾部分でのサンプルの不足問題への対応としては，ブートストラップ法によるサンプル数の増加や Harrell-Davis 統計量の活用なども有効な対応とされている（Inui et al., 2005）．

[42] 詳細は，Hull and White (1998)，Barone-Adesi et al. (2002)，Barone-Adesi et al. (2008) を参照されたい．

計算した．

経験分布を用いたヒストリカル法による VaR の推定値のバイアスについては，Inui et al. (2005) が裾部分で凸性を有する損失分布 (正規分布, t 分布など) について過大推定となる可能性を指摘している. しかし, 乾 (2003), 安藤 (2004) では，株価や為替レートなど実際の金融資産データを用いたシミュレーション分析により反対に過小推定の可能性が指摘されている[43]. ヒストリカル法による ES の推定値のバイアスについて，Kim (2010) は，過小推定となる可能性があり，バイアスの大きさはサンプル数が少ないほど大きいと指摘している[44].

ヒストリカル法による VaR の推定値のばらつきについては，十分なサンプルが得られている場合，漸近的に以下の近似式で得られることが知られている (山井・吉羽, 2001).

$$\sigma_{VaR_p[X]} = \frac{1}{f(q_{1-p})}\sqrt{\frac{p(1-p)}{n}}, \quad 0 < p < 1 \tag{19}$$

$\sigma_{VaR_p[X]}$ は $VaR_p[X]$ の標準偏差, $f(x)$ は確率変数 X の密度関数, p は信頼水準, q_{1-p} は X の $1-p$ 分位点.

式(19)から VaR のばらつきは，サンプルサイズが小さいほど，信頼水準が高いほど大きくなることが予想される．同様に ES の推定値のばらつきもサンプルサイズが小さいほど，信頼水準が高いほど大きくなることが知られている[45].

3.3.4 カーネル平滑化

カーネル平滑化では，観察されたデータについてカーネル関数 (平滑化関数)

---

[43] 乾 (2003) では，過小推定となった理由として，(1) 実際の金融資産の収益率は，分布の裾が凸性を満たしていない，(2) i.i.d. の前提が成立していない，の２つを挙げている．安藤 (2004) も，「リスク管理実務が対象とする実際の市場データには，Inui et al. (2005) の指摘は，必ずしも該当しないと考えておいてよいと思われる」としている．なお，分布の裾の凸性については，本シミュレーションで用いた切断安定分布もこれを満たさないため，その点については過小推定の要因となり得る．

[44] Kim (2010) は，ES を包含するより広いリスク量概念である DRM (distortion risk measure) について，一定の条件のもとでヒストリカル法による推定が負のバイアスを持つこと，ブートストラップ法によるバイアスの補正が可能なことを示し，数値シミュレーションでその効果を検証している．

[45] 山井・吉羽 (2001) の補論１の (A-3) 式．

を複数組み合わせることで「確率分布の平滑化」を行い，VaR，ES を計算する．ヒストリカル法では，実際に発生したデータに確率が等しく付与されるのに対し，カーネル平滑化では，実際には発生していない値も含めて全ての収益率変動に確率を与えてリスク量計算を行う．

n 個の i.i.d. な確率変数 $X_1, X_2, ..., X_n$ について共通の連続した分布関数 $F(x)$ と密度関数 $f(x) = \frac{d}{dx}F(x)$ を考える．ここで，分布関数 $F(x)$ は，ヒストリカル法と同様に経験分布（ECDF）により推定することができるが，ECDF は連続でない階段関数であり，$\frac{d}{dx}F(x)$ から密度関数 $f(x)$ を直接求めることはできない．カーネル平滑化では，カーネル関数を用いて密度関数および分布関数を構成する．

まず，カーネル密度関数 $\hat{f}(x\,;\,X_{i=1,...,n})$ は，一般的に次のように定義される．

$$\hat{f}(x\,;\,X_{i=1,...,n}) = \frac{1}{n}\sum_{i=1}^{n} K_h(x - X_i) = \frac{1}{nh}\sum_{i=1}^{n} K\left(\frac{x - X_i}{h}\right)$$
$$K_h(x) = \frac{1}{h}K\left(\frac{x}{h}\right), \quad h > 0 \tag{20}$$

$\hat{f}(x\,;\,X_{i=1,...,n})$ はカーネル密度関数，$K(\ )$ はカーネル関数，X_i は i 番目のデータに対応する確率変数，h はバンド幅（平滑化パラメータ）

カーネル平滑化では，任意の点の確率密度は，近接する周辺のデータの位置における複数の密度関数の加重和となっている．この個々の密度関数の周辺への広がり度合いを設定するのがバンド幅 h である．

カーネル関数の候補は複数存在する．例えば，

Epanechnikov カーネル

$$K(u) = \begin{cases} \frac{3}{4}\left(1 - \frac{1}{5}u^2\right)/\sqrt{5}, & |u| < \sqrt{5} \\ 0, & |u| \geq \sqrt{5} \end{cases} \tag{21}$$

ガウシアンカーネル

$$K(u) = \frac{1}{\sqrt{2\pi}}e^{-\frac{u^2}{2}} \tag{22}$$

などがよく使われるが，このほかにも，Biweight，Triangular，Rectangular

などのカーネル関数が存在する.

カーネル平滑化では，カーネル関数の選択とバンド幅の決定を行わなければならない．カーネル関数の選択は，通常，データ数が十分あれば最終的に密度関数にはそれほど影響しないことが知られている（Yu et al., 2010）．一方，バンド幅は平滑化の程度を決める重要なパラメータであり，密度関数の形状を大きく左右する[46]．このため，バンド幅の設定がリスク量計算にも大きな影響を及ぼす．バンド幅の設定には，数多くの手法が存在するが，比較的よく使われるのは，Silverman (1986) による次の計算式（Silverman's rule of thumb）[47]である．

$$h = \left(\frac{4\hat{\sigma}^5}{3n}\right)^{1/5} \approx 1.06\hat{\sigma}n^{-1/5}, \quad \hat{\sigma}は標本標準偏差 \tag{23}$$

なお，カーネル密度関数 $\hat{f}(x; X_{i=1,...,n})$ の値は，式(20)のようにデータ $X_1, X_2, ..., X_n$ が独立同一の密度関数 $f(x)$ に従うことから確率変動する．カーネル密度関数 $\hat{f}(x; X_{i=1,...,n})$ の平均と分散は，例えば，ガウシアンカーネルの場合，

$$E[\hat{f}(x; X_{i=1,...,n})] \approx f(x) + \frac{f''(x)}{2}h^2, \quad \mathrm{var}[\hat{f}(x; X_{i=1,...,n})] \approx f(x) + \frac{1}{2\sqrt{\pi}nh} \tag{24}$$

となる．カーネル密度関数 $\hat{f}(x; X_{i=1,...,n})$ の値は，真の密度関数 $f(x)$ の値に対してバイアスを持ち，その大きさは $f''(x)$ とバンド幅 h に比例する．同様にばらつきは，データ数 n，バンド幅 h に反比例する．バンド幅 h を大きくとれば，バイアスは大きくなるが，ばらつきは小さくなる（バンド幅 h に関するバイアスとばらつきのトレードオフ関係）．

---

[46] 本稿では，バンド幅 h は固定値としたが，$h(X)$ のように確率変数の値に応じてバンド幅を決める方法も存在する．分布の裾部分では，データ数が少ないため，固定値のバンド幅の設定では，密度関数が波打つような形状になることが少なくない．この場合，裾部分でのバンド幅を相対的に大きくすれば裾部分におけるスムージング効果を強めることも可能となる．

[47] 正規分布，ガウスカーネルを前提に下記の AMISE の最小化により得られるバンド幅 h．

$$MISE(h) = E\left[\int_{-\infty}^{\infty}(\hat{f}(x; X_{i=1,...,n}) - f(x))^2 dx\right] \approx \frac{1}{2\sqrt{\pi}nh} + \frac{h^4}{4}\int_{-\infty}^{\infty}f''(x)^2 dx = AMISE(h)$$

この計算方法には，1.06とは異なる係数を用いるなど，若干の変形版も存在する．本稿では，このままの形でバンド幅を計算した．

シミュレーションでは，ガウシアンカーネルを使用し，バンド幅については，式(23)を用いて固定値として設定した．これらの設定は，本来は，実際のデータをみながら必要に応じて修正を加えて調整することが望ましいが，シミュレーションでは全て同じ設定方法を適用した．

次にカーネル平滑化による分布関数 $\hat{F}_n(x; X_{i=1,...,n})$ は，

$$\hat{F}_n(x; X_{i=1,...,n}) = \frac{1}{n}\sum_{n=1}^{n} G\left(\frac{x-X_i}{h}\right), \quad G(x) = \int_{-\infty}^{x} K(u)du \quad (25)$$

で得られる．VaR の計算については，式(25)から分布関数の逆関数を用いて計算することができる（Chen and Tang, 2005）．すなわち，信頼水準 p の VaR は，

$$\hat{F}_n^{-1}(1-p; X_{i=1,...,n}) = VaR_p, \quad \frac{1}{n}\sum_{n=1}^{n} G\left(\frac{VaR_p - X_i}{h}\right) = 1-p \quad (26)$$

を満たす VaR_p となる．本稿では，この分布関数の逆関数 $\hat{F}_n^{-1}()$ をニュートン法で計算した．ES については，式(26)で推定した VaR_p の値と式(1)での ES の定義により，

$$ES_p = \frac{1}{1-p}\int_{VaR_p}^{\infty} x\hat{f}(x; X_{i=1,...,n})dx \quad (27)$$

で得られる[48]．

カーネル平滑化による VaR[49] は，Sheather and Marron（1990），Chen and Tang（2005）の先行研究などから，一定の条件のもとで真の VaR に収束することが知られている．VaR のばらつきについては，サンプル数が小さいほど，信頼水準が高いほど大きくなる（信頼水準が高いほど裾におけるデータの発生頻度が低下するため）[50]．ES のバイアスについては，Yu et al.（2010），Chen（2007）は，多くの場合に過小推定となること，サンプル数が小さいほど，信頼

---

48) 式(27)による ES の計算は，カーネル密度関数を用いた計算方法であるが，ES は $ES_p = \frac{1}{1-p}\int_p^1 VaR_s ds$ とも定義できるので，式(25)の分布関数を用いて VaR および ES を計算することもできる（計算方法の考え方については Yu et al.（2010）の p.18, Chen (2007) の p.4 を参照されたい）．本稿では Cai and Wang（2008）の先行研究や実務での例などを参考に式(27)による計算方法を選択した．

49) 収束のスピードは，バンド幅に影響される部分が存在する．カーネル平滑化による VaR のバイアス，ばらつきの詳細は，Chen and Tang（2005）の p.233 を参照されたい．

水準が高くなるほどバイアスが拡大することを示し，数値シミュレーションでも整合的な結果を得ている．同様に ES のばらつきは，サンプル数が小さいほど，信頼水準が高いほど大きくなることが知られている[51]．また Chen（2007）は，ヒストリカル法による VaR, ES との比較で，VaR では平滑化の効果によりばらつきの縮小効果が明確にみられるのに対し，ES ではあまり効果がみられないと指摘している[52]．

4　シミュレーション結果の分析

シミュレーション結果については，VaR, ES の推定値と母分布の切断安定分布の密度関数から直接計算した VaR, ES（ベンチマーク）の差および推定値のばらつき（標準偏差，95％区間），相対的なばらつきの度合いを示す変動係数（＝標準偏差／平均），同一の信頼水準における ES/VaR 比率について，サンプルサイズ別[53]・信頼水準別に比較・分析した．なお，本シミュレーションは，あくまでも切断安定分布を仮定した i.i.d. なランダム・サンプリングで得られたデータセットの一例に対して，別の確率分布を仮定してリスク計測した場合にどのような影響があるかを調べたものである．したがって，以下の節に示された分析結果はほかのいかなる状況に対しても常に当てはまるという意味で一般性が確認されたものではない．

3.3 では，各計測手法の概要とともに，推定した VaR, ES のバイアスやばらつきについて，先行研究の結果を基に予想される点を整理した．これらの事前

---

50) Chen and Tang（2005）では，数値シミュレーションにより，カーネル平滑化による VaR は，ヒストリカル法による VaR に比較してバイアスがより小さい一方で，ばらつきはそれほど変わらないとの結果を得ている．

51) ES のバイアス，分散は，Chen（2007）の p.7 を参照されたい．また，Scaillet（2005）にも詳しい説明がある．

52) Chen（2007）は，ES のばらつきに関する平滑化の効果が限定的である理由について，ヒストリカル法による ES 自体がすでに平均処理されているため，カーネル平滑化を施しても追加的なばらつきの縮小にはつながりにくいためと分析している．

53) シミュレーションにおけるサンプル数は，250，500，1000，2000 の 4 つのサイズを用意したが，本稿では，スペースの関係上，このうち 250，1000 の 2 つのサイズの分析結果のみを示した．500，2000 のサイズでは，それぞれ 250，1000 に近い結果が得られた．

の予想とシミュレーション結果との比較などから明らかになった点および各手法に固有の計算上の問題点などについて予め整理しておく．

まず，パラメトリックな手法（正規分布近似，GPD 近似）では，切断安定分布という確率変数の定義域が制約された分布からサンプルデータが生成された[54]のに対し，確率変数の定義域に関する制約なしに分布のパラメータを推定している[55]．推定されたパラメータは切断前の安定分布の形状を反映している可能性があり，この点が VaR，ES の推定値にも影響を及ぼすことも考えられる．特に，切断点の位置がシミュレーション結果に影響を及ぼすかは，本シミュレーションの結果を分析するうえで重要な論点となり得る．

正規分布近似については，VaR，ES の推定値が漸近的にも不偏とならないことがシミュレーション結果でも確認された．正規分布は安定指数を 2 に固定した安定分布である．正規分布の形状はデータ全体から計算された平均，標準偏差で決まり，裾部分のデータは分布の形状に大きな影響を及ぼさない．シミュレーションでは，分布の裾における正規分布の確率密度の減衰速度が速いため，ファットテイルなデータに対しては信頼水準が高くなるほど VaR，ES の推定値のバイアスが拡大することが確認された．また，安定分布の裾の切断処理の影響はみられなかった．

GPD 近似では，正規分布近似とは異なり，裾部分の確率密度の減衰は分布の形状に依存する．サンプルデータから推定した分布には，切断安定分布の切断点を超える部分も存在する．このため，特に高い信頼水準において VaR，ES のバイアスが切断点の影響を受けること，ES への影響が相対的に大きいことなどが確認された．シミュレーションの設定（前日比 ±20％で切断）では，99％を超える高い信頼水準で ES が過大推定を示したが，バイアスの方向は切断点の位置にも影響される．ばらつきについては，正規分布近似とは異なり，理論的に予想されたとおり信頼水準が高いほど大きくなること，VaR よりも ES の

---

54) 切断安定分布からサンプリングされたデータには，観測された最大損失以上の損失が含まれるが，切断点を超える損失は含まれない（図 5-6）．

55) パラメトリックな手法でリスク量を計算する場合，安定分布の裾の切断と同様，分布の裾を切断し，損失の上限を設定することも可能である．本稿では，通常のリスク量計算ではそうした対応はとらないと考え，正規分布近似，GPD 近似とも裾を切断せずにリスク量を計算した．

5 切断安定分布を用いた VaR, ES の計測精度に関する数値的分析 153

ばらつきが大きいことが確認された．VaR，ES のばらつきは，主に GPD の形状パラメータの推定値のばらつきを反映しており，特に小サンプルでは，閾値の設定方法の問題[56]も含めて最尤法による推定が安定しないことがばらつきの拡大をもたらした．GPD 近似では，バイアス，ばらつきの両面で，ES よりもVaR のほうがより安定していた．GPD 近似は，十分なサンプルサイズを確保することが極めて重要な前提となる．実際に，サンプルサイズの増加はバイアス，ばらつきの縮小に大きく寄与した．

ノンパラメトリックな手法のうちヒストリカル法については，確率変数はデータの最大値・最小値の間の範囲で定義されるため，母分布の裾の切断は，VaR, ES の計算に直接影響しない．ヒストリカル法による VaR の推定値のバイアスは，先行研究では過大・過小の両方の可能性が示されたが，シミュレーションの結果は過小推定を示した．この VaR のバイアスの方向・大きさは，データのファットテイル性の度合いにも依存すると考えられる．ES のバイアスは，事前に予想されたとおり過小推定を示した．VaR，ES のばらつきは信頼水準の増加関数となっているが，シミュレーション結果でも高い信頼水準ほどばらつきが拡大した．また，サンプルサイズの増加は，VaR，ES のバイアス，ばらつきの縮小に寄与することが確認された．

カーネル平滑化では，ヒストリカル法とは異なり，損失の最大値を超える領域での密度も計算される．ただし，ガウシアンカーネルを用いたシミュレーションでは，正規分布近似の場合と同様，裾部分で速い速度で密度が低下する．このため，GPD 近似の場合にみられた切断点の位置による VaR，ES の推定値への影響は基本的にみられなかった．VaR，ES のバイアス，ばらつきは，全体としてヒストリカル法に類似した結果となった．予想されたとおり ES の過小推定が確認されたが，ヒストリカル法に比較して平滑化の効果により下方バイアスは大幅に改善している．VaR，ES のばらつきは，ヒストリカル法同様，信頼水準が高いほど，サンプル数が少ないほど拡大することがシミュレーションで確認された．ばらつきに対する平滑化の効果は，VaR では変動係数の低下が確認されたが，ES では先行研究に示されたとおり目立った変化はみられなかった．

---

56) GPD 近似における閾値の設定については，表 5-7 に注記したように，一部のサンプルでパラメータ推定の都合上，設定を変える必要が生じた．

なお，GPD近似ではPOTの閾値の設定，カーネル平滑化ではカーネル関数・バンド幅の選択という複雑な調整がそれぞれ必要とされ，VaR，ESの計算はこれらの設定にも依存することから，比較分析の際はこれらの設定をできるだけ固定しておくことが望ましい．シミュレーションでは，両手法とも基本的に全サンプルに対して同じ設定方法を適用した．リスク量の計算手法に関するより詳細な比較を行うには，こうした前提・調整なども含めたケース分けが必要となる．

4.1 計測手法ごとのリスク量の対ベンチマーク比較
4.1.1 リスク量のバイアス・ばらつき

リスク量のバイアス・ばらつきについて，正規分布近似，GPD近似，ヒストリカル法，カーネル平滑化の4つの手法ごとに整理する．なお，リスク量のバイアスは一定の信頼水準におけるリスク量の平均値と同一の信頼水準におけるベンチマークのリスク量との乖離幅，ばらつきは同じく信頼水準を固定した場合のリスク量の標準偏差および95％区間をそれぞれ指す．

（1）正規分布近似（図5-9）

予想された通り，正規分布近似ではファットテイルな分布の裾の形状を再現できず，VaRの推定値は漸近的にも不偏とならないことが確認された．いずれのサンプルサイズでもVaRの平均値は95〜97％の信頼水準では切断安定分布に比して過大，98％以上では過小の値となった．特に99％以上の高い信頼水準では負のバイアス（過小推定）が大きい．こうした傾向は，ESではVaRよりもさらに強く表れた．ESの平均値は，全信頼水準で過小推定となり，99％以上の信頼水準における負のバイアスはVaRよりも大きい．1000サンプルでは，切断安定分布のESは全信頼水準において推定値の標準偏差および95％区間の外側にある．

VaR，ESのばらつきは，予想されたとおり99％を超える高い信頼水準でも95％の信頼水準の場合とほとんど変わらず，信頼水準の違いはリスク量のばらつきにほとんど影響しないことが確認された．サンプルサイズの影響については，VaR，ESともサンプルが増えるほど標本分散の推定精度の向上を通じて全信頼水準でばらつきが縮小する傾向がみられた．

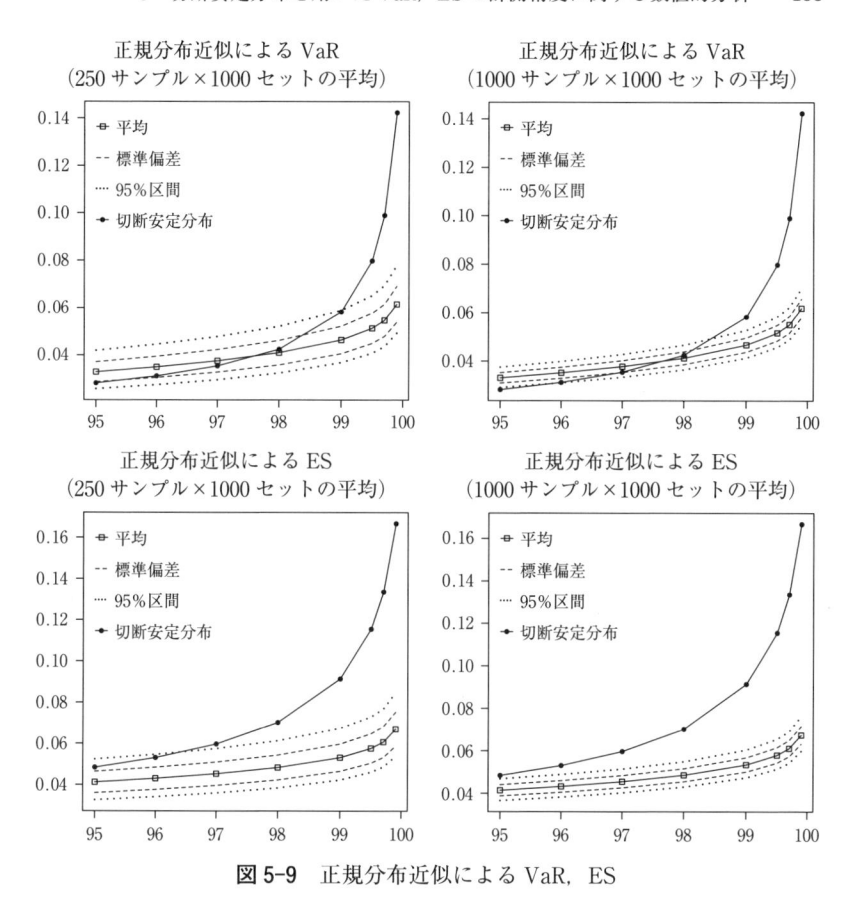

図5-9 正規分布近似によるVaR, ES

（左上）正規分布近似によるVaR（250サンプル×1000セットの平均）
（右上）正規分布近似によるVaR（1000サンプル×1000セットの平均）
（左下）正規分布近似によるES（250サンプル×1000セットの平均）
（右下）正規分布近似によるES（1000サンプル×1000セットの平均）

凡例：平均，標準偏差，95%区間，切断安定分布

（2）GPD近似（図5-10）

VaRの平均値は，正規分布の場合とは異なり，おおむね切断安定分布に近く，99%までの信頼水準では目立ったバイアスはみられない．99%以上の高い信頼水準ではやや過小推定となった．ESの平均値は99%までの信頼水準では切断安定分布とほぼ一致した．99.5%以上の信頼水準ではVaRとは反対に過大推定となった．ESの過大推定は，事前に想定したように推定されたGPDの裾が切断前の安定分布の裾を近似しているために生じている可能性がある．すなわち，この高い信頼水準におけるESのバイアスは，安定分布の切断点の設定にも影響されている可能性がある．

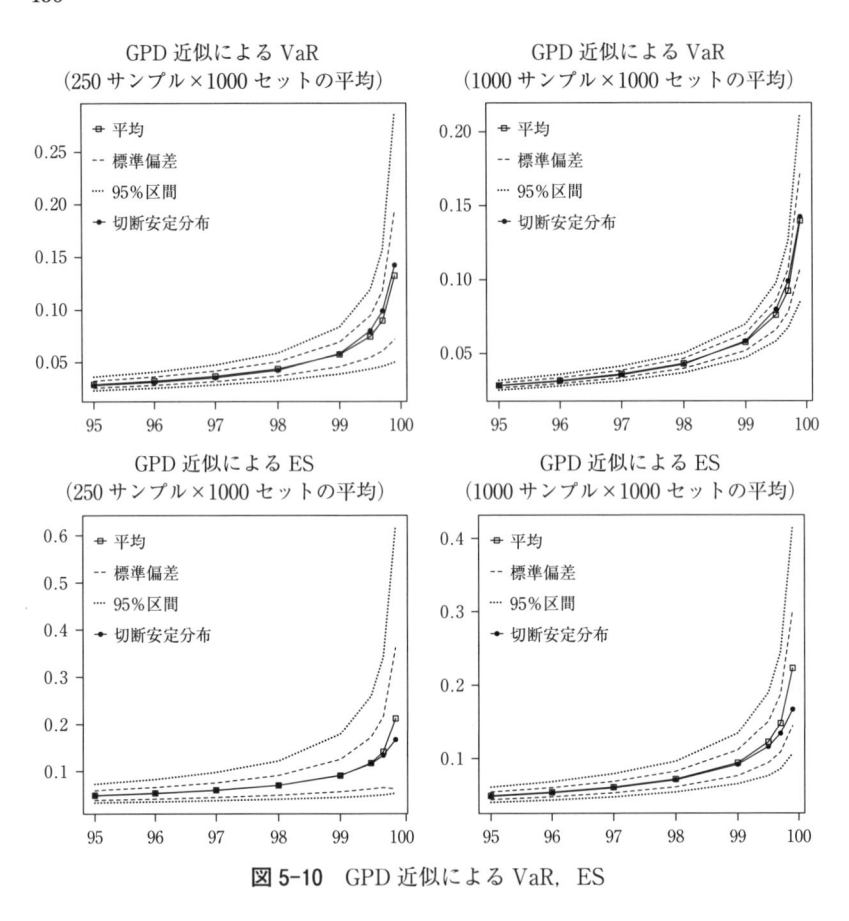

GPD 近似による VaR
（250 サンプル×1000 セットの平均）

GPD 近似による VaR
（1000 サンプル×1000 セットの平均）

GPD 近似による ES
（250 サンプル×1000 セットの平均）

GPD 近似による ES
（1000 サンプル×1000 セットの平均）

凡例：平均／標準偏差／95％区間／切断安定分布

図 5-10　GPD 近似による VaR，ES

　本稿のシミュレーションでは，安定分布の裾を切断してサンプリングを行っている．切断点の設定は，3.1 で示したように前日比±20％に対応する水準としたが，切断安定分布のリスク量は切断点の水準に大きく左右される（表 5-6）．このため，切断点の設定が GPD 近似によるリスク量計算にどう影響するかについて別途シミュレーションで確認した（表 5-8）．これをみると，VaR については，信頼水準が 99％までは切断点の変化による影響はあまりみられず，GPD 近似による VaR の平均値は切断安定分布の VaR に近い．99％を超える信頼水準では，切断点を前日比±20％より高く設定した場合，GPD 近似による VaR の平均値は過小推定となる傾向がみられた．ES については，前日比±20％より

表 5-8 安定分布の切断点の設定と GPD 近似によるリスク量
(GPD 近似によるリスク量／切断安定分布のリスク量)

VaR	信頼水準				ES	信頼水準			
	95	99	99.5	99.9		95	99	99.5	99.9
±20%	101	99	95	98	±20%	102	102	106	134
±40%	101	97	90	73	±40%	94	84	80	78
±60%	101	103	98	83	±60%	99	93	90	89
±80%	101	103	98	81	±80%	98	90	86	79

(注) 安定分布を前日比 ±20%～±80%(に相当する対数収益率)で切断し,切断点の設定ごとに本文のシミュレーションと同様のパラメータ推定・サンプリング(1000 サンプル×1000 セットのデータ)を行ったうえで GPD 近似により VaR, ES を計算した.表中の数字は,この VaR, ES の平均値を推定した切断安定分布の VaR, ES でそれぞれ割った比率である(数値が 100 に近いほど GPD 近似の精度が高い).

高い切断点の設定では,図 5-10 に示したような 99%を超える信頼水準での過大推定とは反対に VaR と同様に過小推定となる傾向が示された. GPD と安定分布の裾の形状は必ずしも同一ではないため,安定分布の裾を十分に延ばした場合,GPD 近似による VaR, ES が高い信頼水準においてともに過小推定になることは考え得る. VaR よりも ES の方が相対的により強い影響を受けているのは,表 5-6 で示したように ES のほうが切断点の変化によるリスク量の変化が生じやすいことが影響している.このように,高い信頼水準における VaR, ES のバイアスの方向・大きさは,安定分布の切断点の位置にも影響されるため,本シミュレーションの結果のみから一般性を持つ分析を示すことは難しい.また,99%程度の信頼水準までは VaR の精度は切断点の水準にほとんど影響されないこと,それ以上の信頼水準でもバイアスの方向は過小で安定していることなど,ES よりも VaR のほうが相対的に安定している.

次に,VaR, ES のばらつきは,正規分布の場合とは異なり,事前に予想されたとおり信頼水準が上がるにつれて拡大している.特に,250 サンプルでは,99%を超える高い信頼水準で VaR, ES ともばらつきが上下両方向に急拡大しており,分布の裾により強く依存する ES で特にその傾向が強い[57].これは小サンプルでは,閾値超のサンプル数が極端に不足したため,GPD のパラメータ推定の歪みにつながったと考えられる.こうした VaR, ES のばらつきについて

---

57) 99%以上の信頼水準では,ES の標準偏差の上限が安定分布の切断点 (0.2) を超えてしまうケースも生じた.

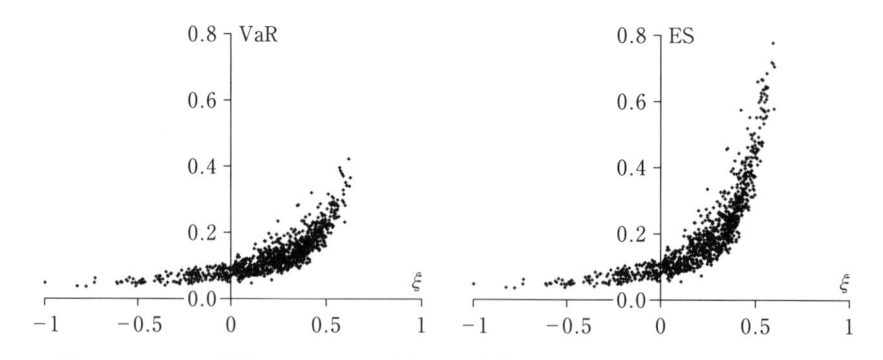

図 5-11 GPD の形状パラメータ (ξ) の推定値と VaR, ES (信頼水準 99.9%)

(注) 250 サンプル×1000 セットのデータについて GPD をフィットして得たパラメータのうち形状パラメータ ξ と VaR, ES の値をそれぞれプロットした.

は，閾値の設定を含めた GPD のパラメータ推定，具体的には図 5-8 に示したように推定した GPD の形状パラメータのばらつきが大きく影響している．この点について，GPD の形状パラメータと VaR, ES の関係を図 5-11 に示した．これをみると，同じ形状パラメータの分布に対して VaR よりも ES のほうが特に上方に大きく反応しており，これが図 5-10 に示された ES の相対的なばらつきの大きさにつながっている．なお，形状パラメータを含む GPD のパラメータ推定は，閾値設定[58]にも影響されるため，閾値の設定方法を変えた場合には，異なる結果が得られる可能性もある．

サンプルサイズの増加は，図 5-10 の 250 サンプルと 1000 サンプルの対比で明らかなように，VaR, ES とも GPD のパラメータ推定の安定化を通じてリスク量のばらつきの縮小に大きく寄与した．1000 サンプルでは，高信頼水準におけるばらつきの縮小が目立ってみられており，特に負のバイアスの縮小が相対的に大きい．

切断安定分布を用いた本稿のシミュレーションでは，GPD の閾値設定・パラメータ推定方法や安定分布の切断点など多くの要素が関係するため，GPD 近似による VaR, ES 計算の評価はほかの手法と比べてより難しい側面がある．

---

[58] シミュレーションにおける閾値の設定方法の詳細は，脚注 36) および表 5-7 の注を参照されたい．

(3) ヒストリカル法（図5-12）

VaRの平均値は，全サンプルサイズで切断安定分布との差は小さかった．99％を超える信頼水準ではやや過小推定の傾向がみられた．ヒストリカル法によるVaRは，事前に過大推定，過小推定の両方の可能性が想定されたが，シミュレーションの結果は，乾（2003），安藤（2004）などと同様，過小推定を示した．これは，サンプリングに使用した切断安定分布が乾（2003），安藤（2004）が想定したのと同様に十分にファットテイルであったためと考えられる．一方，ESの平均値は，低い信頼水準から切断安定分布に比して過小推定の傾向がみられ，信頼水準が上がるほど負のバイアスが拡大した（この点もKim（2010）の

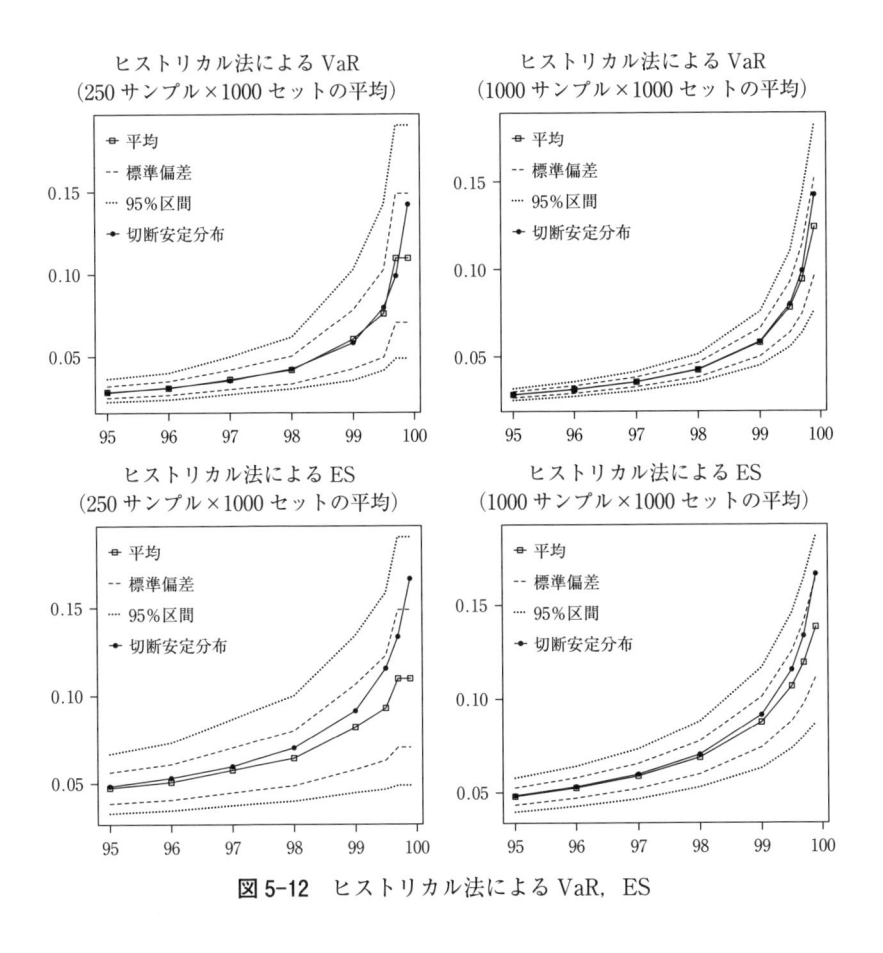

図5-12 ヒストリカル法によるVaR，ES

分析と整合的である).なお,250サンプルでは,99.7%と99.9%のVaR,ESは同一の値(最大損失＝リスク量)となっており,予想されたとおりリスク量が信頼水準の変化に反応しなくなるという状況が生じた.

ヒストリカル法によるVaR,ESのばらつきは,事前に予想されたとおりともに信頼水準が上がるほど大きくなった.VaRよりもESのばらつきが相対的に大きく,特に小サンプルでは,ESは低い信頼水準でもばらつきが相対的に目立つ.サンプルサイズが大きくなるほど,VaR,ESのばらつきは全体的に縮小するが,信頼水準が高いほどばらつきが大きくなる傾向は維持された.

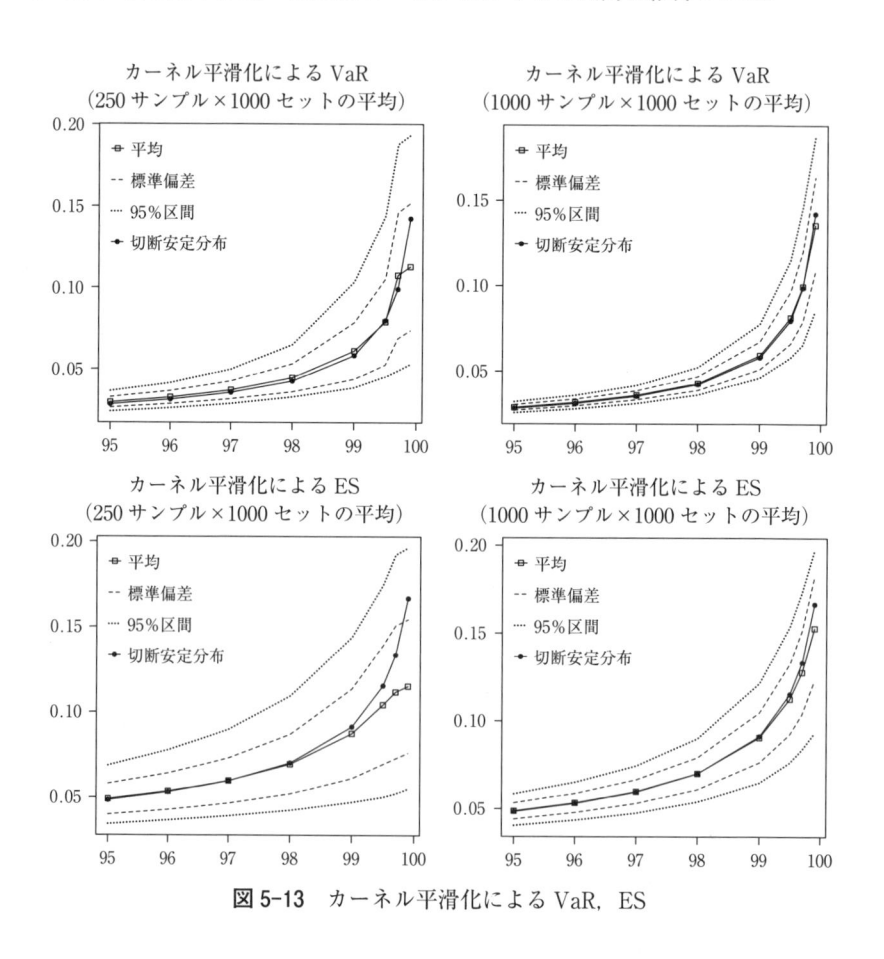

図5-13 カーネル平滑化によるVaR,ES

(4) カーネル平滑化 (図 5-13)

全体的にヒストリカル法の結果と非常によく似た結果となった．VaR，ES の平均値は，ともにヒストリカル法と同様，切断安定分布からの乖離は小さかった．また，平滑化の効果により，250 の小サンプルでも 99.7％，99.9％の信頼水準における VaR の平均値は，ヒストリカル法の場合とは違って信頼水準の変化に反応して異なる値[59]となっている（図 5-13：左）．ES の平均値は，250 サンプルでは 98％を超える信頼水準でヒストリカル法の場合と同様に切断安定分布に比して過小推定になる傾向がみられている．ES のバイアスは，信頼水準が上がるほど拡大する傾向を示しているが，バイアスの大きさはヒストリカル法よりもかなりの程度軽減されている．また，250 から 1000 へのサンプルサイズの増加は明らかに ES のバイアスの低下をもたらした．これらは，いずれも Chen and Tang (2005)，Chen (2007)，Yu et al. (2010) などの先行研究で示された結果と整合的なものである．

ばらつきについては，VaR，ES とも信頼水準が上がるほど拡大しているが，サンプルサイズが大きいほど全般的にばらつきは小さい．これも事前に予想されたとおりの結果である．

4.2 計測手法間のリスク量の相対比較

4.2.1 ベンチマークを基準としたリスク量の相対水準 (図 5-14)

ベンチマークのリスク量（切断安定分布の VaR，ES）を 1 として基準化した相対的なリスク量を信頼水準別に計算し，手法間で比較した．ベンチマークのリスク量は y 軸の値が 1 の水平線で示され，各手法で計算したリスク量（1000 セットの平均）の線がこの水平線に近いほど推定精度が高く，バイアスが少ないことを示す．

正規分布近似による VaR の平均は，信頼水準の上昇に伴ってリスク量が 1 を超える水準（過大評価）から 1 を下回る水準（過小評価）に変化するカーブを

---

59) ヒストリカル法との差が小幅にとどまっている理由としては，カーネル平滑化では最大損失を超える損失の密度も計算されるが，本稿で使用したガウシアンカーネルの場合，裾部分での密度が急速に減衰するためヒストリカル法と大きくは変わらなかったと考えられる．

推定手法別 VaR 水準の比較
(切断安定分布＝1, 250 サンプル×1000 セットの平均)

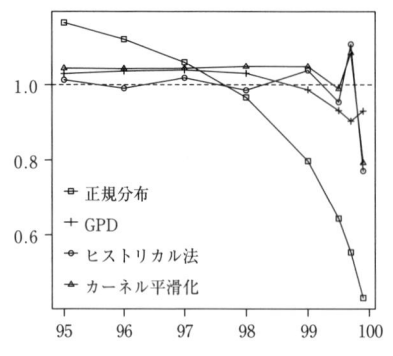

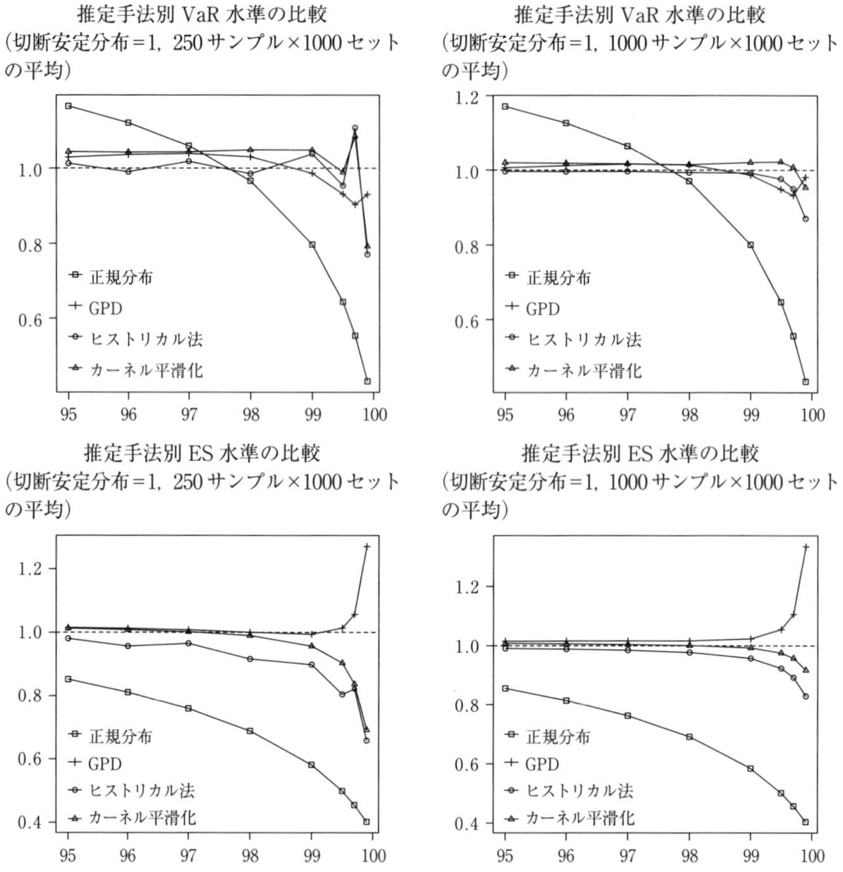

推定手法別 VaR 水準の比較
(切断安定分布＝1, 1000 サンプル×1000 セットの平均)

推定手法別 ES 水準の比較
(切断安定分布＝1, 250 サンプル×1000 セットの平均)

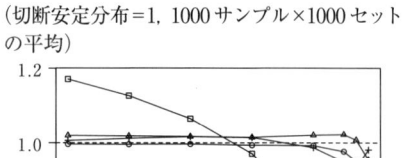

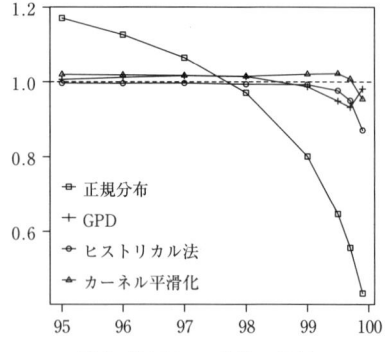

推定手法別 ES 水準の比較
(切断安定分布＝1, 1000 サンプル×1000 セットの平均)

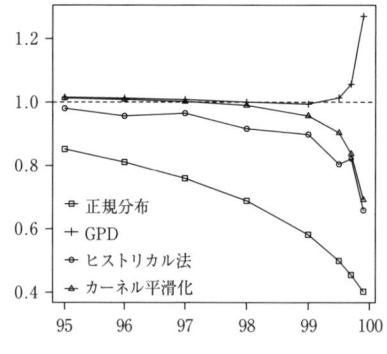

図 5-14　推定手法別の VaR, ES の水準の相対比較

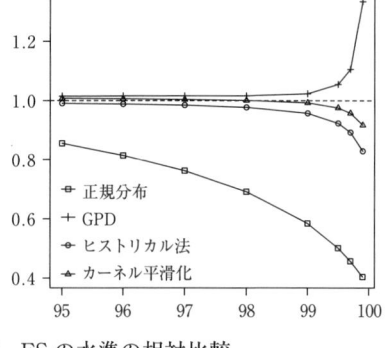

描くなど，ベンチマークからの乖離が目立った．正規分布近似による ES は，全信頼水準で 1 を下回る過小推定になっており，信頼水準が高いほど差が拡大している．これは既にみたように正規分布近似による VaR, ES が漸近的にも不偏となっていないことが反映されている．GPD 近似の VaR は，小サンプルでやや過大，高信頼水準（99％超）で不安定な動きを示したが，その他の条件ではおおむねベンチマークに近い．ES は，95～99％の信頼水準では，250 の小サンプルを含めて 1 に近い水準にある．ただし，99％を超える高信頼水準ではほかの手法が過小推定なのに対し，GPD 近似は著しい過大推定となった．

ヒストリカル法とカーネル平滑化を比べると，95～99％前後の信頼水準ではVaR[60]，ESともにカーネル平滑化のほうがリスク量は相対的に大きくなった．すなわち，VaRは，ヒストリカル法がベンチマーク比1に近い水準となった一方，カーネル平滑化は小サンプルでは1を超える水準となった[61]．ESについては，250サンプルでヒストリカル法の過小推定が目立った一方，カーネル平滑化では，同じサイズのサンプルでもほぼベンチマークに近い水準を示した．99％を超える高い信頼水準では，両手法ともVaRは過小推定に変わる傾向がみられ，ESは過小推定の度合いがより強まる傾向がみられた．こうした高い信頼水準におけるVaR，ESの過小推定の度合いについては，1000サンプル以上でのヒストリカル法の過小推定がより目立っている．

このように，ベンチマークからのバイアスの比較では，手法毎に特徴的な差が存在するものの，正規分布以外の3つの手法はほぼ同程度のパフォーマンスを示し，正規分布がこれらに大きく劣るという結果であった．細かな比較では，高い信頼水準での精度（特に1000サンプルでのVaR，ESのバイアスの小ささ）の点でカーネル平滑化が比較的良好な結果を示した．

4.2.2 リスク量の変動係数（標準偏差／平均，図5-15）

リスク量のばらつきを手法間で相対的に比較する（手法間の平均値の違いを調整したうえでばらつきの差をみる）ため，信頼水準毎に計算した変動係数を比較した．この変動係数が小さいほど，リスク量の推定値のばらつきが相対的に小さいことを示す．

正規分布近似では，VaR，ESとも信頼水準が変わっても変動係数はほとんど変化しなかった．一方，サンプルサイズが大きいほど変動係数は低下した．GPD近似では，VaRの変動係数は，99.7％以下の信頼水準ではヒストリカル法

---

[60] 250サンプルのVaRについては，ヒストリカル法において信頼水準による上下の振れがみられ（図5-14：左），99％を超える高い信頼水準（99.5，99.7％）ではヒストリカル法，カーネル平滑化とも不規則な動きがみられた．これは，複数のサンプルで少数の非常に大きな損失が発生し，それより小さな損失との間に大幅な乖離が生じたことが分位点の水準決定に影響して生じた．

[61] カーネル平滑化では，確率密度が高い領域では密度を下げる方向に，反対に低い領域では密度を上げる方向にスムージングの効果が働く傾向があるため，ヒストリカル法との対比でみて裾部分の密度が高くなっているものと解釈される．

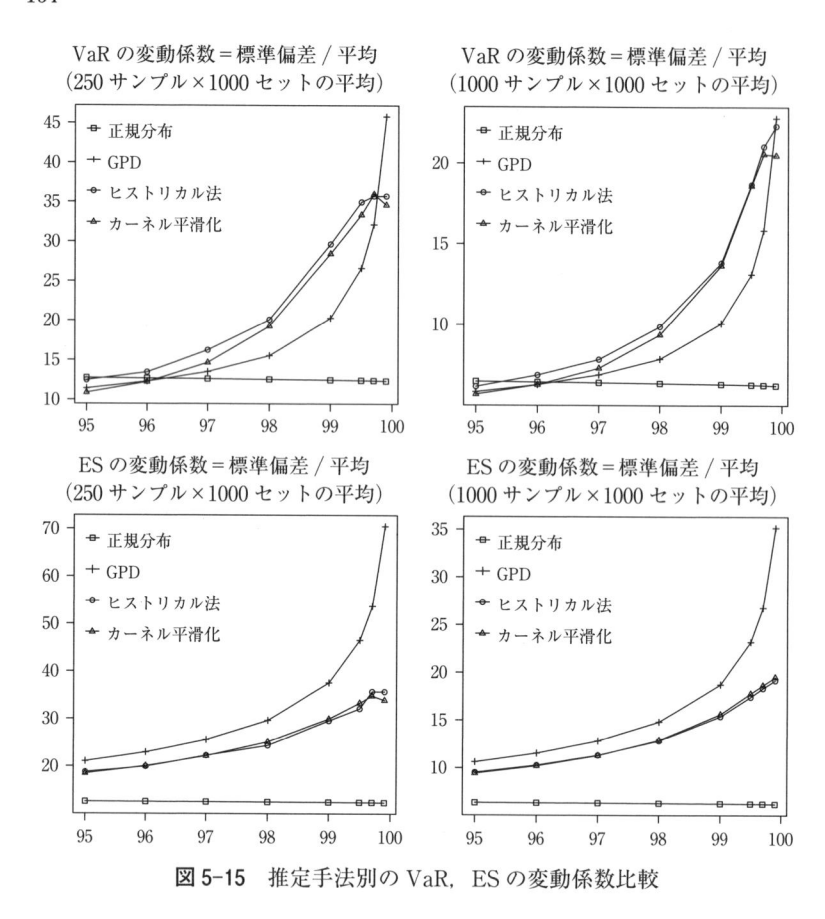

図 5-15 推定手法別の VaR, ES の変動係数比較

やカーネル平滑化よりも小さいが，99.9%では4手法中最大であり，特に高い信頼水準で不安定化しやすい傾向がみられた．ES は，全信頼水準，全サンプルサイズで GPD 近似が最も高い変動係数となっており，信頼水準が上がるほど不安定化した．VaR に比べ ES の推定値のばらつきがより大きいのは，ES が分布の裾の形状の違いにより大きく反応することが影響していると考えられる．

ヒストリカル法とカーネル平滑化の比較では，VaR ではほぼ全てのサンプルサイズでカーネル平滑化の方が変動係数は小さくなったが，高い信頼水準では両者の差は縮小する傾向がみられた．ES では，両者の差はほとんどみられなかった．この結果は，Chen（2007）の分析と整合的な結果である．

4.3 ES/VaR 比率の比較（図 5-16）

同一の信頼水準における ES/VaR 比率は，VaR では捉えられないテイルリスクを ES がどの程度捕捉しているかを示す指標と見なせる．一般的に，信頼水準が上がるほど，この比率は 1 に近づくと予想される．正規分布近似の場合，ES/VaR 比率のカーブは，サンプルサイズによる差は特にみられず，信頼水準が上がるほど低下する形状となったが，全信頼水準でベンチマークを下回った（図 5-16）．これには ES の過小推定がより大きく影響した．GPD 近似については，95～98% の信頼水準ではおおむねベンチマークに近いが，それ以上の信頼水準ではサンプルサイズに関係なくベンチマーク比過大となった．これは，主に ES の過大推定による．

ヒストリカル法，カーネル平滑化については，カーブの形状はベンチマークに近かったが，250 サンプルではベンチマークのカーブよりも低い位置にある．こうしたベンチマークからの乖離は，サンプルサイズが大きくなるにつれ解消し，ベンチマークに近づいた．両手法の比較では，特に 250 の小サンプルにおいてカーネル平滑化がよりベンチマークに近かった．ただし，両手法とも，99% を超える信頼水準で ES/VaR 比率が急速に低下し，正規分布を下回っている．これは，99% を超える高い信頼水準では VaR，ES が最大損失に極めて近い値となってしまうため，信頼水準の変化に敏感に反応しなくなることを示している．

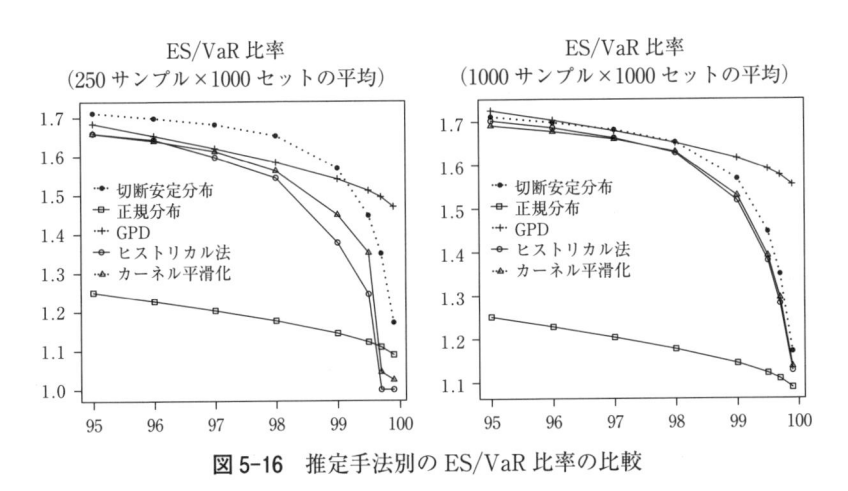

図 5-16 推定手法別の ES/VaR 比率の比較

5 おわりに

　本稿では，ファットテイル性の強い金融資産の収益率変動を切断安定分布でモデル化し，日経平均株価の日次収益率データから分布のパラメータを推定した．推定した分布を母分布としてベンチマークとしてのリスク量（VaR, ES）およびES/VaR比率を計算した．また，母分布からランダム・サンプリングによって生成したサンプルデータに関して，無条件モデルのリスク量計測の手法（正規分布近似，GPD近似，ヒストリカル法，カーネル平滑化）により複数の信頼水準におけるVaR, ES, ES/VaR比率を計算し，ベンチマークのリスク量と対比してバイアスや安定性の観点から比較分析を行った．

　本稿のシミュレーション分析は，現実データを用いてそのファットテイル性を反映させた母分布からサンプリングを行うことで，無条件モデルの前提とされる分布の定常性，i.i.d.の条件などを満たした状態で，比較対象のリスク計測手法固有の特徴や問題点を調べることが可能な点に大きな特徴がある．通常のバックテストによる性能調査との比較では，サンプルデータから計算したリスク量の推定値を母分布から計算したリスク量と直接比較できる点にメリットがある．実際に，小サンプル，大サンプル別にVaR, ESの推定値のバイアスやばらつきを計算し，理論的に予想される結論や先行研究におけるシミュレーション結果などと比較したところ，各手法ともほぼ事前に予想されたとおりの結論が得られた．手法間の相対比較については，ファットテイル性を示すデータに対しては，正規分布近似によるリスク量の計算は，VaR, ESが漸近的にも不偏とならないなど問題が多いことが確認された．一方，GPD近似，ヒストリカル法，カーネル平滑化は，バイアス，ばらつきともおおむね同程度のパフォーマンスであった．より細かな比較では，高い信頼水準での精度・安定性の点でカーネル平滑化が比較的良好な結果を示した．GPD近似は，リスク量のばらつきが相対的に大きく，特にESでその傾向が目立った．

　各計測手法の相対比較に関する主な分析結果を項目別にまとめておく．
サンプルサイズの違いによるリスク指標のバイアス・ばらつきの変化
・正規分布近似を除く3つの手法では，サンプルサイズが大きいほど，リスク

量の推定値の平均はベンチマークに近づく傾向がみられた．正規分布近似は，サンプルサイズが増えてもベンチマークからの乖離は縮小しなかった．
・正規分布を含む全手法で，サンプルサイズが増えるほど，リスク量の推定値のばらつきが小さくなる傾向がみられた．

信頼水準の違いによるリスク指標のバイアス・ばらつきの変化
・正規分布近似では，信頼水準によるばらつきの変化は限定的であった．ほかの 3 つの計測手法では，信頼水準が高くなるにつれてばらつきが拡大する傾向がみられた．

ベンチマーク対比でのリスク量の相対的なバイアスの大きさ
・正規分布近似による VaR の推定は，漸近的にも不偏とならず，低い信頼水準では過大推定，高い信頼水準では過小推定となった．ES は，信頼水準によらず過小推定となり，信頼水準が上がるほど乖離が拡大した．
・ほかの 3 つの計測手法では，リスク量の平均はおおむねベンチマークに近い結果が得られた．ただし，99％を超える高い信頼水準では，GPD 近似による ES の推定を除き，いずれもやや過小評価になる傾向がみられた．サンプルサイズが小さい場合，ヒストリカル法の過小推定がやや目立った．

ES/VaR 比率
・同一信頼水準における ES/VaR 比率は，信頼水準が上がるにつれ全手法で低下する傾向がみられた．手法別には，正規分布近似の同比率はベンチマークを大幅に下回った．ほかの 3 手法では，高い信頼水準での GPD 近似を除きベンチマークに近いカーブとなり，サンプルサイズが大きいほどベンチマークに近づいた．

バーゼル自己資本比率規制の見直しにおける ES の新規採用の検討を契機に，リスク指標の比較分析の重要性が増している．本稿の分析を通じて，リスク指標の選択（VaR あるいは ES）に際しては，「確率分布の想定（計算手法），信頼水準・データサイズ（計算条件），計算の容易さ（実装）」の観点から多角的な比較分析を行う必要性があることが改めて確認された．ES はテイルリスクを反映可能である，劣加法が成立するなどの利点を有する指標である反面，同時に本稿の分析でも示されたように，複数の手法においてバイアスやばらつきの面で VaR よりも問題が生じやすく，特に高い信頼水準でそうした傾向が強く表

れやすい．データサイズを大きくすることで問題を緩和することも可能であるが，無条件モデルによるリスク量計算において観測期間を極端に長くすることは環境変化の影響による歪みを生じさせかねない．ESのリスク指標としてのメリットを十分に活かすには，安定した計算を実現する必要があり，そのためには，本稿のシミュレーション分析の結果から明らかになったように多くの困難な課題が存在する．計算の容易さ，安定性という意味でVaRは実用的なリスク指標であり，そのため実務でも幅広く活用されている．

　リスク指標の計算手法の選択に関しては，リスク量計測に際して何をより重視するかによって答えは異なる面がある．本稿の比較分析で明らかになったように，リスク計測手法はそれぞれ異なる特性を有しており，全ての点でベストな選択肢が得られるケースは少ない．このため，手法の比較検討の際にはリスク量計算の目的に照らした優先事項をあらかじめ明確にしておくことも重要と考えられる．計測手法の選択，すなわち確率分布の選択に関連する重要な論点の一つとして，「過去に観測されていないようなテイル事象の発生確率についてどう考えるか」という問題がある．例えば，ヒストリカル法では，観測期間中の最大損失を超える損失が生じる確率はゼロと見なされる．正規分布では確率はゼロではないが極端に低い確率しか見積もられない．反対にGPD，安定分布などでは相対的に高い確率が与えられる．同一の観測データに対して，どの分布を想定するかの選択は，統計的な推定・検定結果のみならずモデル構築における主観的な要素に依存する面も少なくない．分布の選択は無条件モデルによるリスク量の計測結果に直接影響するため，この点に関しては計測対象となる金融資産の特徴などを含めて慎重な検討が必要である．

　より技術的な論点としては，計算手法毎の複雑さの違いが挙げられる．例えば，GPD近似，カーネル平滑化については，分布の裾部分を決める閾値の設定やカーネル・バンド幅の設定という難しい調整をそれぞれ行う必要がある．GPD近似では十分なデータ数の確保も課題となる．本稿のシミュレーションでは，最も単純な設定を選んだが，個別により適切な対応を行えば，リスク指標の性能を向上させる余地は十分残されており，比較分析の結果にも影響する可能性がある．ヒストリカル法は，そうした複雑な調整を行う必要がなくリスク量計算の再現性も高いため，実務での応用が容易というメリットがある．実際

に金融機関でヒストリカル法およびその拡張手法を用いている例が多いのもそうした背景があるものと理解できる．

　金融市場における環境変化が激しい状況においては，ボラティリティなどの変動要因に関する条件付きモデルを応用したリスク計量手法を用いることも選択肢の一つと考えられる．より弾力的なリスク計量が可能となるだけでなく，収益率変動に関する時系列相関などを直接考慮した手法を用いることで，ファットテイル性の扱いや複数期間でのリスク計量が容易になるケースもあり得る．本稿では，無条件モデルに分析対象を限定したが，同様の分析を条件付きモデルに対しても行い，比較分析の幅を広げることも今後の重要な課題と考えられる．

〔参考文献〕

安藤美孝（2004），「ヒストリカル法によるバリュー・アット・リスクの計測：市場価格変動の非定常性への実務的対応」『金融研究』，**23**（別冊第2号），1-42.

乾孝治（2003），「VaR のバイアスと内挿・外挿による修正」『経済論叢別冊調査と研究』，**27**，19-26.

ダニエルソン ジョン・森本祐司（2000），「市場リスクの予測について―EVT と GARCH モデルを用いたバリュー・アット・リスク算定の比較分析―」『金融研究』，**19**（別冊第2号），1-28.

山井康浩・吉羽要直（2001），「期待ショートフォールによるポートフォリオのリスク計測―具体的な計算例による考察―」『金融研究』，**20**（別冊第2号），53-94.

吉羽要直（2013），「ストレス状況を勘案した相関構造とリスク合算」，日本銀行ワーキングペーパー，No.13-J-4.

Artzner, P., Delbaen, F., Eber, J. M. and Heath, D. (1999), "Coherent measures of risk," *Mathematical Finance*, **9**(3), 203-228.

Balkema, A. and DeHaan, L. (1974), "Residual life time at great age," *The Annals of Probability*, **2**(5), 792-804.

Barone-Adesi, G., Giannopoulos, K. and Vosper, L. (2002), "Backtesting Derivative Portfolios with Filtered Historical Simulation (FHS)," *European Financial Management*, **8**(1), 31-58.

Barone-Adesi, G., Engle, R. F. and Mancini, L. (2008), "A GARCH option pricing model with filtered historical simulation," *Review of Financial Studies*, **21**(3), 1223-1258.

Basel Committee on Banking Supervision (2012), "Fundamental review of the trading book-consultative document."

Borak, S., Misiorek, A. and Weron, R. (2011), "Models for heavy-tailed asset returns," In P. Cizek, ed. *Statistical Tools for Finance and Insurance*. Berlin Heidelberg : Springer.

Cai, J., Einmahl, J., DeHaan, L. and Zhou, C. (2012), "Estimation of the marginal expected shortfall : the mean when a related variable is extreme," *Tilburg University, CentER Discussion Paper Series*, No.2012-080.

Cai, Z. and Wang, X. (2008), "Nonparametric estimation of conditional VaR and expected shortfall," *Journal of Econometrics*, **147**(1), 120-130.

Chen, S. X. (2007), "Nonparametric Estimation of Expected Shortfall," *Journal of Financial Econometrics*, **6**(1), 87-107.

Chen, S. X. and Tang, C. Y. (2005), "Nonparametric Inference of Value-at-Risk for Dependent Financial Returns," *Journal of Financial Econometrics*, **3**(2), 227-255.

Daníelsson, J. and Jorgensen, B. (2013), "Fat tails, VaR and subadditivity," *Journal of Econometrics*, **172**(2), 283-291.

Dowd, K. (2000), "Assessing VaR Accuracy," *Derivatives Quarterly*, **6**(3), 61-63.

Gilli, M. and Këllezi, E. (2006), "An application of extreme value theory for measuring risk," *Computational Economics*, **27**(1), 1-23.

Hull, J. and White, A. (1998), "Incorporating volatility updating into the historical simulation method for value-at-risk," *Journal of Risk*, **1**(1), 5-19.

Inui, K., Kijima, M. and Kitano, A. (2005), "VaR is subject to a significant positive bias," *Statistics & Probability Letters*, **72**(4), 299-311.

Kim, J. (2010), "Bias correction for estimated distortion risk measure using the bootstrap," *Insurance : Mathematics and Economics*, **47**(2), 198-205.

Koponen, I. (1995), "Analytic approach to the problem of convergence of truncated Lévy flights towards the Gaussian stochastic process," *Physical Review E*, **52**(1), 1197-1199.

Kunitomo, N. and Owada, T. (2006), "Empirical likelihood estimation of Levy process," Graduate School of Economics, University of Tokyo Discussion Paper CIRJE-F-272.

Makarov, M. (2006), "Extreme value theory and high quantile," *Journal of Operational Risk*, **1**(2), 51–57.

Mandelbrot, B. (1963), "The variation of certain speculative prices," *Journal of Business*, **36**(4), 394–419.

Mantegna, R. and Stanley, H. (2000), *An Introduction to Econophysics: Correlations and Complexity in Finance*, Cambridge: Cambridge University Press.

McNeil, A. J. and Frey, R. (2000), "Estimation of tail-related risk measures for heteroscedastic financial time series: an extreme value approach," *Journal of Empirical Finance*, **7**(3–4), 271–300.

McNeil, A., Frey, R. and Embrechts, P. (2005), *Quantitative risk management: concepts, techniques, and tools*, Princeton: Princeton University Press.

Misiorek, A. and Rafael, W. (2012), "Heavy-tailed distributions in VaR calculations," In J. E. Gentle, W. K. Härdle, and Y. Mori, eds. *Handbook of Computational Statistics*. Berlin Heidelberg: Springer, 1025–1059.

Nolan, J. P. (2013), "An introduction to stable distributions," In *Stable Distributions - Models for Heavy Tailed Data*; In progress, Chapter 1 online at http://academic2.american.edu/~jpnolan. Boston: Birkhauser.

Pickands, J. (1975), "Statistical inference using extreme order statistics," *Annals of Statistics*, **3**, 119–131.

Rachev, S., Kim, Y., Bianchi, M. and Fabozzi, F. (2011), *Financial models with Lévy processes and volatility clustering*, New Jersey: Wiley.

Scaillet, O. (2005), "Nonparametric estimation of conditional expected shortfall," *Insurance and Risk Management Journal*, **74**, 639–660.

Sheather, S. J. and Marron, J. S. (1990), "Kernel Quantile Estimators," *Journal of the American Statistical Association*, **85**(410), 410–416.

Silverman, B. W. (1986), *Density Estimation for Statistics and Data Analysis*, New York: Chapman & Hall.

Yu, K., Ally, A. and Yang, S. (2010), "Kernel quantile-based estimation of expected shortfall," *Journal of Risk*, **12**(4), 15–32.

（礒貝　孝：日本銀行金融機構局）

6 フィナンシャルストレス予測モデル*

大野忠士・椿 広計

概要 本研究は，流動性指標と米国大型倒産のパネルデータを用いて，フィナンシャルストレス（流動性危機確率）の予測を行おうとするものである．流動性指標のなかでは社債スプレッド，銀行債スプレッド，債券ボラティリティ，LIBOR-OIS スプレッド，株式市場クラッシュ，銀行株式リターンインデックス，債券（社債・米国債）担保レポ残高などと大型企業倒産の相関が高い．説明変数のパネルデータすべてを用いた2項ロジットモデルでは，社債担保レポ取引残高（ラグ8）と株式市場クラッシュ（ラグ1）からなるモデルが，大型企業倒産を最もよく予測する結果となった．実用的な予測モデルという視点から，説明変数のラグを4週間以上前（ラグ4以上）に限ってモデルを構築したところでは，社債スプレッド（ラグ24）と株式市場クラッシュ（ラグ12）からなるモデルの説明力が一番高いものとなった．さらに，この実用モデルを用いて計測した流動性危機確率は，大型企業倒産に限らず全上場企業月次倒産数との相関（相関係数＝0.836）が極めて高いことが判明した．個別の企業倒産は，企業の財務内容の悪化で説明されるが，市場全体の企業倒産数は，本稿で示したように市場の資金流動性の悪化によってかなりの部分を説明することができる．

キーワード フィナンシャルストレス，流動性危機，流動性リスク，信用リスク

1 はじめに

倒産は，企業の信用状態が悪化することによって起こると考えられるが，金融市場および金融機関の信用供与が厳しくなることによっても引き起こされる．経済環境が悪化し，リーマンショックのような不測の事態が発生するときに

---

* 本論文を作成するにあたり，匿名の査読者から有益なコメントをいただいた．ここに記して感謝の意を表したい．また，本研究は日本学術会議科学研究費補助金基盤研究（B）（課題番号：24330114，研究代表者 大野忠士）の助成を受けたものである．

は，金融市場自体の乱高下といった環境悪化，あるいは銀行の資金調達環境が悪化する結果（資金調達力という意味での資金流動性 funding liquidity の悪化），金融市場ないし銀行の信用供与基準が厳しくなると考えられる．大野・山下・椿（2011）は，米国倒産企業の信用リスク値分布を対象として，企業の信用リスクと与信判断基準の2要因が，倒産企業の信用リスク値分布の形状に影響を与えることを示した．すなわち，企業の信用状態と銀行などの与信判断基準がともに正規分布するとの前提で，倒産企業の分布が非対称正規分布に従うというモデルを提示し，米国倒産データを用いて実証データから推定した与信判断基準の分布推移が経済実態の変動と合致すること，またこのモデルが倒産企業の信用リスク値分布の非対称性を説明できることを示した．

本稿は，流動性に関する金融経済指標に着目して，倒産を引起こすフィナンシャル・ストレス確率の計測と予測を行おうとするものである（本稿では流動性危機確率と称する）．

2 先 行 研 究

金融危機予測（financial crisis），フィナンシャル・ストレス予測（financial stress），あるいはシステミック・リスク予測（systemic risk）に関しては，米国連銀，BIS，IMF といった金融監督機関による先行研究が数多くなされている．金融監督機関は，金融危機を予測することにより波及を最小限に食い止め，金融政策をタイミングよく実施しようとしている．Bernanke and Gertler（1995）は，金融政策で引締め政策をとった際に，GDP，在庫，投資などがいかに推移するかの実証研究を行った．その際，金融引締め時には FF-T Bill 金利，CD-T bill 金利といった銀行調達プレミアムが拡大し，その結果，銀行貸し出しチャネルを経由して一般貸出条件の緊縮が行われることを指摘した．Borio（2003），Borio and Lowe（2002），Borio and Drehmann（2009）は，金融危機が資産価格の急上昇とそれにつづく大幅下落，民間セクターにおける投融資の急膨張とそれにつづく縮小により引き起こされるとした．そのうえで，資産価格（株式，不動産）と民間セクターにおける投融資残高が，それぞれ長期トレンドから乖離したときをブームだと捉え，ブーム時期を予測することで

金融危機回避に役立てようとしている.

　金融状態指標（Financial Conditions Index, FCI）を開発して危機を予測しようとする本格的な研究としては，米セントルイス連銀のBordo, Dueker and Wheelock（2000）によるものがある．これは，目的変数（景気水準）を5段階に分け，説明変数としてGDP，労働生産性，マネタリーベースを用いて順序プロビットにより景気水準を予測，金融危機を予測しようとするものである．また，ベクトル自己相関モデル（VAR）の枠組みを用いたパイオニア的な研究としては，Stock and Watson（2002）のものがある．経済指標の時系列データを用い，鉱工業生産，物価といった目的変数（景気動向指標 diffusion index, DI）を予測しようとするものである．説明変数としては，実体経済データ（稼働率，広告費，労働時間，新規住宅着工など）のほか，金融データたる金利，金利スプレッド，実質米ドル為替レート水準が用いられている．指標作成時のウェイト付けには主成分分析を用いている．English, Tsatsaronis and Zoli（2005）の研究も，同じアプローチのものである．また，IMFのSwiston（2008）の研究は，credit availability（金融機関の貸出意欲 willingness）に注目している点に特徴がある．連銀による貸出審査サーベイデータ（Federal Reserve's Senior Loan Officer Opinion Survey on Lending Practices），3か月Libor，投資適格社債イールド，ハイイールドボンドスプレッド，S&P 500，米ドル実質為替レートという6説明変数を用いて金融状態指標（FCI）を構築している．ただし，貸出審査サーベイは優れた指標ではあるが，四半期ごとのデータに止まること，発表が測定から1カ月遅れることが難点である．カナダ銀行（中央銀行）のIlling and Liu（2003；2006）も，金融ストレス指標（Financial Stress Index, FSI）を発表している．これは，説明変数としてベータ，信用スプレッド，ビッド・アスク・スプレッド，為替，株式などの9変数を用い，各変数を標準化したうえで，債券市場，株式市場等マーケットの規模に応じてウェイト付けし，指標構築を行っており，金融危機イベントをどれだけ正しく予測できているかで検証している．スイスのHanschel and Monnin（2005）も同様のアプローチをとっているが，銀行間のインターバンク預金残高を変数の一つに用いている点で興味深い．

　こうした指標（FCI, FSI）に関する研究で比較的完成度の高いものとして

は，米クリーブランド連銀の Oet et al.（2011 a；2011 b）による研究がある．これは，インターバンク市場，クレジット・債券市場，外国為替市場，株式市場といった市場に特徴的な金利スプレッド等の指標から金融危機にセンシティブな 11 指標を選び，説明変数としている．サンプルデータを用い，各指標を累積分布関数値（CDF，0～1）に変換したうえで，各市場ごとに複数指標の CDF 平均値を計算し，さらに集約した 4 指標 CDF 値を 4 市場の市場規模で加重平均して最終的な予測指標とするものである．ただし，ほかの先行研究同様，検証のために行った危機発生エピソード選択が主観的であるという難点がある．また，この研究では金利水準，金利スプレッドに関してはかなり広く候補変数を取り上げているものの，金融機関間の貸出残高に関連する変数は取り上げられていない．一方，Kawata（2012）は金融機関間のレポ取引（債券担保貸出）に注目し，金融危機（流動性危機）を予測するための説明変数候補としている．大野・椿（2012）では，レポ取引に関する指標をクロスセクショナルに当てはめたうえで，社債担保レポ残高が流動性危機の予測に有効であることを指摘した．

　Pozsar（2011）によれば，米国では，機関投資家のニーズに応える代替的なものとしてレポ取引，影の銀行システムが現れ，発展したとする．米国では，1990 年代以降，金融緩和と資産財務管理の高度化を背景に機関投資家による大口の短期資金運用のニーズが増大し，こうした動きを反映してレポ市場が拡大（影の銀行システムが発展）することになったとする．池尾（2013 a）によれば，こうしたレポ市場の拡大などもあって近時，金融危機を増幅するメカニズムが古典的な「銀行取付け」から「市場流動性の枯渇」を伴う形のものに変容してきた，いわば「Bank run」から「Market run」へ変化してきたと考えられるとしている．

　本論文では，Oet et al.（2011 b）を参考とするものの，主観的に選択した金融危機イベントを目的変数とするのではなく，総資産 10 億ドル以上の米国上場企業の倒産という，発生が明白なイベントを目的変数として，フィナンシャルストレス予測モデルを構築しようとしている．また，レポ取引残高を説明変数候補として採用するものである．タイミングを重視する実務上の便宜を考慮し，ここでは週次以上の頻度で入手可能な説明変数を用いている．

3 流動性危機確率予測モデル

3.1 モデル仮説

企業は，売上不振，過大な設備投資，過大な借入，在庫増・売掛金の不良化といった資金繰りの悪化などにより倒産するが，市場の資金流動性が低下するようなフィナンシャルストレスも倒産の要因となる（図6-1）．実際には，この二つの要因が複合的に絡み合って倒産に至る例が多いと考えられる．財務内容が悪化した信用リスク値の高い企業はいずれ倒産するとみられるが，金融環境によっては同じ信用リスク値であっても倒産したりしなかったりすることがあり，年によって倒産数が大きく変動する．こうしたことは，金融市場・金融機関側の金融経済環境にも倒産の引き金となる要因があることを示唆していると考える．

流動性危機が発生する際，金融機関や金融市場から構成される金融仲介機構（金融仲介のためのシステム）の機能不全が生じて企業倒産に影響を及ぼす．金融機関の資金調達自体が悪化する結果，与信が厳格化したり，金融市場が乱高下し，直接市場での資金調達が難しくなったりして倒産が起きやすくなる．もちろん，倒産の発生そのものが金融仲介機構に悪影響を及ぼす可能性も否定できず，危機的状況下ではこうした悪循環サイクルが増幅すると考えられる．

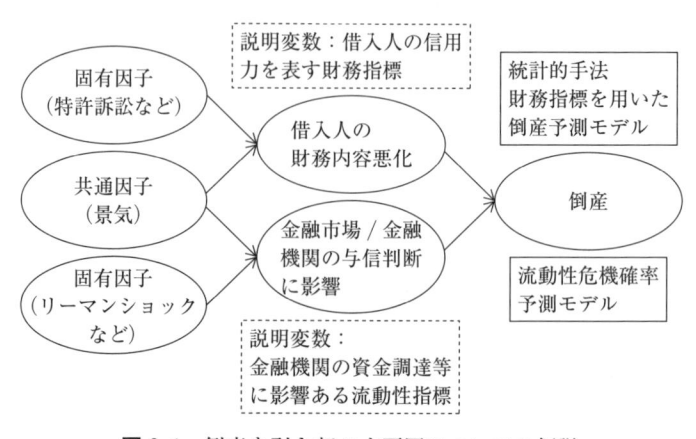

図6-1 倒産を引き起こす要因についての仮説

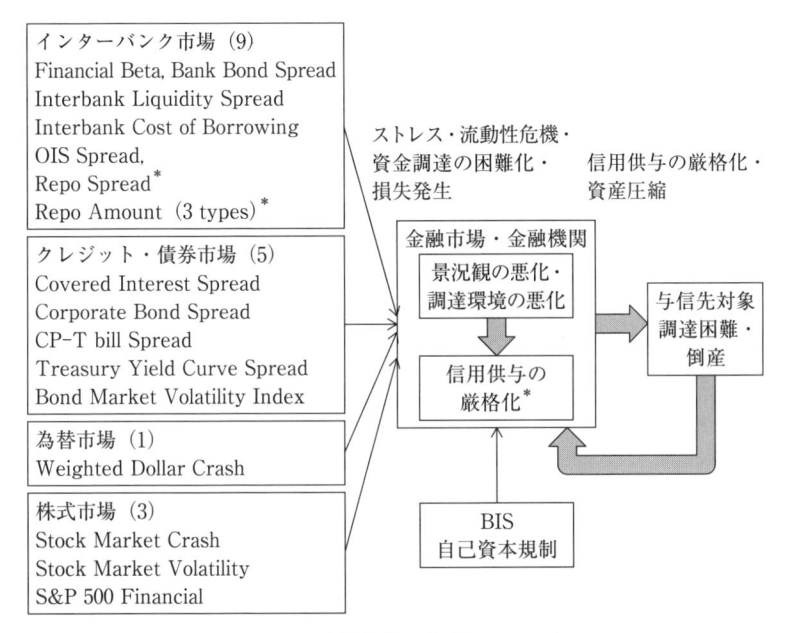

図6-2 流動性危機の伝播メカニズム

```
インターバンク市場 (9)
Financial Beta, Bank Bond Spread
Interbank Liquidity Spread
Interbank Cost of Borrowing
OIS Spread,
Repo Spread*
Repo Amount (3 types)*

クレジット・債券市場 (5)
Covered Interest Spread
Corporate Bond Spread
CP-T bill Spread
Treasury Yield Curve Spread
Bond Market Volatility Index

為替市場 (1)
Weighted Dollar Crash

株式市場 (3)
Stock Market Crash
Stock Market Volatility
S&P 500 Financial
```

ストレス・流動性危機・資金調達の困難化・損失発生 → 金融市場・金融機関（景況観の悪化・調達環境の悪化 → 信用供与の厳格化*）→ 信用供与の厳格化・資産圧縮 → 与信先対象調達困難・倒産

BIS自己資本規制

(注) レポ残高など（＊印）は，金融機関の資金調達に影響を与えるともいえるが，金融機関の資金供与の厳格化を示す指標であるともいえるため，必ずしも原因系の説明変数といえるわけではない．

この伝播メカニズムについて図示すれば図6-2のとおりである．

銀行という間接金融を考えた場合，インターバンク市場，クレジット・債券市場，外国為替市場，株式市場でストレスが発生すると銀行自体の資金調達が難しくなる（流動性危機）結果，資産圧縮を図ることになる．あるいは，信用環境の悪化から保有資産価値の下落し損失が発生すれば（保有する債券が格下げすれば要求収益率の上昇から債券時価は下落）BISによる自己資本規制もあり，銀行はリスク資産縮小を余儀なくされる．また，デリバティブなど日々時価で洗い替えするトレード勘定では，カウンターパーティの信用力が下落すると当該先宛の与信上限が引き下げられ，リスク資産の圧縮措置がとられる．こうした資産圧縮行動がとられる際，当然のことながら，信用リスク得点の低い先，内部格付けが低い先ほど厳しい対応がなされ，普通ならば与信を延長継続されるような先でも，与信圧縮・回収行動がとられることになる．この結果，

従来なら倒産せずにすんだ借入先も，与信基準が変わることで資金調達難から倒産に追い込まれるケースが発生し，経済全体として倒産数が増加することになる．

また，株式市場，債券市場など企業が直接資金調達するマーケットを考えた場合，景気悪化予測や市場固有の要因（ショック）から市場は乱高下し，金利スプレッドが拡大する等信用供与が抑制され，信用力の弱い企業は一段と調達が困難となる．

いずれにせよ，ショックが発生すれば銀行や金融市場といった金融仲介機構全体の貸出上限・貸出余裕が減少し，借入企業側の資金繰りはタイトになり投資は抑制される．ショック自体が一時的なものであってもその影響は一時的にとどまらず，持続する．こうして，借入制約の存在が一時的なショックの影響を長引かせることになると考えられる（池尾 2013 b）．

こうしたフィナンシャルストレスの増加，流動性危機の高まりは，インターバンク市場，クレジット・債券市場，外国為替市場，株式市場，それぞれに兆候が現れるはずで，これら兆候となる指標のいずれか，あるいは複数の指標を組み合わせることで金融機関の与信の厳格化を引き起こしたり，市場の信用供与に影響を与える，フィナンシャルストレスの度合いを計測できるのではないかと考えた．

図 6-2 に表示した各種指標は，金融機関の資金調達に影響を与える（原因系）指標，あるいは市場の信用供与環境悪化を示す指標を中心に掲げてある．ただ，レポ残高など（*印）は金融機関の資金調達に影響を与える（原因系）指標ともいえるが，金融機関の資金供与の厳格化を示す指標（結果系）であるともいえる．

3.2 モデル説明変数

本論文では，説明変数候補としてクリーブランド連銀の Oet et al. (2011 b) が用いた金融経済指標をベースに独自の調整を加えている．Oet et al. (2011 b) のフィナンシャル・ストレス・インデックス（CFSI）を構成する指標は，インターバンク市場，クレジット・債券市場，外国為替市場，株式市場，それぞれを代表する計 11 の金融指標であるが，ここでは 11 指標から長期間のデータ入

手が容易でない流動性スプレッド（3か月財務省証券のビッド・アスク・スプレッド）を除外し，他方セントルイス連銀が採用する株式と債券のボラティリティの2指標，LIBOR-OISスプレッド1指標，株式指数1指標，さらに大野・椿（2012）が予測力ありとしたNY連銀発表のプライマリーディーラーによるレポ貸出残高などレポ関連4指標を加えた18指標の週データを説明変数候補とした．また，各指標ごとに原データに加え，±7種類のラグをとった週次パネルデータを説明変数とした（18指標×15種類ラグ×9年間480週）．

目的変数としては，主観的に選択した金融危機イベントを用いるのではなく，総資産10億ドル以上の米国上場企業の倒産という客観的イベントをダミー目的変数として（大型倒産発生週にダミー変数1を立てる），フィナンシャルストレス予測モデルを構築した．

2項ロジットを使ってモデル構築する以上，ダミー変数となる事象の発生／非発生（倒産発生＝1，非発生＝0）を何らかの基準で定義する必要があるが，ここでは，米国マネーセンターバンクや米国大手投資銀行，欧州大手銀行，邦銀3行などが大企業貸出対象の目途としているとみられる総資産10億ドル以上の企業倒産を，目的変数として用いた[1]．

18の説明変数候補について以下に詳述する．

3.2.1 インターバンク市場

（1） フィナンシャルベータ（Financial Beta）

この指標は，株式市場全体に対する金融セクター株式全体の相対的なボラティリティを表す．

$$\text{Financial Beta}_t = \frac{\text{cov}\left(r_t|_{t-1}^t, m_t|_{t-1}^t\right)}{\text{var}\left(m_t|_{t-1}^t\right)}$$

ここで，rは銀行セクターの株式リターン（S&P 500 Financials Total Return）を表し，mは株式市場全体の株式リターン（S&P 500 Total Return）を表す．

$r_t|_{t-1}^t$ および $m_t|_{t-1}^t$ は，それぞれ当該日から1年前までさかのぼる日次観測値

---

[1] 2項ロジットモデルを用いてモデル構築を行う場合，企業規模にかかわらず倒産事象すべてにフラグを立てると略全週に1が立つことになり，モデル構築が難しい．そこで何らかの基準で大型倒産発生の週にダミー変数1を立てる必要があった．

のセットを表している．銀行セクター・ベータの日次データから毎週金曜のデータを取り出し，当該週データとして用いた．

（2） 銀行債スプレッド（Bank bond spread）

銀行債スプレッドは，銀行の中長期リスクを図る尺度である．銀行リスクが高まるとき，このスプレッドは，拡大する．

$$\text{Bank Bond Spread}_t = A\_10Y_t - T\_10Y_t$$

ここで，A_10Y は A 格付け相当の 10 年物金融債の利回りを表し，T_10Y は，米財務省証券の 10 年物の利回りを表す．金曜日データを当該週データとして用いた．

（3） インターバンク流動性スプレッド（Interbank liquidity spread），
TED スプレッド（TED spread）

TED スプレッドは，インターバンク市場における銀行のカウンターパーティ・リスクを測るものとされている．LIBOR には銀行宛リスクプレミアムが含まれることから，3 か月 LIBOR（3 mo LIBOR_t）と 3 か月財務省証券イールド（3 mo TB_t）の差が，銀行の信用リスク，全般的な流動性リスクの指標として用いられる．銀行全体の信用力が低下したりインターバンク市場の流動性が乏しくなった場合には（銀行の資金調達が難しくなり）LIBOR が相対的に上昇し，TED スプレッドが広がるのである．金曜日データを当該週データとして用いた．

$$\text{Interbank Liquidity Spread}_t = 3 \text{ mo LIBOR}_t - 3 \text{ mo TB}_t$$

（4） インターバンク調達コスト（Interbank cost of borrowing）

3 か月 LIBOR とフェデラル・ファンド・ターゲット金利（翌日物）の差．LIBOR は，基本的に銀行の調達金利の代表指標であるから，これが銀行の調達コストの大きさを表す．銀行の信用リスクが高まるときや銀行間の流動性が枯渇するときに，このスプレッドが広がる．

$$\text{Interbank Cos of Borrowing}_t = 3 \text{ mo LIBOR}_t - \text{FFR}_t$$

（5） LIBOR-OIS スプレッド

OIS（Overnight Index Swap）とは，一定期間の翌日物実効 FF レート（Effective Federal Fund Rate，変動金利）と交換する金利スワップである（OIS は固定金利）．このスワップは，銀行間の相対取引として行われる．例え

ば，3か月のOISは，スワップ期間である今後3か月の実効FFレートの幾何平均の期待値（連銀の政策目標に対する期待値）を表す．OIS取引は，変動金利と固定金利の交換（金利スワップ）であり，キャッシュフローが小さく元本リスクを含まない．この結果，OISは政策金利近傍に収束する．これに対して，LIBORは借入銀行の元本リスクを反映し，銀行の信用リスクプレミアム，流動性リスクプレミアムが上乗せされた金利である．よって，短期インターバンク市場でストレスが強まるとLIBORに上昇圧力がかかることになる．このため，LIBORとOISの差は，銀行の信用リスク，流動性リスクを表す指標となる．ここでは，ともに3か月物のスプレッド差を用いた．金曜日データを当該週のデータとした．

$$\text{LIBOR} - \text{OIS Spread}_t = 3 \text{ mo LIBOR}_t - 3 \text{ mo OIS}_t$$

（6） レポ取引金利スプレッド

レポ取引金利とフェデラル・ファンド・ターゲット金利（FFターゲット金利）との差のこと．レポ取引（repurchase agreement）とは，買戻し条件付きの債券貸借契約のことをいう．米国でレポ取引といえば，財務省証券等債券を担保とするインターバンク市場での貸金取引のことをいう（債券担保の貸付契約は正式にはreverse repurchase agreementであるが，ここでは簡単のためレポ取引あるいはレポ貸出取引とする）．財務省証券，ファニーメイ，フレディマックといったGSE（Government Sponsored Enterprise）が発行する無担保債券，GSE保証付き住宅ローン証券化債券のほか，一般普通社債も担保となる．期間は，翌日物とターム物（翌日物以外，1年を超えるものもあるが，大半の期間は1か月前後）に分かれる．レポ取引は債券担保付であるため，通常，その金利水準は無担保FFターゲット金利より低い（レポ金利からFFターゲット金利を差し引いたスプレッドは負）．

ただし，市場に流動性がなくなる場合にはレポ取引金利が上昇するため，このスプレッドの絶対値は小さくなり，極端な場合にはスプレッドが正に転ずる．ここでは，対象全期間にわたって5日間の移動平均値を求め，その金曜日データを当該週のデータとした．

$$\text{Repo Spread}_t = \left(\frac{1}{5}\right)\sum_{i=0}^{4}(\text{Repo Rate}_{t-i} - \text{Federal Fund Target Rate}_{t-i})$$

（7） 社債担保レポ（翌日物）取引残高

インターバンク市場の流動性リスクが高まれば，レポ取引残高は減少する．ここでは，ニューヨーク連銀が週次で発表しているプライマリーディーラーのファイナンスデータから，社債担保レポ貸出（翌日物）残高（Primary Dealer Financing, Corporate, Securities In, Overnight）を用いた．ニューヨーク連銀が翌週木曜日に発表するデータは，水曜日現在の与信残であるため，これを当該週データとして採用した．

（8） 社債担保レポ取引（ターム物）残高

上記同様，プライマリーディーラーの社債担保レポ貸出（ターム物）残高（Corporate, Securities In, Term Agreement）を説明変数候補とした．流動性リスクが高まれば，残高は減少する．

（9） 財務省証券担保レポ取引（ターム物）残高

プライマリーディーラーの財務省証券担保レポ貸出（ターム物）残高（US Treasury Securities, Securities In, Term Agreements）を説明変数候補とした．流動性リスクが高まれば，残高は減少する．

3.2.2 外国為替市場

（10） 加重平均ドルクラッシュ（Weighted dollar crash）

この指標は，外国為替市場において，資金が米ドルから他通貨に逃避した度合いを図るものである．変動為替制度の下においては，国内通貨の価値が減価することは，資金が当該通貨から逃避したサインであると考えられる．国内通貨（ここでは米ドル）が大幅に下落するときには，金融機関（米銀）収益の不透明さが増すと考えられるため，貸出圧縮，流動性の枯渇につながる可能性があると考えられる．

$$\text{Weighted Dollar Crash}_t = \frac{x_t}{\max\left[x \in x_{t-j} \middle| j = 0, 1, ..., 365\right]}$$

ここで，xは米国連銀が発表しているインデックスであるFRB Foreign Exchange Value of the Dollarを示す．主要通貨を貿易取引量で加重平均したプールとの比較で米ドルを指数化している．当該日の米ドルの価値を，過去1年間の最大値で割ったものをクラッシュとして認識した．対象期間の日次データを計算したうえで，金曜日の値を当該週のデータとして用いた．

3.2.3 クレジット・債券市場

(11) カバード・インタレスト・スプレッド（Covered interest spread）

このスプレッドは，国際市場における不透明さの度合いを測るものである．米国債と英国債の間に効率的な裁定が働けば，カバード・インタレスト・スプレッドは，0になるはずである．これが0でない状態がつづくことは，裁定取引業者が米国債を保有したくない理由があることを示す．すなわち，米国債の流動性に何らかの悪影響があることを示唆する．

$$\text{Covered Interest Spread}_t = (1 + r_t^*) - \left(\frac{F_t}{s_t^*}\right)(1 + r_t)$$

ここで，r^*はt時点（日次）の正午における90日英国債のイールド，Fは同じくt時点正午時点での90日フォワード為替レート（U. K.-U. S., $/£），$s^*$は$t$時点正午のスポット為替レート（U. K.-U. S., $/£），$r$は$t$時点正午の90日米財務省証券イールドを表す．

(12) 社債スプレッド

一般社債イールドと米国債イールドのスプレッドは，全産業セクターにわたる中長期リスクの大きさを測る尺度である．社債市場において全般的に信用リスクが高まったり流動性が枯渇するとき，このスプレッドは拡大する．

$$\text{Corporate Bond Spread}_t = \text{AAA 10 Y}_t - \text{TB 10}_t$$

ここで，AAA 10 Y は Moody's 格付 Aaa の10年物社債のイールドを示し，TB 10 は10年物財務省証券のイールドを示す．金曜日データを当該週のデータとした．

(13) コマーシャル・ペーパー・スプレッド（90-day commercial paper — treasury bill spread）

コマーシャル・ペーパーは，米国のファイナンスカンパニーや一般企業が短期の資金調達に用いる手段である．短期クレジット市場の信用リスクが高まったり流動性が枯渇すれば，このスプレッドは広がる．ここでは，90日物のコマーシャル・ペーパーと3か月物米財務省証券イールドの差を用いた．金曜日データを当該週のデータとした．

$$\text{90 day Comm. Paper Treas. Spread}_t = (\text{90 day CP}_t - \text{3 mo TB}_t)$$

(14) トレジャリー・イールド・カーブ・スプレッド（Treasury yield curve spread）

長期と短期の財務省証券のイールド差は，不況の1つの指標となりうる．長期景気動向不透明，短期流動性供給期待という状況では，イールドカーブがスティープ（傾斜が急）になると考えられるからである．ここでは，3か月物財務省証券のイールドと10年物財務省証券のイールド差の30日移動平均を求め，その金曜日データを当該週のデータとした．

$$\text{Treasury Yield Curve}_t = \left(\frac{1}{30}\right)\sum_{i=0}^{29}(10\,\text{yr}_{t-1} - 3\,\text{mo}_{t-i})$$

(15) 債券市場ボラティリティ（Bond market volatility）

債券のボラティリティは，社債市場一般の信用リスクの高まり，流動性リスクの不安定さを表すと考えられる．ここでは，Merrill Lynchが発表するBond Market Volatility Index（1-month）を用いた．金曜日データを当該週データとした．

3.2.4 株式市場

(16) 株式市場クラッシュ（Stock market crash）

銀行株式インデックスを過去1年間の最高値で割った値をクラッシュ指標とした．銀行株が下落することは，銀行セクターの近い将来に対する不安の表れであるとみられるからである．

$$\text{Stock Market Crash}_t = \frac{x_t}{\max\left[x \in (x_{t-j}|j=0, 1, ..., 364\right]}$$

ここで，xはS&P 500 Financials Price Indexを表す．

(17) 株式市場ボラティリティ（Stock market volatility）

シカゴオプション取引所に上場されているVIX（Chicago Board Options Exchange Market Volatility Index，恐怖指数とも呼ばれる）を用いた．VIXは，S&P 500を対象とするオプション取引の値動きをもとに，算出公表されている．株式市場のボラティリティの大きさは，一般に信用不安や流動性に関する不透明さを表すとみられるからである．

(18) 銀行株式リターンインデックス（Stock market index）

S&P 500 Financial Total Return Indexを指標として用いた．信用不安，流

表6-1 資産10億ドル以上の大型倒産企業発生週データ

年	2002～2006	2007～2010
Default（$Y=1$）	69週	67週
Non-Default（$Y=0$）	192	142
計	261週	209週

動性枯渇,銀行の業績見通しの低迷といった場合に下落する.

3.3 モデルデータ

市場流動性に関する上記指標を説明変数として,2項ロジットモデルにより大型倒産の発生を予測するモデルを構築する.データは,2002年から2010年までの米国での週次データを用いる(全470週).説明変数としては,市場流動性に関わる上記説明変数候補18の週次データを用いた.目的変数としては,前述のとおり総資産10億ドル以上の企業倒産イベントを1とし,10億ドル以上の倒産がないことを0とするダミー変数を用いた.

2002年初から2006年末までの261週の間に総資産10億ドル以上の大型倒産が発生した週は69週で,2007年初から2010年末までの209週の間に大型倒産が発生した週は67週である.モデル構築にあたり,2002～2006年データでモデルを作成し,リーマンショックをはさむ2007～2010年データを加えてモデルを検証する形をとった(表6-1).

3.4 流動性危機確率予測モデル

2項ロジットによる回帰モデルは以下のとおりである.ここでPは流動性危機の度合いを表す($0 \leq P \leq 1$).

$$P(Y_t) = \frac{e^{Y_t}}{1+e^{Y_t}}$$

$$Y_t = \beta_0 + \sum_{i=1}^{n} \sum_{j=-24}^{+24} \beta_{i,t-j} X_{i,t-j} + \varepsilon$$

P:流動性危機確率(時点j)

Y_t:線形予測子(時点t)

$X_{i,t-j}$:i番目の説明変数(時点$t-j$)

ここでは，n は 18（X_i は 3.2 モデル説明変数に表示した 18 説明変数に対応）

j：ラグ（週）．ここでは $-24, -12, -8, -4, -3, -2, -1, 0, +1, +2, +3, +4, +8, +12, +24$

β_0：定数項

$\beta_{i,t-j}$：i 番目の説明変数に関する係数（時点 $t-j$）

ε：誤差項

18 の説明変数候補それぞれに対して，0 から 24 までのラグをとった説明変数を用意し（ラグ 0 のほか，ラグ $\pm 1, 2, 3, 4, 8, 12, 24$ の計 15 時期，合計 $18 \times 15 = 270$ 種類の説明変数候補），説明変数の組合せを考えた．

ちなみに，18 種類の説明変数ごとに最も成績のよかったラグを示せば表 6-2 のとおりである．ラグが 4 以上のものを先行指標（4 週以上前の指標との相関が高い），ラグが ± 3 以内のものを一致指標，ラグが負で絶対値が 4 以上のものを遅行指標（4 週以上後の指標との相関が高い）と見なして分類した．

先行指標のうちで，χ^2 検定による予測精度の高い説明変数は，社債スプレッド（ラグ 8），株式ボラティリティ（ラグ 8），銀行債スプレッド（ラグ 8），債券ボラティリティ（ラグ 8），LIBOR-OIS スプレッド（ラグ 24），株式市場クラッシュ（ラグ 8）の 6 変数である．

S&P 500 銀行株式リターンインデックスは，大型倒産とほぼ同時期に変化する一致指標であるとみられる．

また，レポ取引残高（特に，社債担保のターム物，翌日物）の説明力は極めて高いが，大型倒産との相関が特に高いものはラグ -12 ないしラグ -24 のものであり，大型倒産との関係で見れば遅行指標であるという結果となった．遅行指標とはいえ，レポ取引残高と大型倒産との相関係数が高いことは興味深い．金融機関間の取引環境が，大型倒産を追いかけるようにして悪化している様がうかがえる．

レポ取引は，インターバンク市場で日常的に行われる，短期あるいは超短期取引である（翌日物という取引は 1 日，ターム物はそれより長いがせいぜい 1 か月まで）．レポ取引は，取引相手や担保資産が信用できるという前提で成り立っている．取引相手を十分には調査せずに，即座に投融資判断をしなければな

6 フィナンシャルストレス予測モデル 187

表 6-2 説明変数一覧（変数ごとに最も説明力の高いラグを表示、χ^2 降順）

先行指標

	Variable		Lag	χ^2	−2 log likely	Cox-Snell R2	Nagelkerke R2	Coef.	Std Error	Wald test	p-value
*	AAA10Y_S	Corp. Bond Spread	8	65.047	500.437	0.129	0.185	1.662	0.224	54.937	0.000
*	log (CBOEVIX)	log (Stock Market Volatility Index)	8	60.052	505.433	0.120	0.171	2.033	0.286	50.633	0.000
*	log (A_TN_S)	log (Bank Bond Spread)	8	53.267	512.217	0.107	0.153	1.337	0.195	47.027	0.000
*	log (MOVEIDX)	log (Bond Market Volatility Index)	8	50.992	514.493	0.103	0.147	2.521	0.382	43.554	0.000
*	log (LIBOR_OIS_Sprd)	log (LIBOR-OIS Spread)	24	33.956	482.682	0.074	0.108	0.656	0.114	32.859	0.000
*	STMC_SPF	Stock Market Crashes	8	30.340	535.144	0.063	0.089	−2.791	0.513	29.584	0.000
	log (FFR_S)	log (Interbank Cost of Borrowing)	24	8.329	557.155	0.018	0.025	0.761	0.271	7.873	0.005
	UKUS_90S	Covered Inrterest Spread	24	7.844	557.641	0.017	0.024	32.510	11.726	7.686	0.006
	RepoSprMA	Repo Spread Moving Average	24	4.685	560.800	0.010	0.014	−0.936	0.431	4.719	0.030

一致指標

	Variable		Lag	χ^2	−2 log likely	Cox-Snell R2	Nagelkerke R2	Coef.	Std Error	Wald test	p-value
*	SP500_F	S&P 500 Financial Total Return Index	3	48.889	516.595	0.099	0.141	−0.006	0.001	44.619	0.000

遅行指標

	Variable		Lag	χ^2	−2 log likely	Cox-Snell R2	Nagelkerke R2	Coef.	Std Error	Wald test	p-value
*	log (Repo_Corp_Term)	log (Repo_Corp_Term)	−12	70.810	477.466	0.143	0.205	−1.736	0.227	58.676	0.000
*	log (Repo_Corp_Overnight)	log (Repo_Corp_Overnight)	−12	60.941	487.335	0.125	0.179	−2.882	0.392	53.963	0.000
*	log (Repo_Trea_Term)	log (Repo_Treasury_Term)	−24	51.722	479.294	0.109	0.157	−4.315	0.643	45.018	0.000
*	TREAS_S	Treasury Yield	−24	46.694	484.322	0.099	0.143	0.656	0.107	37.219	0.000
*	log (AACPTB_S)	log (AA Commercial Paper Yield-3mo Treasury Bill Market Rate)	−24	22.321	508.695	0.049	0.070	−0.603	0.136	19.623	0.000
	log (TED_S)	"log (Interbank Liquidity Spread, TED Spread)"	−24	17.490	513.526	0.038	0.055	−0.624	0.158	15.677	0.000
	WTD_DCR	Weighted Dollar Crashes	−24	17.172	513.844	0.038	0.054	−10.895	2.705	16.221	0.000
	BETA	Financial Beta	−12	10.200	538.076	0.022	0.032	0.747	0.233	10.311	0.001

らない市場であるといえる．それだけに，倒産が増大するようなときには（特に，リーマンショック時などの金融危機時）取引相手や担保の信用が失われ，十分情報を収集したうえでなければ投融資判断ができないという状況下（カウンター・パーティー・リスクがあり）では，市場は凍結する．すなわち，危機状況下で「市場心理」が変化し金融機関が「危機からの逃避」を図るため，債券担保レポといった比較的安全性が高いとみられる取引であっても，取引残高が急減することになるのだと考えられる．

3.4.1 全説明変数・全ラグを用いたモデル

予測モデルを構築するに際し，まずは大型企業倒産と18説明変数の全体的な構造を把握するために，先行・一致・遅行の区別なしに全説明変数・全ラグ（+24から-24まで）の網羅的な組合せを試してみた．

モデル選択にあたり変数の符号条件および説明力（p値）は考慮したが，組入れ変数の数に関する制約は設定していない．

この結果，AIC，AUC，χ二乗，検証データの当てはまりのよさなどで上位にきたモデルは，表6-3に示したとおりである（モデル1, 2, 3）．

モデル1は，社債担保レポ取引残高（ラグ8）と株式市場クラッシュ（ラグ1）からなるモデルで，AICおよびAUC基準で見た最適なモデルである．前述のとおり，株式市場クラッシュが先行指標である一方，社債担保レポ取引残高は遅行指標である．

しかしながら，遅行指標である社債担保レポ取引残高であっても，先行したラグ（ラグ8）が，流動性危機確率の強力な説明変数となっている．これは，社債担保レポ取引残高という変数が企業倒産と循環的な関係があり，レポ取引残高の縮小（金融機関間取引の縮小）と大企業倒産とがお互いに他を引き起こしながら，流動性危機を拡大させているからだと考えられる．

モデル2, 3は，遅行ラグ（lagN 24は-24のラグを示す）の説明変数を含んでいる点で興味深い．モデル2の場合，銀行株式リターン（ラグ1）と銀行株式ベータ（ラグ-24）が説明変数となっており，銀行株式リターンの悪化（1週前）→倒産の増加→銀行株式ベータ値増加（24週後）という関係を示唆している．また，モデル3では，社債担保レポ残高（ラグ8）とコマーシャル・ペーパー・スプレッド（ラグ-8）が説明変数となっており，社債担保レポ取引残

6 フィナンシャルストレス予測モデル

表6-3 モデル比較(1)(全説明変数・全ラグを用いた組合せ)

モデル	第1変数	第2変数	χ^2	$-2 \log$ likelihood	Cox-Snell R2	Negelkerke R2	2002~2006年 正解率	2007~2010年 正解率	AUC	AIC	定数項	変数間の相関
1 (AIC & AUC)	log (Repo_Corp_Overnight_Lag 8)(対数社債担保レポ翌日物取引残高)	STMC_SPF_Lag 1(株式市場クラッシュ)	38.981	247.197	0.143	0.211	77.500	67.300	0.739	253.197	あり	0.094
2 (χ^2 & R2)	SP500_F_Lag 1(銀行株式リターン・インデックス)	BETA_Lag N24(銀行株式ベータ)	99.998	261.825	0.318	0.424	74.300	45.900	0.684	265.825	なし	-0.646
3 (検証データ)	log (Repo_Corp_Overnight_Lag 8)(対数社債担保レポ翌日物取引残高)	log (AACPTB_S_Lag N8)(コマーシャルペーパー・スプレッド)	96.135	254.598	0.316	0.421	73.900	69.700	0.730	260.598	あり	0.706

表6-4 全説明変数・全ラグ組合せによるフィナンシャルストレス予測モデル[モデル1](ラグ付き2変数モデル、ロジット回帰係数)

Variable	Coefficient	Std. error	Wald	p-value
LN_Repo_Corp_Overnight_Lag8(対数:社債担保レポ取引残高)	-2.325	0.499	21.711	0.000
STMC_SPF_Lag1(株式市場クラッシュ)	-4.949	2.949	2.816	0.093
定数	13.797	2.792	24.416	0.000

高減少(8週前)→ 倒産増大→ コマーシャル・ペーパー・スプレッド拡大(8週後)という関係があることを示唆している.

(全説明変数・全ラグ組合せによるフィナンシャルストレス予測モデル[モデル1])

$$P(Y_t) = \frac{e^{Y_t}}{1+e^{Y_t}}$$

$$Y_t = -2.325 * \mathrm{LN}(Repo\_Corp\_Overnight_{t-8}) - 4.949 * STMC\_SPR_{t-1} + 13.797$$

3.4.2 先行ラグのみを用いた予測モデル

金融機関や金融監督機関において,フィナンシャルストレス予測モデルを利用するということを前提とすると,ラグ4以上の説明変数を使ったモデルが実務上便利である(1か月程度の余裕がないと対処方針を立てられない).よって,ここでは全説明変数のラグのうち,+4, +8, +12, +24を組み合わせてモデル構築を行った.

ここでも,モデル選択にあたり変数の符号条件および説明力(p値)は考慮したが,組入れ変数の数に関する制約は設定していない.

この結果,構築された成績のよいモデルは,表6-5のとおり(モデル4, 5, 6)である.

AICで見れば,モデル4の成績がよいが,モデル年(2002~2006)と検証年(2007~2010)のバランスは今一つで,またAUC値も必ずしも高くない.

これに対して,モデル6は社債スプレッド(ラグ24)と株式市場クラッシュ(ラグ12)を説明変数とするもので,モデル年と検証年での判別バランスがよくAUC値は最も高い.表6-2に記載したベスト先行指標6変数を組み合わせたなかで成績のよいモデル7,モデル8(表6-5の下表)に比べてもモデル6の各種指標は見劣りしないうえ,AUCはこれらより高いモデルとなっている.また,2説明変数間の相関係数(絶対値)も0.567と,比較的低いものとなっている.

こうしたことを考慮し,実用的なフィナンシャルストレス予測モデルとしてはモデル6を採用することとした.

なお,先行ラグ(+4, +8, +12, +24)のみを用いた予測モデルでは全変数・

表6-5 モデル比較 (2)

全指標先行ラグ (+4〜+24) を用いた組合せ

モデル	金利スプレッド変数	マーケット・ボラティリティ/株価変数	χ^2	-2 log likelihood	Cox-Snell R2	Negelkerke R2	2002~2006年 正解率	2007~2010年 正解率	AUC	AIC	定数項	変数間の相関
4	log(A_TN_S_Lag 24)(銀行債スプレッド)	SP 500_F_Lag 8 (銀行株式リターンインデックス)	99.164	262.659	0.316	0.421	74.700	58.900	0.713	266.659	なし	-0.880
5	log(A_TN_S_Lag 4)(銀行債スプレッド)	STMC_SPF_Lag 12(株式市場クラッシュ)	97.304	264.519	0.311	0.415	73.900	60.800	0.715	268.519	なし	-0.874
6	AAA10Y_S_Lag 24 (社債スプレッド)	STMC_SPF_Lag 12(株式市場クラッシュ)	92.825	268.998	0.299	0.399	73.200	67.900	0.723	272.998	なし	-0.567

ベスト先行指標6変数組合せ

モデル	金利スプレッド変数	マーケット・ボラティリティ/株価変数	χ^2	-2 log likelihood	Cox-Snell R2	Negelkerke R2	2002~2006年 正解率	2007~2010年 正解率	AUC	AIC	定数項	変数間の相関
7	log(A_TN_S_Lag 8)(銀行債スプレッド)	STMC_SPF_Lag 8(株式市場クラッシュ)	93.711	268.112	0.302	0.402	76.200	61.200	0.714	272.112	なし	-0.888
8	AAA10Y_S_Lag 8 (社債スプレッド)	STMC_SPF_Lag 8(株式市場クラッシュ)	90.964	270.859	0.294	0.392	74.700	62.200	0.721	274.859	なし	-0.665

表6-6 フィナンシャルストレス予測 最終モデル（ラグ付き2変数モデル，ロジット回帰係数）

Variable	Coefficient	Std. Dev	Wald	p-value
$AAA10Y\_S$_Lag24（社債スプレッド）	1.429	0.275	27.050	0.000
$STMC\_SPF$_Lag12（株式市場クラッシュ）	-3.431	0.492	46.528	0.000

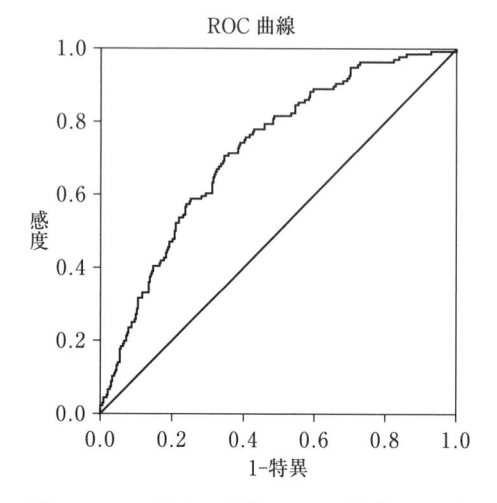

図6-3 ラグ付き2変数モデル（最終モデル）のROC曲線（AUC=0.723）

全ラグの場合とは異なり，社債担保レポ取引残高を説明変数に含むモデルの説明力は最終モデル（モデル6）を上回るものとはならなかった．

最終モデルのモデル式は下記のとおりで，社債スプレッド（ラグ24）が拡大するほど，また株式市場クラッシュ（ラグ12）の程度が大きいほど（銀行株の下落が大きいほど），流動性危機の度合いが高くなることを示している．

（フィナンシャルストレス予測 最終モデル式）

$$P(Y_t) = \frac{e^{Y_t}}{1+e^{Y_t}}$$

$$Y_t = 1.429 * AAA10Y\_S_{t-24} - 3.431 * STMC\_SPR_{t-12}$$

3.5 モデルによる流動性危機確率推移

ラグ付き2変数モデル（最終モデル）により推定した流動性危機確率推移（週次）は，図 6-4，図 6-5 のとおりである．これを見ると，2003 年半ば以降流動性危機の度合いが低下し，2004 年から 2007 年までは比較的低位安定していたが，2007 年 8 月のサブプライム危機開始（パリバ・ショック）を機に 2007 年末以降急上昇し，ベアスターンズ危機時（2008 年 3 月），リーマンショック時（2008 年 9 月）にスパイクを見せ，2009 年に高レベルで推移したあと，2009 年末頃から 2010 年にかけて沈静化したことが読み取れる．

この間の米国経済を見れば，サブプライム危機を機に 2007 年末から始まった景気後退が 2009 年第 2 四半期までつづいており，流動性危機確率の推移はこうした経済の浮沈と平仄が合っている．米国連邦準備銀行理事会（FRB）による量的緩和 QE1（Quantitative Easing 1）は，2008 年 11 月から 2010 年 6 月まで実施されたが，実施直後は金融危機の余波が残り，米国の信用市場が機能不全におちいった結果，多くの金融機関が流動性確保のために資産の大量処分の

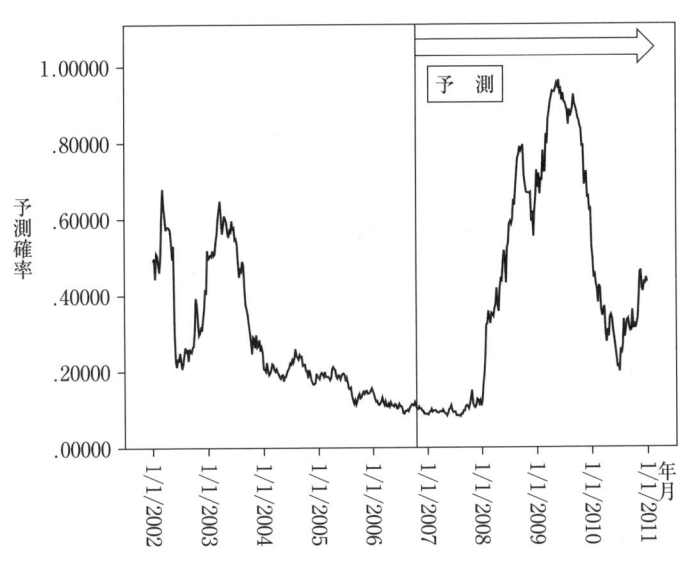

図 6-4 ラグ付き2変数モデル（最終モデル）による流動性危機予測確率

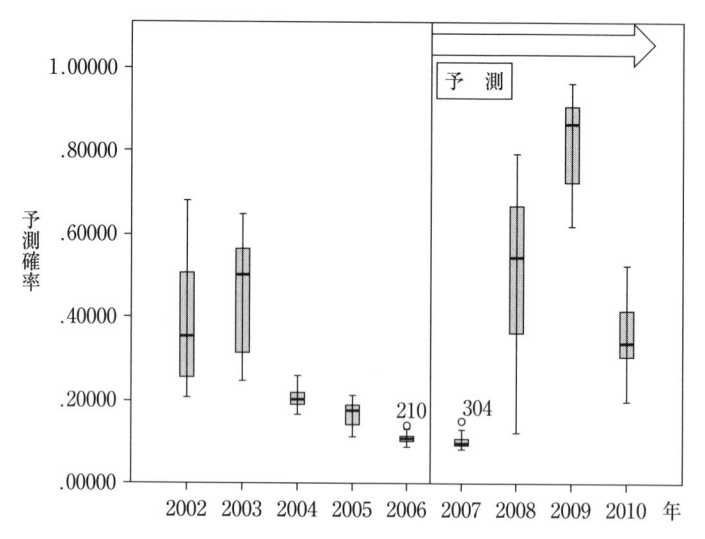

図 6-5　ラグ付き 2 変数モデル（最終モデル）による流動性危機予測確率（年ごとの箱髭図）

必要性に迫られていた．

　こうしたことからすると，2009 年を通して流動性危機確率が高いレベルで推移していることは，流動性危機確率，フィナンシャルストレスの度合いを予測するという観点からすると違和感はない．

4　流動性危機確率と倒産企業数との相関関係

　さらに，流動性危機確率の月次推移（線グラフ）と上場企業の月間倒産数推移（ここでは総資産 10 億ドル未満も含む上場全倒産企業中の倒産件数，棒グラフ）を比べてみれば，図 6-6，図 6-7 のとおりである．月間倒産件数の原データは確率的な要素を含んでいるとみられ，流動性危機のトレンドを示すには，移動平均（5 か月中心化）を用いたほうがよいと考えたため，月間倒産件数の原データ（図 6-6）に加えて月間倒産件数の 5 か月中心化移動平均（図 6-7）グラフを示した．

　流動性危機確率が，サブプライム危機（2007 年 8 月）をスタートラインとし

6 フィナンシャルストレス予測モデル　*195*

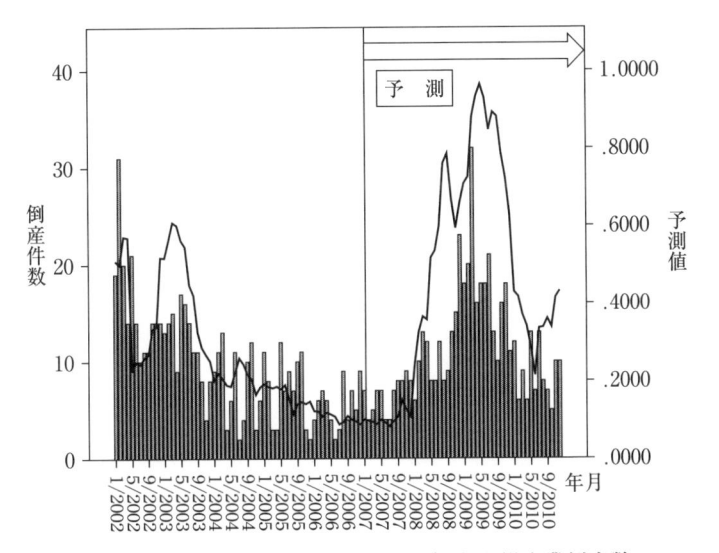

図 6-6 流動性危機確率（線グラフ）と上場企業倒産数（月間倒産件数，棒グラフ）推移（相関係数＝0.663）

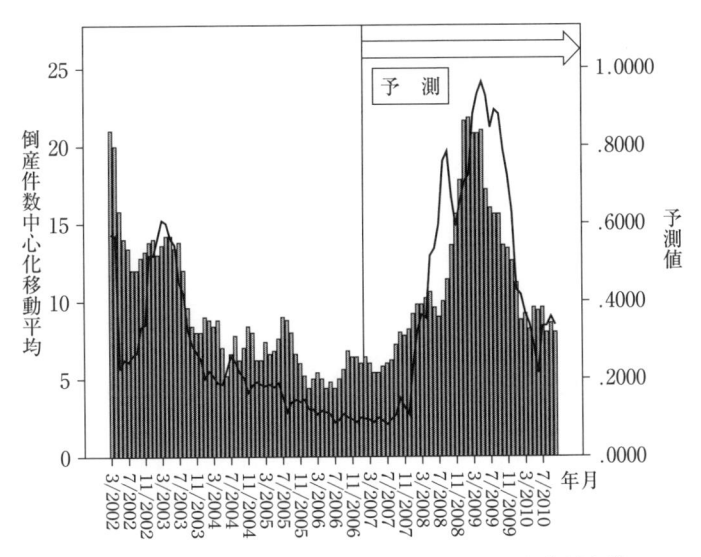

図 6-7 流動性危機確率（線グラフ）と上場企業倒産数（月間倒産件数5か月中心化移動平均，棒グラフ）推移（相関係数＝0.836）

てベアスターンズ危機（2008年3月），リーマンショック（2008年9月）と急上昇し，2009年に高いレベルとなっていることは前述のとおりである．流動性危機確率の大きな浮沈は倒産企業数とほぼ合致しているものの，2008年については流動性危機確率の上昇ペースが速いのに対し，倒産企業数の上昇テンポは若干遅い．本件予測モデルが2002〜2006年データでモデル化していることからすると，サブプライム危機以降何らかのパラダイム変化があり，説明変数の感度が上がったのか（早めにかつ大きく上昇するようになったのか），リーマンショック前後にとられた米国政府・連銀による緩和的財政／金融政策の結果，2006年以前に比べれば倒産数の上昇が遅れることになったことが推定されるが，ここではその判断まではできない．

　この流動性危機確率と上場企業倒産（5か月中心化移動平均）の相関係数は0.836と高い．

　ちなみに，流動性危機確率を用いて月間倒産数（5か月中心化移動平均）の線形回帰を行ったところ次のような回帰式となった．

（上場企業月間倒産数予測回帰式）

$$月間倒産件数（5か月中心化移動平均）= 14.989 * (\text{Financial Stress Probability}) + 4.903$$

　大型企業倒産を目的変数として構築されたフィナンシャルストレス予測モデルは，金融仲介機構の与信判断に与えるフィナンシャルストレスの大きさを示していると考えられるが，併せて上場企業における全倒産企業数の予測指標としても有用である．

表6-7 流動性危機確率による上場企業月間倒産数（5か月中心化移動平均）予測式（線形モデルの回帰係数）（Adj. $R^2 = 0.695$）

Variable	Coefficient	Std. error	t-test	p-value
Financial Stress Probability（Predicted）	14.989	0.976	15.366	0.000
Constant	4.903	0.411	11.920	0.000

5 クリーブランド連銀フィナンシャル・ストレス・インデックス（CFSI）との比較

前記ラグ付き2変数モデル（最終モデル）のフィナンシャルストレス予測力と比較するために，クリーブランド連銀が発表するフィナンシャル・ストレス・インデックス（CFSI）を用いた流動性危機確率モデルを示してみる．クリーブランド連銀の指標は，インターバンク市場，クレジット・債券市場，外国為替市場，株式市場を代表する合計11の各指標を基準化し，累積分布関数値に置き換えたうえで，11指標を加重平均して作成したストレス指標である．

ここでは，CFSIの週次データを，0, 1, 2, 3, 4, 8, 12, 24の8種類のラグ付きに変換したものを説明変数とし，10億ドル以上の倒産発生週を目的変数として，ダミー変数=1を立てるロジット回帰を行った．2002～2006年データでモデルをつくり，2007～2010年データを加えてモデルを検証し，モデル比較を行った．

この結果，CFSI指標ではラグ12のものが最も説明力が高いが，それでもAUC値は0.682にとどまり，また上場企業倒産数（5か月中心化移動平均）と

表6-8　CFSIを説明変数とした流動性危機確率モデルのラグ別予測力ランキング（χ^2降順）

Rank	Variable	Lag	χ^2	Cox-Shnell R2	Nagelkerke R2	Coefficient	Std. Dev.	Wald test	p-value	AUC
1	CFSI	12	22.704	0.083	0.122	1.254	0.278	20.341	0.000	0.682
2	CFSI	24	22.015	0.081	0.116	1.237	0.279	19.721	0.000	0.675
3	CFSI	8	19.499	0.072	0.105	1.147	0.272	17.783	0.000	0.674
4	CFSI	4	17.033	0.063	0.092	1.050	0.265	15.752	0.000	0.669
5	CFSI	3	16.512	0.061	0.090	1.030	0.263	15.321	0.000	0.668
6	CFSI	2	16.211	0.060	0.088	1.017	0.262	15.074	0.000	0.665
7	CFSI	1	15.252	0.057	0.083	0.982	0.260	14.262	0.000	0.662
8	CFSI	0	14.153	0.053	0.077	0.941	0.258	13.315	0.000	0.656

表6-9　CFSI（LAG 12）を説明変数とする流動性危機確率モデル（2項ロジットモデルの回帰係数）

Variable	Coefficient	Std. error	Wald-test	p-value
CFSI（Lag12）	1.254	0.278	20.341	0.000
Constant	0.932	0.147	40.265	0.000

198

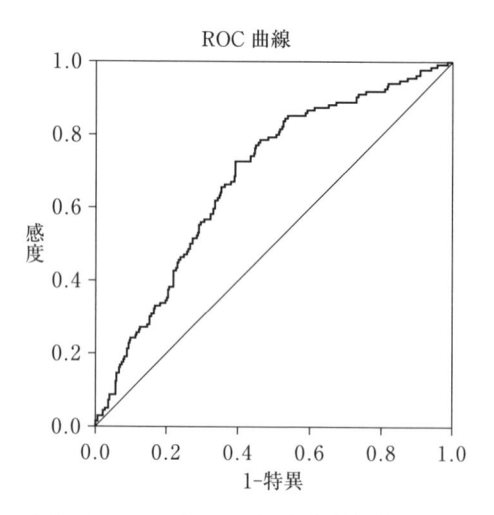

図6-8 CFSI（ラグ12）を説明変数とした流動性危機確率モデルのROC曲線（AUC＝0.682）

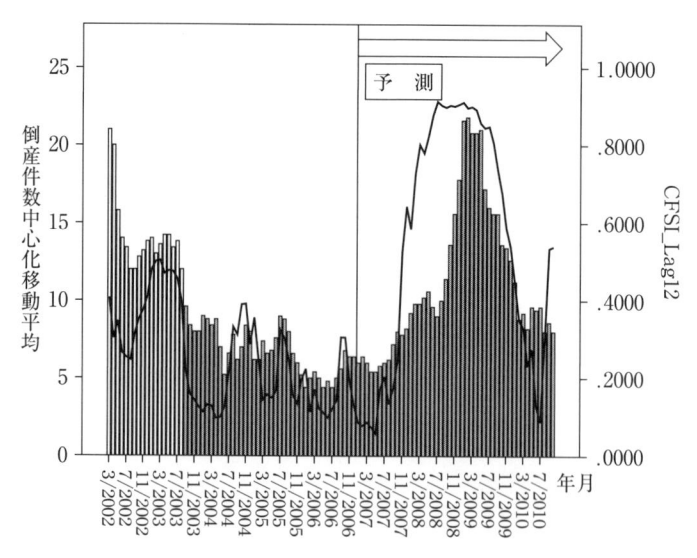

図6-9 CFSI指標（ラグ12）による流動性危機確率（線グラフ）と月間上場企業倒産数（5か月中心化移動平均，棒グラフ）推移（相関係数＝0.686）

の相関も 0.686 と本稿モデルに比べれば低いものとなっている（図 6-9）．

CFSI は，金融政策遂行のために金融経済全体のストレスを示そうとする指標であって，倒産事象を予測するためのものではないにせよ，本稿で得たラグ付き 2 変数モデルの流動性危機確率予測力のよさを浮き立たせる結果となっている．

（$CFSI\_LAG12$ を説明変数とする流動性危機確率モデル式）

$$P(Y_t) = \frac{e^{Y_t}}{1+e^{Y_t}}$$

$$Y_t = 0.932 + 1.254\, CFSI_{t-12}$$

6 ま と め

本研究では，倒産事象をダミー目的変数としてフィナンシャルストレス確率（流動性危機確率）を予測する 2 項ロジットモデルを構築した．モデル構築にあたって，2002～2006 年データをモデル構築に用い，2007～2010 年データを併せて検証用として用いた．説明変数候補は，金利スプレッド，マーケットボラティリティ指標などいずれも公開データで，かつ週次で入手できる指標を用いた（遅くとも 1 週間遅れ）．

まず，説明変数と大型企業倒産の全体構造を把握するため，18 説明変数の＋24 から－24 までのラグをとり，最適組合せを構築したところ，社債担保レポ取引残高（ラグ 8）と株式市場クラッシュ（ラグ 1）を説明変数とするモデルが構築された．

実務上，予測モデルの結果を見てこれに対応するという観点からは 1 か月程度の余裕があることが望ましいため，最終的な予測モデルは 1 か月以上前のデータ（ラグ 4 以上）を用いて構築した．その結果，社債スプレッド（ラグ 24）と株式市場クラッシュ（ラグ 12）を説明変数とするラグ付き 2 変数モデルが最適（AUC＝0.723）となり，リーマンショック前後を含めた経済状況を上手く予測できていることがわかった．

さらに，このモデルによる流動性危機確率は，上場企業全倒産数（5 か月中心化移動平均）との相関が高く（相関係数＝0.836），月間上場企業倒産数トレ

ンドを予測するツールとしても用いることができる．

また，このモデルを倒産発生数を予測するモデルとして見た場合，米クリーブランド連銀のフィナンシャル・ストレス・インデックス（CFSI，11 指標の加重平均からなるインデックス）よりも予測精度が高い結果となった．

本件流動性危機確率は大企業倒産をサンプルデータとしたモデルではあるが，中堅企業を含めた上場企業全倒産数（総資産 10 億ドル未満先も含む）との相関が高く，上場中堅 / 上場中小企業まで含めて適用できるモデルだと考える．

本研究では，倒産が企業の信用リスク値の悪化（財務内容の悪化）とフィナンシャルストレスの増大・流動性の枯渇（資金調達の困難さ）という 2 つの要因が組合せにより引き起こされると考えた．もちろん，倒産企業データからフィナンシャルストレスの有無にかかわらず倒産する流れにあった企業を除外し，フィナンシャルストレスのみを理由とする倒産を分析できれば興味深いと思われる．しかしながら，実際には，企業は複合的な要因から倒産しているとみられ，財務内容悪化を理由とする倒産とフィナンシャルストレス悪化による倒産を明確に区別することが困難であるため，そういう方法は取らなかった．この点は引きつづき今後の課題といたしたい．

本研究では，米国連邦準備銀行理事会の第 1 段金融緩和政策 QE 1（2008 年 11 月～2010 年 6 月）と QE 2（2010 年 11 月～2011 年 6 月）の開始までカバーしているものの，QE 2 後半，QE 3（2012 年 9 月～）まではカバーしきれていないため，2011 年以降のモニタリングも今後の課題と考えている．

さらに，本研究では米国企業・米国市場を対象としたが，各種流動性指標を説明変数とし 2 項ロジットを用いて流動性危機確率を予測するという手法は，日本市場にも十分適用できるため今後の研究対象と考えている．

付録 18 説明変数定義一覧

説明変数	データ	略称（*ticker）
INTERBANK MARKETS		
1. *Financial Beta*	Beta（S&P Financial vs. S&P 500）	*BETA* (*calculated*)
	S&P 500 Financial Total Return Index	*SP500_F* (**SP5IFIS*)
	S&P 500 Total Return Index	*SP500* (**S&PCOMP*)
2. *Bank Bond Spread*	10 Year Bank Bond Index – 10 Year T-Note	*A_TN_S* (*calculated*)
	10-Year A Bank Bond Index	*A_10Y* (**DJFBI10*)
	10-Year Constant maturity Treasury Rate	*T_10Y* (**FRTCM10*)
3. *Interbank Liquidity Spread*	TED Spread（3mo LIBOR – 3mo T-Bill）	*TED_S* (*calculated*)
	3mo LIBOR Rate	*3moL* (**BBUSD3M*)
	US 90-day Treasury Bill Secondary Market Rate	*3moTB* (**FRTB3M*)
4. *Interbank Cost of Borrowing*	3mo LIBOR – Fed Funds Target Rate Spread	*L_FFR_S* (*calculated*)
	3mo LIBOR Rate	*3moL* (**BBUSD3M*)
	Fed Funds Target Rate	*FFR* (**USFDTRG*)
5. *LIBOR*-OIS Spread	3mo LIBOR – Overnight Index Swap（OIS）	*LOBOT_OIS_S*
	3mo LIBOR	*3moL* (**BBUSD3M*)
	3mo Overnight Index Swap（OIS）	*3mOIS* (**OIUSD3M*)
6. *Repo Spread*	Repo Rate – Fed Funds Rate 5 days moving average	*REPO_S_MA* (*calculated*)
	Repo Rate（Effective Federal Fund Rate）	*REPO* (**USORGCA*)
	Fed Funds Target Rate	*FFR* (**USFDTRG*)
7. *Repo*（Corp Overnight）	Repo Outstanding（Corp, Overnight）	*Repo_Corp_Overnight* (*NY Fed*)
8. *Repo*（Corp Term）	Repo Outstanding（Corp, Term）	*Repo_Corp_Term* (*NY Fed*)
9. *Repo*（Treasury, Term）	Repo Outstanding（Treasury, Term）	*Repo_Trea_Term* (*NY Fed*)
FX MARKETS		
10. *Weighted Dollar Crashes*	Weighted Dollar Crashes vs. Major Currency FX	*WTD_DCR* (*calculated*)
	Trade Weighted $US Exchange Index： major Currencies	*DX_IND* (**S$CWMN*)

説明変数	データ	略称（*ticker）
CRTEDIT MARKETS		
11. *Covered Interest Spread*	US-UK Covered Rate Differential	*UKUS_90S* (*calculated*)
	UK 90-day Treasury Bill Rate	*UK_90* (*UKTBTND*)
	90-day Forward Rate for UK-US Exchange Rate	*UKUS_90F* (*UKUSD3F*)
	Spot rate for the UK-US Dollar Exchange Rate	*UKUS_S* (*UKDOLLAR*)
	US Government 90-day Treasury Bill Secondary Market Rate	*US_90* (*FRTB3M*)
12. *Corporate Bond Spread*	Moody's Seasoned Aaa Corporate Bond Yield − 10 Year T Note	*AAA10Y_S* (*calculated*)
	Moody's Aaa Corporate Bond Yield	*AAA10Y* (*FRCBAAA*)
	10-Year Constant Maturity Treasury Rate	*T_10Y* (*FRTCM10*)
13. *Commercial Paper − T-*Bill Spread	AA Commercial Paper Yield − 3mo Treasury Bill Secondary market Rate	*AACPTB_S* (*calculated*)
	AA 90-day Commercial paper Yield	*AACP_90* (*FRCPF3M*)
	US Government 90-day Treasury Bill Secondary Market Rate	*US_90* (*FRTB3M*)
14. *Treasury Yield Curve Spread*	30-day Moving Average of 10 Year Treasuries − 3month T-Bills	*TREAS_S* (*calculated*)
	10-Year Treasury Note at Constant Maturity（Avg% p.a.）	*T_10Y* (*FRTCM10*)
	US Government 90-day Treasury Bill Secondary Market Rate	*US_90* (*FRTB3M*)
15. *Bond market Volatility Index*	Merrill Lynch Bond market Volatility Index（1-month）	*MOVEIDX* (*MOVEIDX*)
EQUITY MARKETS		
16. *Stock Market Crashes*	Stock market Crashes-S&P 500 Financials	*STMC_SPF* (*calculated*)
	S&P 500 Financials Price Index	*STPI_SPF* (*SP5GBNK*)
17. *Stock Market Volatility Index*	Chicago Board options Exchange market Volatility Index（VIX）	*CBOEVIX* (*CBOEVIX*)
18. *S&P 500 Financial Index*	S&P 500 Financial Total Return Index	*SP500_F* (*SP5IFIS*)

*印：Ticker symbol in Thomson Reuters' Datastream
NY Fed：https://www.newyorkfed.org/markets/gsds/search.cfm

〔参考文献〕

池尾和人（2013 a），「金融危機と銀行規制」『なぜ金融危機は起こるのか～金融経済研究のフロンティア～』，pp.93-117，東洋経済新報社．

池尾和人（2013 b），「金融危機以降の変化」『連続講義・デフレと経済政策』，pp.130-151，日経BP社．

大野忠士・山下智志・椿 広計（2011），「与信判断が確率変動する時の倒産企業の信用リスク値分布のモデル化─Skew-normal分布の応用─」『統計数理』，**59**(1)，3-23．

大野忠士・椿 広計（2012），「フィナンシャルストレスモデル（流動性危機予測モデル）」『JAFEE 2012冬季大会予稿集』，132-140．

Bernanke, B. and Gertler, M. (1995), "Inside the black box : The credit channel of monetary policy transmission," *Journal of Economic Perspectives*, **9**(4), 27-48.

Bordo, M. D., Dueker, M. and Wheelock, D. (2000), "Aggregate price shocks and financial instability : An historical analysis," Federal Reserve Bank of St. Louis, working paper, 2000-005B.

Borio, C. (2003), "Toward a macroprudential framework for financial supervision and regulation?," Bank for International Settlements, working paper, No.128, Basel.

Borio, C. and Drehmann, M. (2009), "Assessing the risk of banking crises-revised," *Bank for International Settlements Quarterly Review*, (March), 29-46.

Borio, C. and Lowe, P. (2002), "Asset, Asset process, financial and monetary stability : Exploring the nexus," BIS-Bank for International Settlements working paper, No.114, Basel.

English, W., Tsatsaronis, K. and Zoli, E. (2005), "Assessing the predictive power of measures of financial conditions for macroeconomic variables," In : Bank for International Sttelements, Investigating the relationship between the financial and real economy, *BIS papers*, No.22, 228-252, Basel.

Hanschel, E. and Monnin, P. (2005), "Measuring and forecasting stress in the banking sector : Evidence from Switzerland," Bank of International Settlements, *BIS Papers*, No.22, 431-449.

Illing, M. and Liu, Y. (2003), "An index of financial stress for Canada," Bank of Canada, working paper, No.2003-14, Ottawa, June.

Illing, M. and Liu, Y. (2006), "Measuring financial stress in a developed country : An application to Canada," *Journal of Financial Stability*, **2**(4), 243-265.

Kawata, Y. (2012), "Seeking for leading liquidity risk indicators," University of Tsukuba Master Degree Thesis, pp.1-44.

Oet, M., Eiben, R. Bianco, T., Gramlich, D., Ong, S. and Wang, J. (2011 a), "SAFE : An early warning system of systemic banking risk," Federal Reserve Bank of Cleveland, working paper, 11-29.

Oet, M., Eiben, R. Bianco, T., Gramlich, D. and Ong, S. (2011 b), "The financial Stress index : Identification of systemic risk conditions," Federal Reserve Bank of Cleveland, working paper, 11-30, November.

Pozsar, Z. (2011), *Can shadow banking be addressed without the balance sheet of the sovereign?* http://www.voxeu.org/index.php?q=node/7878, 16 November.

Stock, J. H., Watson, M. W. (2002), "Macroeconomic forecasting using diffusion indexes," *Journal of Business & Economic Statistics*, **20**(2), 147-162.

Swiston, A. (2008), "A U.S. financial conditions index," International Monetary Fund, working paper, WP/08/161, June.

『ジャフィー・ジャーナル』投稿規定

1. 『ジャフィー・ジャーナル』への投稿原稿は，金融工学，金融証券計量分析，金融経済学，行動ファイナンス，企業経営分析，コーポレートファイナンスなど資本市場と企業行動に関連した内容で，理論・実証・応用に関する内容を持ち，未発表の和文の原稿に限ります．
2. 投稿原稿は，以下の種とします．
   (1) 論文（Paper）
   金融工学，金融証券計量分析，金融経済学，行動ファイナンス，企業経営分析，コーポレートファイナンス等の領域，および，その関連領域に貢献するオリジナルな研究成果
   (2) 展望論文（Review Article）
   特定のテーマに関する一連の研究，その周辺領域の発展と未解決問題を，総括的，かつ，体系的に著者独自の視点から報告したもの
   (3) 研究ノート（Short Communication）
   研究速報，事例報告や既発表の論文に対するコメントなどで金融工学，金融証券計量分析，金融経済学，行動ファイナンス，企業経営分析，コーポレートファイナンス等の領域に関して記録する価値があると認められるもの
3. 投稿された原稿は，『ジャフィー・ジャーナル』編集委員会が選定・依頼した査読者の審査を経て，掲載の可否を決定し，本編集委員会から著者に連絡する．
4. 原稿は，PDFファイルに変換したものをEメールでJAFEE事務局へ提出する．原則として，原稿は返却しない．なお，投稿原稿には，著者名，所属，連絡先を記載せず，別に，標題，種別，著者名，所属，連絡先（住所，Eメールアドレス，電話番号）を明記したものを添付する．
5. 査読者の審査を経て，採択された原稿は，原則としてLaTex形式で入稿しなければならない．なお，『ジャフィー・ジャーナル』への掲載図表も論文投稿者が作成する．
6. 著作権
   (1) 掲載された論文などの著作権は日本金融・証券計量・工学学会に帰属する（特別な事情がある場合には，著者と本編集委員会との間で協議の上措置する）．

(2) 投稿原稿の中で引用する文章や図表の著作権に関する問題は，著者の責任において処理する．

[既刊ジャフィー・ジャーナル]

① 1995 年版　**金融・証券投資戦略の新展開**（森棟公夫・刈屋武昭編）
　　A5 判 176 頁　ISBN4-492-71097-3
② 1998 年版　**リスク管理と金融・証券投資戦略**（森棟公夫・刈屋武昭編）
　　A5 判 215 頁　ISBN4-492-71109-0
③ 1999 年版　**金融技術とリスク管理の展開**（今野　浩編）
　　A5 判 185 頁　ISBN4-492-71128-7
④ 2001 年版　**金融工学の新展開**（高橋　一編）
　　A5 判 166 頁　ISBN4-492-71145-7
⑤ 2003 年版　**金融工学と資本市場の計量分析**（高橋　一・池田昌幸編）
　　A5 判 192 頁　ISBN4-492-71161-9
⑥ 2006 年版　**金融工学と証券市場の計量分析 2006**（池田昌幸・津田博史編）
　　A5 判 227 頁　ISBN4-492-71171-6
⑦ 2007 年版　**非流動性資産の価格付けとリアルオプション**
　　（津田博史・中妻照雄・山田雄二編）
　　A5 判 276 頁　ISBN978-4-254-29009-7
⑧ 2008 年版　**ベイズ統計学とファイナンス**
　　（津田博史・中妻照雄・山田雄二編）
　　A5 判 256 頁　ISBN978-4-254-29011-0
⑨ 2009 年版　**定量的信用リスク評価とその応用**
　　（津田博史・中妻照雄・山田雄二編）
　　A5 判 240 頁　ISBN978-4-254-29013-4
⑩ 2010 年版　**バリュエーション**（日本金融・証券計量・工学学会編）
　　A5 判 240 頁　ISBN978-4-254-29014-1
⑪ 2011 年版　**市場構造分析と新たな資産運用手法**
　　（日本金融・証券計量・工学学会編）
　　A5 判 216 頁　ISBN978-4-254-29018-9
⑫ 2012 年版　**実証ファイナンスとクオンツ運用**
　　（日本金融・証券計量・工学学会編）
　　A5 判 256 頁　ISBN978-4-254-29020-2

　　　（①～⑥発行元：東洋経済新報社，⑦～⑫発行元：朝倉書店）

役 員 名 簿

会長	：津田博史
副会長，和文誌担当	：中妻照雄
副会長，英文誌担当	：赤堀次郎
会計担当	：大上慎吾　　石井昌宏
広報担当	：伊藤有希　　今村悠里
ジャフィー・コロンビア担当	：林　高樹
大会兼フォーラム担当	：塚原英敦　　山田雄二　　山内浩嗣
	石島　博　　新井拓児　　室井芳史
法人担当	：門利　剛　　吉野貴晶
庶務担当	：中川秀敏
監事	：木村　哲　　池森俊文

（2014年1月1日　現在）

*　　　*　　　*　　　*　　　*

『ジャフィー・ジャーナル』編集委員会
　　チーフエディター：中妻照雄
　　アソシエイトエディター：山田雄二　　今井潤一

なお，日本金融・証券計量・工学学会については，以下までお問い合わせ下さい：
〒101-8439　東京都千代田区一ツ橋2-1-2　学術総合センタービル8F
　一橋大学大学院国際企業戦略研究科　金融戦略共同研究室内
　ジャフィー事務局
　　　　TEL：03-4212-3112
　　　　FAX：03-4212-3020
　　　　E-mail：office@jafee.gr.jp
詳しいことはジャフィー・ホームページをご覧下さい．
http://www.jafee.gr.jp/

日本金融・証券計量・工学学会（ジャフィー）会則

1. 本学会は，日本金融・証券計量・工学学会と称する．英語名は The Japanese Association of Financial Econometrics & Engineering とする．略称をジャフィー（英語名：JAFEE）とする．本学会の設立趣意は次のとおりである．

    「**設立趣意**」日本金融・証券計量・工学学会（ジャフィー）は，広い意味での金融資産価格や実際の金融的意思決定に関わる実証的領域を研究対象とし，産学官にわたる多くのこの領域の研究・分析者が自由闊達な意見交換，情報交換，研究交流および研究発表するための学術的組織とする．特に，その設立の基本的な狙いは，フィナンシャル・エンジニアリング，インベストメント・テクノロジー，クウォンツ，理財工学，ポートフォリオ計量分析，ALM，アセット・アロケーション，派生証券分析，ファンダメンタルズ分析等の領域に関係する産学官の研究・分析者が，それぞれの立場から個人ベースでリベラルな相互交流できる場を形成し，それを通じてこの領域を学術的領域として一層発展させ，国際的水準に高めることにある．

    組織は個人会員が基本であり，参加資格はこの領域に興味を持ち，設立趣意に賛同する者とする．運営組織は，リベラルかつ民主的なものとする．

2. 本学会は，設立趣意の目的を達成するために，次の事業を行う．
    (1) 研究発表会（通称，ジャフィー大会），その他学術的会合の開催
    (2) 会員の研究成果の公刊
    (3) その他本学会の目的を達成するための適切な事業
3. 本学会は，個人会員と法人会員からなる．参加資格は，本学会の設立趣旨に賛同するものとする．個人会員は，正会員，学生会員および名誉会員からなる．法人会員は口数で加入し，1法人1部局（機関）2口までとする．
4. 1) 会員は以下の特典を与えられる．

    (1) 日本金融・証券計量・工学学会誌（和文会誌）について，個人正会員は1部無料で配付される．また，法人会員は1口あたり1部を無料で配付される．

    (2) 英文会誌 Asia-Pacific Financial Markets について，個人正会員は電子ジャーナル版へのアクセス権が無料で付与される．また，法人会員は1口あたり冊子体1部を無料で配付される．

(3) 本学会が催す，研究発表会等の国内学術的会合への参加については，以下のように定める．
　　　　　(ア) 個人正会員，学生会員，名誉会員とも原則有料とし，その料金は予め会員に通知されるものとする．
　　　　　(イ) 法人会員は，研究発表会については1口の場合3名まで，2口の場合5名までが無料で参加できるものとし，それを超える参加者については個人正会員と同額の料金で参加できるものとする．また，研究発表会以外の会合への参加は原則有料とし，その料金は予め会員に通知されるものとする．
　　　(4) 本学会が催す国際的学術的会合への参加については，個人正会員，学生会員，名誉会員，法人会員とも原則有料とし，その料金は予め個人正会員，学生会員，名誉会員，法人会員に通知されるものとする．
　　2) 各種料金については，会計報告によって会員の承認を得るものとする．
5. 学生会員および法人会員は，選挙権および被選挙権をもたない．名誉会員は被選挙権をもたない．
6. 入会にあたっては，入会金およびその年度の会費を納めなければならない．
7. 1) 会員の年会費は以下のように定める．
　　(1) 関東地域（東京都，千葉県，茨城県，群馬県，栃木県，埼玉県，山梨県，神奈川県）に連絡先住所がある個人正会員は 10,000 円とする．
　　(2) 上記以外の地域に連絡先住所がある個人正会員は 6,000 円とする．
　　(3) 学生会員は 2,500 円とする．
　　(4) 法人会員の年会費は，1口 70,000 円，2口は 100,000 円とする．
　　(5) 名誉会員は無料とする．
　　2) 入会金は，個人正会員は 2,000 円，学生会員は 500 円，法人会員は1口 10,000 円とする．
　　3) 会費を3年以上滞納した者は，退会したものとみなすことがある．会費滞納により退会処分となった者の再入会は，未納分の全納をもって許可する．
8. 正会員であって，本学会もしくは本学界に大きな貢献のあったものは，総会の承認を得て名誉会員とすることができる．その細則は別に定める．
9. 本会に次の役員をおく．
　　会長1名，副会長2名以内，評議員20名，理事若干名，監事2名
　　評議員は原則として学界10名，産業界および官界10名とし，1法人（機関）1部局あたり1名までとする．
10. 会長および評議員は，個人正会員の中から互選する．評議員は，評議員会を組

織して会務を審議する．
11. 理事は，会長が推薦し，総会が承認する．ただし，会誌編集理事（エディター）は評議員会の承認を得て総会が選出する．理事は会長，副会長とともに第2条に規定する会務を執行する．理事は次の会務の分担をする．
　　庶務，会計，渉外，広報，会誌編集，大会開催，研究報告会のプログラム編成，その他評議員会で必要と議決された事務．
12. 会長は選挙によって定める．会長は，本学会を代表し，評議員会の議長となる．会長は第10条の規定にかかわらず評議員となる．会長は（1）評議員会の推薦した候補者，（2）20名以上の個人正会員の推薦を受けた候補者，もしくは（3）その他の個人正会員，の中から選出する．（1）（2）の候補者については，本人の同意を必要とする．（1）（2）の候補者については経歴・業績等の個人情報を公開するものとする．
13. 副会長は，会長が個人正会員より推薦し，総会が承認する．副会長は，評議員会に出席し，会長を補佐する．
14. 監事は，評議員会が会長，副会長，理事以外の個人正会員から選出する．監事は会計監査を行う．
15. 本学会の役員の任期は，原則2年とする．ただし，連続する任期の全期間は会長は4年を超えないものとする．なお，英文会誌編集担当理事（エディター）の任期は附則で定める．
16. 評議員会は，評議員会議長が必要と認めたときに招集する．また，評議員の1/2以上が評議員会の開催を評議員会議長に要求したときは，議長はこれを招集しなければならない．
17. 総会は会長が招集する．通常総会は，年1回開く．評議員会が必要と認めたときは，臨時総会を開くことができる．正会員の1/4以上が，署名によって臨時総会の開催を要求したときは，会長はこれを開催しなければならない．
18. 総会の議決は，出席者の過半数による．
19. 次の事項は，通常総会に提出して承認を受けなければならない．
　　（1）事業計画および収支予算
　　（2）事業報告および収支決算
　　（3）会則に定められた承認事項や決定事項
　　（4）その他評議員会で総会提出が議決された事項
20. 本学会は，会務に関する各種の委員会をおくことができる．各種委員会の運営は，別に定める規定による．
21. 本学会の会計年度は，毎年4月1日に始まり，3月31日に終わる．

22. 本学会の運営に関する細則は別に定める．
23. 本会則の変更は，評議員会の議決を経て，総会が決定する．

附則 1. 英文会誌編集担当理事（エディター・イン・チーフ）の任期は 4 年とする．

  改正 1999 年 8 月 29 日
  改正 2000 年 6 月 30 日
  改正 2008 年 8 月 2 日
  改正 2009 年 1 月 29 日
  改正 2009 年 7 月 29 日
  改正 2009 年 12 月 23 日
  改正 2013 年 1 月 25 日

編集委員略歴

中妻照雄（なかつま　てるお）
1968 年生まれ
現　在　慶應義塾大学 経済学部 教授，Ph. D.（経済学）
主　著　『入門ベイズ統計学』（ファイナンス・ライブラリー 10），
　　　　朝倉書店，2007 年
　　　　『実践ベイズ統計学』（ファイナンス・ライブラリー 12），
　　　　朝倉書店，2013 年

山田雄二（やまだ　ゆうじ）
1969 年生まれ
現　在　筑波大学 ビジネスサイエンス系 教授，
　　　　博士（工学）
主　著　『チャンスとリスクのマネジメント』（シリーズ〈ビジネスの数理〉2）［共著］，朝倉書店，2006 年
　　　　『計算で学ぶファイナンス―MATLAB による実装―』（シリーズ〈ビジネスの数理〉6）［共著］，朝倉書店，2008 年

今井潤一（いまい　じゅんいち）
1969 年生まれ
現　在　慶應義塾大学 理工学部 教授
主　著　『リアル・オプション―投資プロジェクト評価の工学的アプローチ―』，中央経済社，2004 年
　　　　『基礎からのコーポレート・ファイナンス』［共著］，中央経済社，2006 年
　　　　『コーポレートファイナンスの考え方』［共著］，中央経済社，2013 年

ジャフィー・ジャーナル―金融工学と市場計量分析
リスクマネジメント　　　　　定価はカバーに表示

2014 年 4 月 20 日　初版第 1 刷

編　者　日本金融・証券計量・工学学会
発行者　朝　倉　邦　造
発行所　株式会社　朝　倉　書　店
　　　　東京都新宿区新小川町 6-29
　　　　郵便番号　162-8707
　　　　電　話　03（3260）0141
　　　　FAX　03（3260）0180
　　　　http://www.asakura.co.jp

〈検印省略〉

© 2014〈無断複写・転載を禁ず〉　　　新日本印刷・渡辺製本

ISBN 978-4-254-29022-6　C 3050　　Printed in Japan

JCOPY〈(社)出版者著作権管理機構　委託出版物〉
本書の無断複写は著作権法上での例外を除き禁じられています．複写される場合は，そのつど事前に，(社)出版者著作権管理機構（電話 03-3513-6969，FAX 03-3513-6979，e-mail: info@jcopy.or.jp）の許諾を得てください．

◆ シリーズ〈現代金融工学〉〈全9巻〉 ◆

木島正明 監修

首都大 木島正明・京産大 岩城秀樹著
シリーズ〈現代金融工学〉1
経済と金融工学の基礎数学
27501-8 C3350　　　　A5判 224頁 本体3500円

解法のポイントや定理の内容を確認するための例を随所に配した好書。〔内容〕集合と論理／写像と関数／ベクトル／行列／逆行列と行列式／固有値と固有ベクトル／数列と級数／関数と極限／微分法／偏微分と全微分／積分法／確率／最適化問題

明大 乾 孝治著
シリーズ〈現代金融工学〉2
ファイナンスの統計モデルと実証分析
27502-5 C3350　　　　A5判 176頁 本体3500円

基本的な理論モデルを実際に利用する上で具体的な問題解決の手続きを理解できるよう演習問題と共に詳説〔内容〕平均分散法とCAPM／株式のクロスセクション回帰モデル／株価評価モデル／金利期間構造モデル／社債とCDSの実証分析／他

首都大 木島正明著
シリーズ〈現代金融工学〉3
期間構造モデルと金利デリバティブ
27503-2 C3350　　　　A5判 192頁 本体3600円

実務で使える内容を心掛け、数学的厳密さと共に全体を通して概念をわかりやすく解説。〔内容〕準備／デリバティブの価格付け理論／スポットレートのモデル化／割引債価格／債券オプション／先物と先物オプション／金利スワップとキャップ

一橋大 渡部敏明著
シリーズ〈現代金融工学〉4
ボラティリティ変動モデル
27504-9 C3350　　　　A5判 160頁 本体3600円

金融実務において最重要な概念であるボラティリティの役割と、市場データから実際にボラティリティを推定・予測する方法に焦点を当て、実務家向けに解説〔内容〕時系列分析の基礎／ARCH型モデル／確率的ボラティリティ変動モデル

明大 乾 孝治・首都大 室町幸雄著
シリーズ〈現代金融工学〉5
金融モデルにおける推定と最適化
27505-6 C3350　　　　A5判 200頁 本体3600円

数理モデルの実践を、パラメータ推定法の最適化手法の観点より解説〔内容〕金融データの特徴／理論的背景／最適化法の基礎／株式投資のためのモデル推定／GMMによる金利モデルの推定／金利期間構造の推定／デフォルト率の期間構造の推定

法大 湯前祥二・北大 鈴木輝好著
シリーズ〈現代金融工学〉6
モンテカルロ法の金融工学への応用
27506-3 C3350　　　　A5判 208頁 本体3600円

金融資産の評価やヘッジ比率の解析、乱数精度の応用手法を詳解〔内容〕序論／極限定理／一様分布と一様乱数／一般の分布に従う乱数／分散減少法／リスクパラメータの算出／アメリカン・オプションの評価／準モンテカルロ法／Javaでの実装

統数研 山下智志著
シリーズ〈現代金融工学〉7
市場リスクの計量化とVaR
27507-0 C3350　　　　A5判 176頁 本体3600円

市場データから計測するVaRの実際を詳述。〔内容〕リスク計測の背景／リスク計測の意味とVaRの定義／リスク計測の意味／リスク計測モデルのテクニック／金利リスクとオプションリスクの計量化／モデルの評価の規準と方法

首都大 木島正明・第一フロンティア生命 小守林克哉著
シリーズ〈現代金融工学〉8
信用リスク評価の数理モデル
27508-7 C3350　　　　A5判 168頁 本体3600円

デフォルト(倒産)発生のモデルや統計分析の手法を解説した信用リスク分析の入門書。〔内容〕デフォルトと信用リスク／デフォルト発生のモデル化／判別分析／一般線形モデル／確率選択モデル／ハザードモデル／市場性資産の信用リスク評価

前首都大 朝野熙彦・首都大 木島正明編
シリーズ〈現代金融工学〉9
金融マーケティング
27509-4 C3350　　　　A5判 240頁 本体3800円

顧客が金融機関に何を求めるかの世界を分析〔内容〕マーケティング理論入門／金融商品の特徴／金融機関のためのマーケティングモデル／金融機関のためのマーケティングリサーチ／大規模データの分析手法／金融DBマーケティング／諸事例

スウィーティングP.著　明治大 松山直樹訳者代表
フィナンシャルERM
―金融・保険の統合的リスク管理―
29021-9　C3050　　　A5判 500頁 本体8600円

組織の全体的リスク管理を扱うアクチュアリーの基礎を定量的に解説〔内容〕序説／金融機関の種類／利害関係者／内部環境／外部環境／プロセスの概観／リスクの定義／リスクの特定／有用な統計量／確率分布／モデル化技法／極値論／他

横国大 浅野幸弘・住友信託銀行 岩本純一・住友信託銀行 矢野　学著
応用ファイナンス講座1
年金とファイナンス
29586-3　C3350　　　A5判 228頁 本体3800円

公的年金の基本的知識から仕組みおよび運用までわかりやすく詳説〔内容〕わが国の年金制度／企業年金の選択／企業財務と年金資産運用／年金会計／年金財務と企業評価／積立不足と年金ALM／物価連動国債と年金ALM／公的年金運用／他

国際教養大 市川博也著
応用ファイナンス講座2
応用経済学のための 時系列分析
29587-0　C3350　　　A5判 184頁 本体3500円

時系列分析の基礎からファイナンスのための時系列分析を平易に解説。〔内容〕マクロ経済変数と時系列分析／分布ラグモデルの最適次数の決定／統計学の基礎概念と単位根テスト／定常な時系列変数と長期乗数／ボラティリティ変動モデル／他

みずほ信託銀行 菅原周一著
応用ファイナンス講座3
資産運用の理論と実践
29588-7　C3350　　　A5判 228頁 本体3500円

資産運用に関する基礎理論から実践まで，実証分析の結果を掲げながら大学生および実務家向けにわかり易く解説〔内容〕資産運用理論の誕生と発展の歴史／株式運用と基礎理論と実践への応用／債券運用の基礎と実践への応用／最適資産配分戦略

麗澤大 清水千弘・富山大 唐渡広志著
応用ファイナンス講座4
不動産市場の計量経済分析
29589-4　C3350　　　A5判 192頁 本体3900円

客観的な数量データを用いて経済理論を基にした統計分析の方法をまとめた書〔内容〕不動産市場の計量分析／ヘドニックアプローチ／推定の基本と応用／空間計量経済学の基礎／住宅価格関数の推定／住宅価格指数の推定／用途別賃料関数の推定

電通大 宮﨑浩一著
応用ファイナンス講座5
オプション市場分析への招待
29590-0　C3350　　　A5判 224頁 本体3900円

重要なモデルを取り上げ，各モデルや数理的な分析手法の勘所をわかりやすく解説。〔内容〕BSモデルと拡張／デタミニスティックボラティリティモデル／ジャンプ拡張モデル／確率ボラティリティモデル／インプライド確率分布の実証分析／他

早大 森平爽一郎著
応用ファイナンス講座6
信用リスクモデリング
―測定と管理―
29591-7　C3350　　　A5判 224頁 本体3600円

住宅・銀行等のローンに関するBIS規制に対応し，信用リスクの測定と管理を詳説。〔内容〕債権の評価／実績デフォルト率／デフォルト確率の推定／デフォルト確率の期間構造推定／デフォルト時損失率，回収率／デフォルト相関／損失分布推定

首都大 室町幸雄著
シリーズ〈金融工学の新潮流〉3
信用リスク計測とCDOの価格付け
29603-7　C3350　　　A5判 224頁 本体3800円

デフォルトの関連性における原因・影響度・波及効果に関するモデルの詳細を整理し解説〔内容〕デフォルト相関のモデル化／リスク尺度とリスク寄与度／極限損失分布と新BIS規制／ハイブリッド法／信用・市場リスク総合評価モデル／他

統数研 山下智志・三菱東京UFJ銀行 三浦　翔著
ファイナンス・ライブラリー11
信用リスクモデルの予測精度
―AR値と評価指標―
29541-2　C3350　　　A5判 224頁 本体3900円

モデルを評価するための指南書。〔内容〕評価の基本的概念／モデルのバリエーション／AR値を用いたモデル評価法／AR値以外の評価指標／格付モデルの評価指標／モデル利用に適した複合評価／パラメータ推計での目的関数と評価関数の一致

慶大 小暮厚之編著
リスクの科学
―金融と保険のモデル分析―
29008-0　C3050　　　A5判 164頁 本体2400円

規制緩和など新たな市場原理に基づく保険・年金リスクの管理技術につき明記〔内容〕多期間最適資産配分モデル／変額保険リスクVaR推定／株価連動型年金オプション性／株式市場の危険回避度／バブル崩壊後の危険回避度／将来生命表の予測

V.J.バージ・V.リントスキー編
首都大 木島正明監訳

金融工学ハンドブック

29010-3 C3050　　A5判 1028頁 本体28000円

各テーマにおける世界的第一線の研究者が専門家向けに書き下ろしたハンドブック。デリバティブ証券，金利と信用リスクとデリバティブ，非完備市場，リスク管理，ポートフォリオ最適化，の4部構成から成る。〔内容〕金融資産価格付けの基礎／金融証券収益率のモデル化／ボラティリティ／デリバティブの価格付けにおける変分法／クレジットデリバティブの評価／非完備市場／オプション価格付け／モンテカルロシミュレーションを用いた全リスク最小化／保険分野への適用／他

前東工大 今野　浩・明大 刈屋武昭・首都大 木島正明編

金　融　工　学　事　典

29005-9 C3550　　A5判 848頁 本体22000円

中項目主義の事典として，金融工学を一つの体系の下に纏めることを目的とし，金融工学および必要となる数学，統計学，OR，金融・財務などの各分野の重要な述語に明確な定義を与えるとともに，概念を平易に解説し，指針書も目指したもの〔内容〕伊藤積分／ALM／確率微分方程式／GARCH／為替／金利モデル／最適制御理論／CAPM／スワップ／倒産確率／年金／判別分析／不動産金融工学／保険／マーケット構造モデル／マルチンゲール／乱数／リアルオプション他

同志社大 津田博史・慶大 中妻照雄・筑波大 山田雄二編
ジャフィー・ジャーナル：金融工学と市場計量分析

非流動性資産の価格付けとリアルオプション

29009-7 C3050　　A5判 276頁 本体5200円

〔内容〕代替的な環境政策の選択／無形資産価値評価／資源開発プロジェクトの事業価値評価／冬季気温リスク・スワップ／気温オプションの価格付け／風力デリバティブ／多期間最適ポートフォリオ／拡張Mertonモデル／株式市場の風見鶏効果

同志社大 津田博史・慶大 中妻照雄・筑波大 山田雄二編
ジャフィー・ジャーナル：金融工学と市場計量分析

ベイズ統計学とファイナンス

29011-0 C3050　　A5判 256頁 本体4200円

〔内容〕階層ベイズモデルによる社債格付分析／外国債券投資の有効性／株式市場におけるブル・ベア相場の日次データ分析／レジーム・スイッチング不動産価格評価モデル／企業の資源開発事業の統合リスク評価／債務担保証券(CDO)の価格予測

同志社大 津田博史・慶大 中妻照雄・筑波大 山田雄二編
ジャフィー・ジャーナル：金融工学と市場計量分析

定量的信用リスク評価とその応用

29013-4 C3050　　A5判 240頁 本体3800円

〔内容〕スコアリングモデルのチューニング／格付予測評価指標と重み付き最適化／小企業向けスコアリングモデルにおける業歴の有効性／中小企業CLOのデフォルト依存関係／信用リスクのデルタヘッジ／我が国におけるブル・ベア市場の区別

日本金融・証券計量・工学学会編
ジャフィー・ジャーナル：金融工学と市場計量分析

バリュエーション

29014-1 C3050　　A5判 240頁 本体3800円

〔内容〕資本コスト決定要因と投資戦略への応用／構造モデルによるクレジット・スプレッド／マネジメントの価値創造力とM&Aの評価／銀行の流動性預金残高と満期の推定モデル／不動産価格の統計モデルと実証／教育ローンの信用リスク

日本金融・証券計量・工学学会編
ジャフィー・ジャーナル：金融工学と市場計量分析

市場構造分析と新たな資産運用手法

29018-9 C3050　　A5判 212頁 本体3600円

市場のミクロ構造を分析し資産運用の新手法を模索〔内容〕商品先物価格の実証分析／M&Aの債権市場への影響／株式リターン分布の歪み／共和分性による最適ペアトレード／効用無差別価格による事業価値評価／投資法人債の信用リスク評価

日本金融・証券計量・工学学会編
ジャフィー・ジャーナル：金融工学と市場計量分析

実証ファイナンスとクオンツ運用

29020-2 C3050　　A5判 256頁 本体4000円

コーポレートファイナンスの実証研究を特集〔内容〕英文経済レポートのテキストマイニングと長期市場分析／売買コストを考慮した市場急変に対応する日本株式運用モデル／株式市場の状態とワイナーポートフォリオのポジティブリターン／他

上記価格（税別）は2014年3月現在